权威 · 前沿 · 原创

皮书系列为

“十二五”“十三五”国家重点图书出版规划项目

智库成果出版与传播平台

陕西省社会科学院／编

丝绸之路经济带发展报告（2021）

SILK ROAD ECONOMIC BELT DEVELOPMENT REPORT (2021)

主　编 / 司晓宏　白宽犁　谷孟宾

社会科学文献出版社
SOCIAL SCIENCES ACADEMIC PRESS (CHINA)

图书在版编目(CIP)数据

丝绸之路经济带发展报告. 2021 / 司晓宏，白宽犁，谷孟宾主编. -- 北京：社会科学文献出版社，2021.1
（丝绸之路蓝皮书）
ISBN 978-7-5201-7764-1

Ⅰ. ①丝… Ⅱ. ①司… ②白… ③谷… Ⅲ. ①丝绸之路-经济带-区域经济发展-研究报告-中国-2021 Ⅳ. ①F127

中国版本图书馆 CIP 数据核字（2021）第 015520 号

丝绸之路蓝皮书
丝绸之路经济带发展报告（2021）

主　　编 / 司晓宏　白宽犁　谷孟宾

出 版 人 / 王利民
组稿编辑 / 邓泳红
责任编辑 / 吴　敏
文稿编辑 / 吴云苓

出　　版 / 社会科学文献出版社 · 皮书出版分社（010）59367127
　　　　　地址：北京市北三环中路甲 29 号院华龙大厦　邮编：100029
　　　　　网址：www.ssap.com.cn
发　　行 / 市场营销中心（010）59367081　59367083
印　　装 / 天津千鹤文化传播有限公司

规　　格 / 开　本：787mm × 1092mm　1/16
　　　　　印　张：20.25　字　数：300 千字
版　　次 / 2021 年 1 月第 1 版　2021 年 1 月第 1 次印刷
书　　号 / ISBN 978-7-5201-7764-1
定　　价 / 158.00 元

本书如有印装质量问题，请与读者服务中心（010-59367028）联系

丝绸之路蓝皮书编委会

主编简介

司晓宏　陕西省社会科学院党组书记、院长，教育学博士，二级教授，博士生导师，研究领域为教育学原理和教育管理学。主持完成教育部哲学社会科学重大攻关课题、国家社科基金课题等国家和省部级课题13项，获全国高等学校科学研究优秀成果奖（人文社会科学）、陕西省哲学社会科学优秀成果奖等国家和省部级、厅局级科研奖15项。先后在《教育研究》、*COMPARE*、《光明日报》等刊物发表学术论文80余篇。独立出版《教育管理学论纲》《面向现实的教育关怀》等专著4部，主编教材5部。2017年获陕西省首批“特支计划”哲学社会科学和文化艺术领域领军人才称号。兼任陕西省社科联副主席、陕西省人民政府督学，兼任第一届教育部高等学校教育学类专业教学指导委员会副主任、第二届委员，中国教育学会教育管理学学术委员会常务副理事长、中国教育政策研究院兼职教授、陕西省教育理论研究会会长等。

白宽犁　陕西省社会科学院副院长、研究员，研究领域为马克思主义中国化、思想政治教育工作、宣传思想文化工作、社会治理等。在各类报刊上发表理论文章100余篇，编辑出版著作20余部，承担国家社科基金项目1项、其他项目20余项。兼任陕西省社会科学信息学会会长。

谷孟宾　陕西省社会科学院金融研究所所长、研究员，主要研究方向为区域投资与地方金融。

摘　要

2020年，中国有效应对新冠肺炎疫情的不利影响，继续坚定不移地推动“一带一路”走向高质量发展，与沿线国家和地区的各类工程建设项目稳步推进、陆续复工复产，取得了积极的成效和进展。丝绸之路经济带作为陆上丝绸之路，充分发挥其比较优势，进入高质量发展新征程。中国西北沿线地区开启向西开放新格局。本书盘点记录2020年丝绸之路经济带建设的各项具体进展，并结合最新的形势来分析预测未来发展趋势。全书汇集了西北、西南地区社会科学院、大学和政府部门共20余位研究丝绸之路经济带的学者、专家的最新研究成果，希望能为有关部门的实际工作和这一领域的学术研究提供参考。

本书包括四部分内容。总报告立足丝绸之路经济带全线建设，全面跟踪和反映了年度“五通”建设的现状和进展，并分析预测了未来丝绸之路经济带的发展趋势。分报告主要围绕贸易畅通和资金融通等经济领域的建设展开，汇集了关于丝绸之路经济带设施联通、产业合作、贸易合作、电子商务、开发性金融、农业合作、科技合作、税收合作、民心相通等专题报告。国内合作篇围绕西北五省区跟踪研究，具体包括国内西北段总体情况，以及新疆、甘肃、青海、宁夏、陕西分省区建设情况。国际合作篇，以“凸显西北”为特色，继续跟踪研究了中国—中亚经济走廊和中巴经济走廊、新亚欧大陆桥以及中欧国际货运班列的进展情况。

关键词： 丝绸之路经济带　政策沟通　设施联通　贸易畅通　资金融通　民心相通

Abstract

In 2020, China effectively responded to and resolved the adverse effects of the new crown pneumonia epidemic, continued to unswervingly promote the "Belt and Road" towards high-quality development, and steadily promoted various construction projects in countries and regions along the route, and resumed work and production. Achieved positive results and progress. As a land-based Silk Road, the Silk Road Economic Belt will give full play to its comparative advantages and enter a new journey of high-quality development. The regions along the northwest of China opened up a new pattern of opening to the west. The main content of the book is to take stock of the specific progress in the construction of the Silk Road Economic Belt in 2020, and to analyze and forecast the future development trend in light of the latest situation. The book brings together the latest research results of more than 20 scholars and experts who study the Silk Road Economic Belt in the Northwestern and Southwestern Academy of Social Sciences, universities and government departments, hoping to provide reference for the actual work of the relevant departments and academic research in this field.

The book consists of four parts: the General Report based on the entire construction of the Silk Road Economic Belt, comprehensively tracks and reflects the current status and progress of the annual "Five Links" construction, and analyzes and predicts the future development trend of the Silk Road Economic Belt. The Sub-Reports, focusing on the construction of economic links such as trade and finance, and brings together facility unicom, industrial cooperation, tax revenue cooperation, e-commerce, trade cooperation, development finance, and tourism cooperation, agricultural cooperation, people connection and scientific and technological cooperation. The Domestic Cooperation Articles, mainly focusing on the five northwestern provinces and regions, including the overall situation of the northwestern part of China, as well as the construction of Xinjiang, Gansu, Qinghai, Ningxia and Shaanxi provinces. The International Cooperation Articles featuring "highlighting the northwest" and continues to track and study the China-Central Asia Economic Corridor and the China-Pakistan Economic Corridor, the New Eurasian Continental Bridge and the China-Europe International Freight Train.

Keywords: Silk Road Economic Belt; Policy Communication; Facility Unicom; Trade Smooth; Financial Intermediation; People Connection

目 录

Ⅰ 总报告

Ⅱ 分报告

Ⅲ 国内合作篇

Ⅳ 国际合作篇

CONTENTS

I General Report

II Sub-Reports

Ⅲ Domestic Cooperation Articles

Ⅳ International Cooperation Articles

总 报 告

General Report

B.1

2020年丝绸之路经济带建设形势分析与展望

王晓娟 *

摘 要：2020年，中国有效应对新冠肺炎疫情的不利影响，继续坚定不移地推动"一带一路"走向高质量发展，与沿线国家和地区的各类工程建设项目稳步推进、陆续复工复产，取得了积极的成效和进展。丝绸之路经济带作为陆上丝绸之路，充分发挥其比较优势，进入高质量发展新征程。中国西北沿线地区开启向西开放新格局。主要表现在：丝绸之路经济带建设进入高质量发展新征程，"云外交"推动引领丝绸之路经济带建设，中欧班列发挥了更加积极有力的作用，欧亚贸易在逆境中保持增长，欧亚金融互联互通继续深化，民心相通以特殊方式持续开展。未来，丝绸之路经济带发展趋势将呈现

* 王晓娟，陕西省社会科学院金融研究所助理研究员，研究方向为金融投资、丝绸之路经济带。

以下特征：一是后疫情时代丝绸之路经济带前景更加广阔；二是设施联通将进一步彰显中国制造的品牌力量；三是公共卫生合作成为丝绸之路经济带合作新亮点；四是丝绸之路经济带产能合作迎来新契机；五是文化交流与互鉴仍是新时代民心相通的主题。

关键词：丝绸之路经济带　沿线区域　“一带一路”

一　丝绸之路经济带建设进入高质量发展新征程

2020 年以来，中国有效应对新冠肺炎疫情的不利影响，继续坚定不移地推动“一带一路”走向高质量发展，面对新冠肺炎疫情的挑战，中国坚定地提出要将“一带一路”打造成团结应对挑战的合作之路、维护人民健康安全的健康之路、促进经济社会恢复的复苏之路、释放发展潜力的增长之路，通过高质量共建“一带一路”，携手推动构建人类命运共同体。与沿线国家和地区的各类工程项目稳步推进、陆续复工复产，取得了良好的成绩。丝绸之路经济带作为构建双循环格局的重要平台，也迈向了高质量发展的新征程。在口岸经济、中欧班列、交通枢纽运输、投资贸易等方面展现新活力，也进一步助推了中国区域协调发展。

（一）穿越大西北的三条经济走廊开创新格局

2020 年，新冠肺炎疫情给全球经济社会发展带来了深刻的冲击和影响，丝绸之路经济带国际环境也面临新挑战和机遇。中国—中亚—西亚经济走廊是丝绸之路经济带的基本盘，面对疫情的挑战，沿线国家和地区的合作和发展没有被疫情阻断，反而成为全球经济率先复苏地之一，医疗卫生合作与中欧班列的持续运行对中国与中亚、西亚共建丝绸之路、促进后疫情时代的经济恢复与发展发挥了积极的作用，有力地维护和支撑了区域的和平稳定发展，为进一步扩大全方位经贸合作打下了更加坚实的基础。中国—中亚国家围绕“五通”建设，继续拓宽合作领域、丰富合作方式、共享合作成果，推进丝绸之路经济带建设深入发展。

中巴经济走廊是丝绸之路经济带建设的示范区和样板田。自2019年9月以来，中巴经济走廊项目开始向阿富汗等地扩展和延伸，为未来与中国—中亚—西亚经济走廊的对接和联通奠定基础。2020年，中巴经济走廊项目继续顺利推进。卡洛特水电站项目土建向机电转序进入关键时期，已经顺利完成了进水塔全面封顶这一节点目标，为进水塔金属结构设备安装提供了有力保障。苏吉吉纳里水电站项目成功启动压力竖井群反井钻机钻孔施工，标志着世界最深压力竖井群正式进入施工阶段。首条压力竖井导孔反拉施工顺利完成，为后续竖井人工钻爆扩挖支护施工奠定了坚实基础。巴基斯坦一号铁路干线（ML-1）升级改造项目作为中巴经济走廊协议的一部分，也是迄今为止投资最高的项目，于2020年获批，这将是一条连接卡拉奇与白沙瓦的铁路，是巴基斯坦四条主要铁路线之一。项目计划于年内开始动工，预计会为15万人提供就业机会。

连云港作为新亚欧大陆桥经济走廊的东端起点，为新亚欧大陆桥提供了超过60%的集装箱过境运输量，已经成为丝绸之路经济带的重要枢纽和节点城市。通过建设中哈物流合作基地等平台，连云港在大陆桥国际合作通道建设中做出了突出的贡献。2020年8月，江苏着力打造“一带一路”跨境电商发展新高地，连云港自贸区首个跨境电商体验中心投运，是集保税展示、商品交易、通关服务于一体的保税展示交易平台。该中心的启动运营，标志着以“1210”保税备货平台为后场，以阳光国际A、B座为前店的跨境电商“前店后场”运营格局初步形成。自贸试验区连云港片区将进一步立足区位优势，突出港城特色，强化资源整合，拓展贸易结算综合功能，完善线上线下服务体系，优化发展环境，未来通过与国内外知名跨境供应链公司深度合作，培育年销售额过百亿的跨境电子商务交易平台，着力打造“一带一路”跨境电商产业发展新业态、新高地。

（二）丝绸之路经济带西北省区建设走向高质量发展

1. 陕西全力融入丝绸之路经济带大格局

近年来，陕西以推进商贸物流中心、国际产能合作中心、科技教育中心、国际文化旅游中心、丝绸之路金融中心“五大中心”建设为抓手，全力融入丝绸之路经济带大格局。2020 年 4 月，陕西发布了《陕西省“一带一路”建设 2020 年行动计划》，提出推进交通商贸物流中心优化升级、推进国际产能合作中心深化拓展、提高科技教育中心影响力、促进国际文化旅游中心做强做优、加快丝绸之路金融中心创新发展等七大类 28 条举措。2020 年以来，陕西建成投运西银高铁，加快实施西安火车站改扩建、西延高铁等项目，全面开工建设西十高铁，到 2020 年底高速公路总里程突破 6000 公里。依托中欧班列长安号的迅猛发展和“一带一路”建设的深入推进，西安港汽车整车进口口岸不断刷新“成绩单”。2020 年上半年，西安海关监管中欧班列长安号整车进口专列 119 列，出口专列 74 列，监管进口整车 5624 辆、出口整车 10624 辆，同比分别增长 2.6 倍、8.6 倍。西安港整车口岸自 2018 年 6 月正式运营。同时，陕西加快西安国际航空枢纽建设，持续推进“中国最佳中转机场”建设，争取“一带一路”国家航权自由化试点，探索建立第五航权协调和宣传推介机制。

2. 新疆丝绸之路经济带核心区建设深入推进

2020 年以来，新疆继续完善丝绸之路经济带核心区建设政策规划，“一港”“两区”“五大中心”“口岸经济带”建设不断推进。伴随“一带一路”建设的推进，作为丝绸之路经济带核心区的新疆，区位优势日益凸显，近一年来，新疆以乌鲁木齐国际陆港区建设为重点，全面推进五大中心战略目标，对内对外开放水平得到有效提升。截至目前，中欧班列已累计开行 3600 余列，班列发展速度和规模居全国前列，受到国务院大督查通报表扬。新冠肺炎疫情期间，新疆积极应对，创新举措，加快推动铁路、公路、航空等领域重点互联互通项目建设，取得了新的进展。铁路方面，和田至若羌铁路等一批续建项目全部复工建设。公路方面，新疆加快推进G7线巴里坤至木垒高速公路等互联互通项目建设。航空方面，新疆持续推进新建于田、昭苏、塔什库尔干机场，改扩建乌鲁木齐、伊宁等六座机场。道路的畅通直接带动了新疆与“一带一路”沿线国家（地区）商贸物流的发展。

3. 甘肃加快构建向西开放前沿门户

近年来，丝绸之路经济带的持续推进让甘肃再次成为中国向西开放的前沿门户，成为连接各个区域板块、构建联动开放格局的重要枢纽。当前，甘肃正在围绕打造文化、枢纽、技术、信息、生态“五个制高点”，加强同沿线省份和相关国家开展实质性、多领域合作，加快构建内外兼顾、陆海联动、向西为主、多向并进的开放新格局。2020年，甘肃成为丝绸之路经济带上的贸易热地。2020年上半年，甘肃在“一带一路”沿线国家（地区）实际投资额占对外投资额的72.5%，与“一带一路”沿线国家（地区）实现贸易额76.2亿元。其中，哈萨克斯坦稳居甘肃贸易伙伴首位。受疫情影响，2020年上半年，甘肃省外贸进出口总值170.2亿元，与上年同期相比下降9.6%。农产品出口继续保持增长态势。下一步，甘肃省将持续推进兰州、酒泉国家物流枢纽建设，支持“一带一路”供应链大数据中心建设，稳定运营中欧、中亚、南亚、陆海新通道国际班列。同时，加快推进兰州、天水跨境电商综合试验区建设，助力外贸企业出口转内销，多措并举保外贸企业、稳外贸，有序推进国际产能合作。

4. 宁夏着力建设内陆开放型经济试验区

宁夏聚焦经贸务实合作，持续拓展互利合作和创新合作领域，主动服务和融入“一带一路”，加快建设内陆开放型经济试验区，在优化开放平台、畅通开放通道、改善开放环境等方面取得新的进展，以全方位开放助力高质量发展。宁夏回族自治区政府印发了《自治区推进“一带一路”和内陆开放型经济试验区建设2020年工作计划》，确定了2020年的工作框架和重点。通道建设方面，宁夏通过开通至中亚、西亚，乃至蒙古国、俄罗斯的国际货运班列，开辟了西向、北向低成本国际物流通道。2020 年 8 月，银西高铁甘宁段（吴忠至庆城段）时速 275 公里试验完成，银昆高速（宁夏银川至云南昆明）太阳山开发区至彭阳段项目开工建设。贸易畅通方面，银川海关对“一带一路”沿线国家（地区）自贸协定原产地证书的签发量大幅增长。2020 年上半年，银川海关签发的 2536 份原产地证书中，有 1038 份是对“一带一路”沿线国家（地区）签发的证书，占签证总量的 40.93%。所签金额为 2.02 亿美元，占据了签证总额的 59.83%。特色农产品对外贸易渠道有所拓宽。2020 年 6 月，搭乘宁夏国际货运班列的 600 吨亚麻籽由哈萨克斯坦抵达银川，并顺利报关清关，标志着宁夏具备了亚麻籽自主进口业务全链条服务保障能力，同时也为国内粮油进口开辟了一条便捷运输通道。宁夏作为全国首个全省域内陆开放型经济试验区，探索出了一条由内向外的发展路径，这为宁夏实施“三大战略”、高质量发展注入了新的活力。

5. 青海丝绸之路经济带建设纵深推进

2019～2020 年，青海省在“一优两高”战略引领下，全力推动“一带一路”建设，取得了明显成效。政策沟通不断深入，设施联通有效提升，经贸投资得到进一步突破，资金融通能力大大增强，人文交流持续深化，外向型经济空间进一步扩大。2020 年，面对新冠肺炎疫情对全球经济的影响，青海聚焦重点，找准方向，加快融入以国内大循环为主体、国内国际双循环相互促进的新发展格局，推动全省开放型经济向更高层次发展。全面落实“一带一路”建设年度重点工作分工方案，进一步加强“五通”建设，采取有效措施，积极应对新冠肺炎疫情对全省经济，尤其是对外向型经济的影响，丝绸之路经济带建设稳步推进。青海充分发挥比较优势，持续加大对内对外开放力度，积极推进优势产业扩容增量，经济实力持续攀升，已成为西北地区新的投资热土，日益强化的口岸建设把内陆青海进一步推向了开放的前沿。2020 年，青海先后制定了《西宁市“一带一路”建设行动方案》和《西宁市“一带一路”建设行动计划（2020～2025 年）》，全面开通与芽庄、暹粒、曼谷、东京等的 6 条国际航线，成功开行西宁至比利时安特卫普和俄罗斯克拉斯诺亚尔斯克至西宁的中欧班列，架起了欧亚大陆的桥梁，班列货物“有进有出”，实现了双向班列零突破。

（三）西南省区共建陆海新通道取得突破

西南省区的重庆、四川、广西、贵州、云南等地的西部陆海新通道建设进入快速发展阶段。经过一年来的建设，西部陆海新通道已覆盖广西、重庆、四川、云南、贵州等14个省（区、市），已基本形成重庆、成都经贵阳、怀化、百色至北部湾港出海口的三条主干线，并与中欧班列有效衔接，成为21世纪海上丝绸之路与丝绸之路经济带有效衔接的重要纽带。在新冠肺炎疫情防控进入常态化的后疫情时代，重庆、贵州等中国西部省（区、市）货物经广西北部湾港发往全球的货运量迅速增长，彰显了“陆海新通道”的巨大活力。广西在深化对外开放合作、打造投资发展高地、加快建设北部湾国际门户港和陆海两大干线物流、织密国际班轮网络等方面取得突破性进展。以西部陆海新通道为依托，北部湾国际门户港加速形成。经过一年多的紧张施工，贵阳都拉营国际陆海通物流港口一期项目竣工在即，将肩负起贵州特色产品输出和粮油等其他资源引进的重要使命。广西全面对接粤港澳大湾区，以全方位开放引领高质量发展，在体制机制对接、基础设施互联互通、重点合作平台建设推动产业联动发展、生态联防联治、公共服务共建共享等五方面取得了新成效。云南地处中国与东南亚、南亚三大区域接合部，“一带一路”、孟中印缅经济走廊、中国—中南半岛经济走廊、长江经济带等在云南交会叠加，发展现代物流业已经成为云南建设面向南亚、东南亚辐射中心的重要内容和主要支撑。新冠肺炎疫情暴发以来，四川省准确把握新形势新任务新要求，认真落实国家对外合作工作部署，统筹兼顾疫情防控和国际合作，扎实推进“一带一路”建设，推动国际合作工作迈上新台阶。

二 政策沟通进展

（一）“云外交”推动引领丝绸之路经济带建设

2020 年新冠肺炎疫情席卷全球，“面对面”的国际交往按下了“暂停键”，中国推动“一带一路”的信心和决心没有改变，中国外交蹄疾步稳。习近平主席以“线上”方式同外方领导人会晤，成为 2020 年元首外交的一大特色。以视频、电话、书信为主渠道的元首“云外交”发挥了格外重要的引领作用，彰显了坚定的中国力量。以元首外交统领抗疫外交，以领袖担当推动国际合作。习近平主席亲力亲为，既立足当下推动全球抗疫合作，又着眼全局、面向未来，推动大国关系稳中有进、深化同周边国家利益交融，厚植与发展中国家友谊，旗帜鲜明地坚定捍卫多边主义。2020 年，习近平主席已出席或主持过三场国际“云会议”：3 月，出席二十国集团（G20）领导人应对新冠肺炎特别峰会；5 月，在第 73 届世界卫生大会视频会议开幕式上致辞；6 月，主持中非团结抗疫特别峰会。视频会议之外，“电话外交”也是一大特色。习近平主席就疫情开展的“电话外交”已达 60 次，覆盖五大洲 46 个国家、1 个国际组织。在双边关系发展、“一带一路”建设、多边框架内加强交流。电波凝聚起抗击疫情的国际合力，将中国的全球伙伴关系网络越织越紧密。一场场“云外交”中，习近平主席提出一系列“中国方案”，赢得国际社会广泛赞誉。在新冠肺炎疫情阴影笼罩全球的背景下，中俄元首互动频繁，中俄元首间“电话外交”已达 4 次，足见中俄关系的高水平和特殊性，也为大变局中的世界注入强大的稳定力量。

（二）国家部委共同推动“一带一路”高质量发展

新冠肺炎疫情无法阻挡“一带一路”合作走深走实、高质量前行的坚定步伐。随着中国经济加快复苏，中国作为国际产业资本“避风港”的地位更加凸显，后疫情时代共建“一带一路”的基础将更加牢固、动力将更加充沛、前景将更加广阔。国家各部委积极开展落实对接工作，共同推动丝绸之路经济带走向高质量发展。2020 年 3 月 27 日，推进“一带一路”建设工作领导小组办公室召开办公室主任会议，提出了在新冠肺炎疫情背景下，中国未来的丝绸之路建设的指导思想和重点工作方向。中国在极为敏感的资本市场领域出台了一系列促进市场开放的重大举措。5 月 7 日，中国人民银行、国家外汇管理局发布《境外机构投资者境内证券期货投资资金管理规定》，明确进一步便利境外投资者参与我国金融市场。对自贸区、自贸港建设的支持，更是试图从整体制度层面推动中国改革开放进入新阶段。类似改革措施明显提升了中国对国际资本的吸引力。2020 年 7 月 8 日，商务部部长钟山与欧亚经济委员会贸易委员斯列普涅夫通电话，双方就推进“一带一路”建设和欧亚经济联盟建设对接、深化贸易投资和多边领域合作、加强疫情防控合作等议题深入交换意见。这对于双方共同落实好中国同联盟经贸合作协定、维护国际军控体系、践行构建人类命运共同体发挥了积极的作用。

（三）西北五省（区）加强区域推动丝绸之路高质量发展

2020 年 9 月 15 ~16 日，西北五省（区）政协助推协同向西开放协商座谈会在甘肃省兰州市召开，这是陕西、甘肃、青海、宁夏、新疆五省（区）政协协商建立“服务丝绸之路经济带建设协作交流机制”后召开的首次会议。会议通过了《西北五省（区）政协助推协同向西开放协商座谈会会议纪要》，将深入贯彻党中央关于推进“一带一路”建设、西部大开发形成新格局和构建双循环新发展格局的决策部署，搭建陕甘青宁新五省（区）协同向西开放的区域协商合作平台，加强区域交流合作，广泛凝聚共识和力量，推动五省（区）高质量发展。会议在诸多合作方面达成了初步共识，并指明未来的合作思路和方向。主要内容包括：不断深化战略合作，大力畅通产业循环、市场循环、经济社会循环，共同培育新形势下西北地区参与国际国内合作和竞争新优势。坚持以供给侧结构性改革为主线，加大特色农业、传统工业、高新技术产业对外开放力度，做大做强先进制造业，积极培育适应“一带一路”有关国家（地区）市场的优势产业，不断发展壮大对外贸易市场经营主体；大力发展现代服务业，加快推进现代服务业对外开放；健全完善与“一带一路”有关国家金融合作机制；推进跨境电子商务发展，加快跨境电子商务综合试验区建设；加大承接产业转移力度，不断夯实西北地区与“一带一路”有关国家经贸合作的产业基础。进一步补齐基础设施短板，构建全方位对外开放大通道。积极争取国家建立以交通运输发展为重点的西部大开发建设基金，多措并举，持续加大对西北地区交通基础设施项目建设支持力度，努力实现“到2035年，基础设施通达程度与东部大体相当”的目标。

三 设施联通进展

（一）国际设施建设有序推进

面对新冠肺炎疫情的影响，沿线国家（地区）甚至全球比以往任何时候都更加需要通过“一带一路”这个平台集聚力量战胜疫情和推动经济社会发展，“一带一路”已经成为全球经济复苏与发展的样板式高速路。2020年，中国铁路取得了卓有成效的新进展。中国铁路以深厚的对外建设底蕴践行中央的要求，努力推进对外投资铁路项目，如尼日利亚拉伊铁路主线、印尼雅万高铁、中老铁路等，在全球经济下行的困境中，这些工程项目建设加之中欧班列搭建“一带一路”国家贸易通道卓有成效的业绩，为各国战胜疫情和恢复经济注入了“强心剂”，强力提振了全球经济信心。中国投资尼日利亚铁路建设收获两国之间的互通互赢。与此同时，拉伊铁路建设将带动施工机械、机车车辆等价值数十亿美元的中国装备出口，对中国来说有促进“六保”“六稳”的意义，对尼日利亚来说既提升了该国铁路运输设施水准，又提供了数万个就业岗位，这对两国的经济发展和国计民生都具有重要的现实意义。在建的帕德玛大桥铁路连接线项目（简称连接线项目）是孟加拉国重点基础设施项目。新冠肺炎疫情期间，占地 11 亩的连接线项目轨枕生产厂区建设完成，并于 7 月中旬通过孟方验收。作为“一带一路”建设的积极参与者，孟加拉国近年来在许多重大基建项目上与中国开展合作，长约 170 公里的连接线项目就是其中之一。该项目由中国中铁承建，总价超过 31 亿美元，建成后将极大地促进孟加拉国及南亚区域互联互通和经济发展。

（二）中欧班列发挥了更加积极有力的作用

在国际运输受新冠肺炎疫情影响下，中欧班列依然保持了平稳增长。这从侧面反映出我国与“一带一路”沿线国家（地区）的贸易发展取得了积极成效，也奠定了坚实基础。中欧班列凭借其独特优势，实现了逆势前行。在疫情防控基础上，中欧班列发挥战略通道作用，全力承接空运、海运转移货源，优先运输防疫物资，为稳外贸作出了积极贡献。2020 年上半年，中欧班列开行数量大幅增长，累计开行 5122 列，同比增长 36%；6 月开行 1169 列，再创历史新高。西安、成都等 5 座城市获国家专项资金支持，开展中欧班列集结中心示范工程建设。2020 年上半年，成都始发终到中欧班列累计开行 936 列，同比增长 37.6%。西安至基辅中欧班列开行后，中欧班列“长安号”开行已达 15 国 45 个城市，开行线路 15 条，辐射范围实现了欧亚区域全覆盖。班列的开行，将进一步拉近西安和基辅的距离，促进中欧班列“长安号”更好地辐射东欧地区，为陕西打造内陆改革开放高地、中欧班列集结中心，大力发展枢纽经济、门户经济、流动经济，再添活力。

（三）空中丝绸之路架起生命之路

新冠肺炎疫情期间，空中丝绸之路连起生命之路。突如其来的新冠肺炎疫情给全球物资和人员的流动带来了巨大的不利影响。在 2020 年初全球抗疫的重要时期，卢森堡货航、阿塞拜疆丝绸之路西部航空、罗马尼亚航空、立陶宛航空、俄罗斯库班航空等多家国际航空公司的货机扎堆直飞郑州，安-124、波音 747、空客 330 等近 10 种大机型频繁降落。2020 年是郑州—卢森堡空中丝绸之路建设三周年，郑州机场国际货运空港大通道也由此进入提速期。陕西以建设空中丝绸之路为抓手，致力于打造内陆型改革开放新高地。截至目前，累计开通全货运航线 32 条，其中国际航线 15 条，开通国际客运航线 75 条，机场国际（地区）通航点总量达到 67 个，联通全球 36 个国家 74 个主要枢纽和旅游城市。陕西空中门户效应不断凸显，开放的步伐进一步加快，为 2020 年新冠肺炎疫情期间的人员和货物运输贡献了积极的力量。新疆的航空运力稳步增加，航线航点陆续拓展，市场份额不断增长。截至目前，乌鲁木齐航空共运营 15 架波音 737 – 800 飞机，累计安全飞行 17 万余小时，在乌鲁木齐市场占有率约 7%，累计纳税约 3. 7 亿元，吸纳近 1500 人就业，为新疆经济社会发展作出了贡献。

四　贸易畅通进展

（一）欧亚贸易在逆境中保持增长

丝绸之路经济带贸易往来合作继续在逆境中取得新进展，为各国抗击疫情和疫后恢复经济提供信心与动力。据统计，中国与沿线国家（地区）货物贸易进出口总额超过 6 万亿美元，年均增长率高于同期中国对外贸易增速，占中国货物贸易总额的比重达到 27. 4%。2020 年上半年，陕西进出口总值 1796. 1 亿元，比上年同期增长 3. 5%。受疫情影响，在经历了一季度震荡后，二季度有所回稳。自 2 月起，陕西进出口连续 5 个月正增长，其中进口呈现两位数稳定增长，出口降幅逐月收窄，6 月当月实现正增长。陕西对韩国、东盟、欧盟等主要贸易伙伴的进出口延续增长态势。上半年，全省对东盟进出口总值 193. 3 亿元，比上年同期增长 66. 3%，对“一带一路”沿线国家（地区）进出口总值 294. 5 亿元，比上年同期增长 36. 6%。2020 年上半年，甘肃对哈萨克斯坦进出口总值 29. 6 亿元，增长 16. 9%，占全省外贸总值的 17. 4%。受疫情影响，2020 年上半年，甘肃进出口总值 170. 2 亿元，与上年同期相比下降 9. 6%。6 月当月，甘肃进出口重回正增长，进出口总值 26. 1 亿元，增长 3. 5%。农产品出口继续保持增长态势。近年来中国与欧洲的经贸关系得以升华。亚欧大陆沿线的众多国家和地区收获了巨大的利益。中国与55个境外商协会建立了合作机制，与180多个国家和地区建立了经贸往来关系。

（二）西北地区丝绸之路经贸合作持续推动

受2020年新冠肺炎疫情影响，西北地区各类经贸平台和展会被迫取消。但西北五省区通过对外开放高地建设、经贸合作专项行动等抓手和平台，积极推动与丝绸之路经济带沿线国家和地区的经贸交流合作，取得了显著的成效。陕西“通丝路”跨境电商人民币结算服务平台正式上线，西安市获批设立跨境电子商务综合试验区，西安航空口岸“一带一路”专用通道正式启用，获批实施外国人过境144小时免办签证政策。自贸试验区形成制度创新案例118个，首批18项制度创新成果已在全省复制推广。“一带一路”语言服务及大数据平台正式启动，贸易便利化水平进一步提升，交通商贸物流中心地位得到进一步保障。甘肃深入实施稳外贸专项行动计划，加强对45家重点外贸企业的分类指导和“一对一”联系。积极应对美国制造的经贸摩擦，加强与“一带一路”沿线市场的经贸合作，目前甘肃在泰国、缅甸、尼泊尔、阿联酋等地已建或在建各类营销网络84个。宁夏近一年来在贸易畅通领域所取得的进展依然可圈可点。银川综合保税区在打造西部对外开放新高地方面取得可喜进展，2020年1月，将北京、上海、宁夏三家公司的资本融合，落实了“中琨聚霖（银川）国际贸易总部基地”项目。

（三）国际产能合作中心稳步推进

近年来，各类产业园企业走出国门，积极促进园区管理运营经验与境外生产要素相结合，境外产业园成为加快对外开放和推动“一带一路”建设的重要平台。哈萨克斯坦爱菊粮油工业园、吉尔吉斯斯坦中大工业园区为陕西境外合作园区的典范，被纳入商务部境外经贸合作区监测统计。一批国际合作产业园加快建设，中俄丝路创新园、中欧工业园、陕韩产业园等境外经

贸合作园区和重点投资项目稳步推进。建成“海外仓”4个，组织企业参加25场重点境外贸易促进活动。法士特、陕鼓、陕柴加快布局海外市场；三星闪存芯片二期、施耐德电气全球低压成套设备设计中心和全球绿色节能设计中心落地。新疆中泰新丝路塔吉克斯坦农业纺织产业园、中乌（乌兹别克斯坦）医药城两个项目入选了高峰论坛成果清单，实现了历史性的突破。中泰新丝路塔吉克斯坦农业纺织产业园项目于2015年开工建设，2016年获评中塔经贸合作成功范例。项目包括中泰新丝路（哈特隆）农业产业项目和中泰新丝路（丹加拉）纺织产业项目，计划投资30亿元，这将直接带动就业1600人，临时用工30万人次。

五　资金融通进展

（一）欧亚金融互联互通继续深化

近年来，随着丝绸之路经济带建设的持续推进，沿线国家和地区金融合作空间也大大拓展。依托丝路基金和亚投行两大平台，丝绸之路经济带金融合作网络正在形成，为欧亚经济健康发展做出了积极的贡献。金融互联互通持续推进，已有11家中资银行在28个沿线国家设立76家机构，来自22个沿线国家的50家银行在中国设立7家法人银行、19家外国银行分行和34家代表处。多边金融合作成效凸显，截至2020年底，已累计投资100多个项目，覆盖70多个国家和地区。金融机构合作水平得到进一步提升，截至2020年底，中国出口信用保险公司累计支持对沿线国家（地区）的出口和投资超过6000亿美元。金融市场体系趋于完善，中国进出口银行面向全球投资者发行20亿元“债券通”绿色金融债券，金砖国家新开发银行发行首单30亿元绿色金融债，支持绿色丝绸之路建设。2020年，中国积极探索新型国际投融资模式，丝路基金与欧洲投资基金共同投资的中欧共同投资基金于2020年7月开始实质性运作，投资规模5亿欧元。亚投行先后与世界银行、亚洲开发银行、欧洲复兴开发银行、欧洲投资银行等签署了合作协议，通过创新融资机制开展联合行动，积极弥补沿线国家和地区基础设施建设存在的巨大资金缺口。

（二）人民币国际化发展势头良好

“一带一路”区域人民币接纳度和使用率不断提高。在全球新冠肺炎疫情的背景和不利影响之下，人民币国际化持续表现积极稳定的发展势头，这进一步增强了人民币的国际影响力。2020 年上半年，人民币跨境收付金额达 12.7 万亿元，同比增长 36.7%，人民币已经连续 8 年成为中国第二大跨境收支货币。印度尼西亚近 10% 的国际贸易项目，都选择人民币作为交易手段。马来西亚、白俄罗斯、柬埔寨、菲律宾、沙特阿拉伯等相关国家均已将人民币纳入外汇储备，俄罗斯在“去美元化”背景下甚至将人民币储备份额提升至 15% 左右。中资商业银行成为“一带一路”人民币推广使用的主力军。陕西以丝绸之路经济带建设为抓手，推动人民币跨境业务取得突破。截至目前，陕西与 43 个“一带一路”沿线国家（地区）发生人民币跨境收付累计 1030 亿元，占全省跨境人民币收付的 40%，高于全国平均水平近 30 个百分点。6 年间，金融业在助力陕西企业“走出去”拓展海外市场中也得到充分提升。目前，中国人民银行西安分行牵头陕西 24 家承包工程龙头企业打造了“陕西走出去企业人民币跨境使用服务联盟”。

（三）西安丝绸之路经济带金融中心建设成效突出

陕西充分利用其金融资源的基础和优势，持续推动丝绸之路金融中心建设工作，取得了积极的进展。2020 年 3 月 25 日，《西安丝绸之路金融中心发展行动计划（2020 ~ 2022 年）》重磅出台，提出全面提升本地金融机构的规模实力、品牌影响力以及资本市场利用能力。这对于西安引进金融资源，促进西安丝绸之路经济带金融中心建设水平不断提升具有重要的政策促进作用。6 年间，以金融业的聚集为基础，多样化金融服务助力陕西“一带一路”建设深入推进。在产能合作、交通商贸、文化交流等领域，金融助力“一带一路”建设效果日益显著。陕西达成了一系列金融战略合作协议，设立了多只丝路主题基金，形成了多个金融服务创新典型案例，丝绸之路经济带金融服务保障能力不断增强。全年共 5 家企业成功上市，1 家企业 IPO 过会，创近十年最高纪录；推动自贸区金融改革创新，开展资本项目外汇收入支付便利化试点、外债注销登记下放银行、外商投资企业再投资等外汇创新业务，大幅缩减结汇支付审批环节和时间，降低企业成本。“通丝路”跨境人民币结算平台获评商务部第三批全国自贸试验区最佳实践案例，陕西成为西北地区唯一被确定为国家外汇管理局“跨境业务区块链服务平台”第一批试点省份；针对中欧班列融资需求，“央行 · 长安号票运通”供应链金融新模式有效解决了民营小微企业融资成本、风险、授信等关键问题。全国首家商业保理公司美元融资业务成功获批并落地陕西自贸试验区。陕西与“一带一路”沿线国家和地区越来越频繁的资金融通，让陕西丝绸之路金融中心建设渐入佳境。

六　民心相通进展

（一）人文交流以特殊的方式继续推进

2020 年在新冠肺炎疫情期间，丝绸之路经济带上的人文交流与合作以电影节、云中课堂、专题展览等丰富的形式继续开展。“一带一路”电影周通过《柔情史》《孟加拉制造》《姐妹》等一批展映影片，让“一带一路”沿线国家（地区）的人民了解彼此的生活和文化，进一步增强情感连接，也表达中国和世界各国一起共同抗疫、风雨同舟的人文情怀。肯德基携手甘肃省博物馆，在甘肃省文物局的指导下，在肯德基丝路如意餐厅开展“丝路云课堂”活动，该活动也是 2020 年“文化和自然遗产日”甘肃文博活动的一部分，“丝路云课堂”主要讲解丝路饮食文化，旨在彰显甘肃丝路文化特色。受新冠肺炎疫情的影响，2020 年第四届“丝路信使”自行车赛的路线和赛程适当调整，比赛全部在国内进行，赛事起点为上海市，途经江苏、安徽、河南、陕西、甘肃、新疆等 7 省区 36 个城市，最终抵达哈萨克斯坦首都努尔苏丹。其间骑手化身古丝绸之路上的现代驿使，替寄信者将一封封家书送达远方的亲人。丝路信使不仅承袭了古代信客的传统，而且在一路骑行中传递了友谊，通过创新体育赛事的形式、丰富内容，提升文化旅游、体育旅游的价值，秉持“一带一路”理念，搭建多民族文化交流的平台。

（二）丝绸之路西北旅游市场逐渐复苏

疫情常态化背景下，丝绸之路经济带国内段西北五省区的旅游逐步重启，旅游市场开始复苏。陕西多部门联合印发《陕西省促进旅游消费八条措施》，加快推进全省旅游企业复工复业，促进旅游消费和全省旅游业发展。主要内容包括：加大资金支持力度、提高全国旅游市场份额、积极开展“惠游陕西”活动、大力推动“陕西人游陕西”活动、创新文旅消费经营模式、多渠道开展旅游宣传推广活动、加大奖补力度、不断提升旅游安全感和满意度。甘肃省推出文化旅游产品惠民补贴促销活动，累计送出3亿元优惠补贴，力争带动30亿元旅游直接消费。张掖市对39家国家A级旅游景区及度假区实行全国所有医护工作者全年免门票参观游览政策。同时积极完善各景区旅游业态，延展产业链条，在“环西部火车游”跨省宣传交流活动中，赴南京、重庆等地宣传推介，提升七彩丹霞、大佛寺等文化旅游地的知名度、美誉度和影响力，暑期以来，景区游客量持续回暖。面对新冠肺炎疫情对文旅行业带来的不利影响，宁夏先后开展了“旅游＋体育”“旅游＋非遗”“旅游＋演艺”进景区活动。2020年上半年，接待国内游客1557.71万人次，实现旅游总收入80.78亿元。青海以“大美青海·旅游净地”为主题，先后推出青海文旅人游青海、青海人游青海、全国人民游青海系列活动，以及“黄河·河湟文化”惠民消费季等一系列文旅活动。据统计，2020年1～7月青海省累计接待游客1577.58万人次，实现旅游总收入122.27亿元。

（三）丝绸之路经济带科教合作持续深化

虽然受新冠肺炎疫情影响，丝绸之路经济带沿线国家和地区在科教合作方面仍然有序推进。2020 年，由哈萨克斯坦境内 5 所孔子学院联合举办的“丝路云端”中文夏令营举行开营仪式。受新冠肺炎疫情影响，本次夏令营在线上举办，吸引来自哈萨克斯坦、俄罗斯、乌克兰、伊朗、保加利亚等 14 个国家的近 400 名中文爱好者参加。疫情期间，在哈孔子学院克服各种困难，创新教学方式，为众多中文爱好者提供不间断的学习机会。“一带一路”青年创意与遗产论坛特别对话以视频会议形式举办，来自 68 个“一带一路”沿线国家（地区）的 100 多名青年代表注册参会。文化遗产领域合作深入推进。文化和旅游部会同国家文物局大力推进与“一带一路”沿线国家（地区）在文化遗产领域的交流合作，与柬埔寨、缅甸等 11 个国家签署了 12 份文物安全及文化遗产领域双边协定和谅解备忘录。兰州大学推进“一带一路网”多语言分中心建设沟通座谈会在兰州大学城关校区西区召开。兰州大学依托国家“一带一路网”，充分发挥在俄语语言、中亚研究及政治与国际关系等多学科的优势，携手西北师范大学、西北民族大学、兰州交通大学多语种队伍，从智库平台、研究平台、多语言人才培养平台、国际文化交流平台四个方面着手，共建能够促进“一带一路”沿线国家（地区）互信互助、维护西北边疆安全、实现地方特色与国家重大需求相结合的“一带一路网”多语言分中心。

七　丝绸之路经济带建设展望

（一）后疫情时代丝绸之路经济带前景更加广阔

2020 年，面对突如其来的新冠肺炎疫情，“一带一路”各类项目建设逆势前行，有序复工，取得积极进展，进一步展现了共建“一带一路”的价值和意义。目前，全球疫情防控进入常态化，中国倡导的“一带一路”这一开放包容的国际平台无疑具有更加广阔的发展前景，为世界经济恢复提供了更好的路径。在下一阶段的国际形势下，共建“一带一路”可以有效拉动世界经济增长，创造就业，促进全球经济的可持续发展，必然会吸引更多

的国家参与其中。中东欧关系新发展是未来丝绸之路经济带建设的重点之一，通过进一步发挥“17 +1”合作机制，把中东欧打造成丝绸之路经济带建设的新高地，推动与中东欧地区在数字经济、人工智能、金融科技、生命科学、生态环境等新兴领域的广泛合作。未来，世界深化联通、推进全球化的需求会继续增强，国际协调机制和全球治理需要重塑，中国将以共建“一带一路”为平台和载体，顺势而动，继续坚持合作共赢的原则和方针，完善全球合作机制、扩展合作领域，继续推进“一带一路”高质量发展，推动丝绸之路经济带建设走深走实，引领新时代的全球化方向，实现国际国内双循环。

（二）设施联通将进一步彰显中国制造的品牌力量

面对新冠肺炎疫情的影响，丝绸之路沿线国家（地区）比以往任何时候都需要“一带一路”平台来加强设施联通、推进经济社会发展。近年来，中国在“一带一路”沿线国家（地区）开展了大规模的设施联通项目，大大提升了沿线国家和地区的设施水平，并提供了数以万计的就业岗位。以高品质、高速度在全球范围内赢得了广泛的赞誉，打响了中国制造的品牌。未来，中国将坚持更高水平的开放，推进更高水平的互联互通建设，继续聚焦“六廊六路多国多港”，开展铁路、航空、能源、电力、水利、港口、通信等方面的设施合作项目，逐步构建起丝绸之路沿线国家和地区互联互通的设施网络，为推动“一带一路”高质量发展提供坚实的基石，促进建立高效畅通的亚欧大市场，强化欧亚经济圈之间的紧密联系，为沿线国家和地区的人民带来福祉。

（三）公共卫生合作成为丝绸之路经济带合作新亮点

新冠肺炎疫情充分暴露了全球卫生治理体制存在的问题和漏洞，凸显了在世界范围内建立全球卫生健康共同体的迫切需求。2020 年，中国在与丝绸之路沿线国家（地区）的抗疫合作、分享经验、提供援助方面显示了大国的担当，树立了团结抗疫的典范。后疫情时代，国际公共卫生合作必然成为沿线国家（地区）务实合作的重要内容之一。未来，疫情进入常态化，中国将会进一步推动与沿线国家（地区）之间的疫情防控合作，并开展联合研究、诊治与检测合作、医护人员交流与培训、公共卫生应急管理合作等，不断丰富丝绸之路经济带合作的内涵，让丝绸之路经济带成为健康之路。

（四）丝绸之路经济带产能合作迎来新契机

全球产业链布局的脆弱和不足等问题，在新冠肺炎疫情的冲击下完全地暴露出来，对世界经济的发展产生了长远和深刻的影响，甚至造成了局部发展的严重脱节，很多国家开始意识到产能建设和工业化发展的重要意义。未来，在全球化继续走深走实的背景下，全球产业化问题只能在进一步推进全球化、深化合作、提高供应能力中得到完善和解决。因此，这将为“一带一路”沿线国家和地区进一步开展和深化产能合作、加速产业转移、提升合作层次带来新的发展契机。中国将同沿线国家（地区）一道，不断探索和合作，寻求产业发展之道。中国将在深入研究沿线国家（地区）产业发展新变化和新形势的基础上，进一步加强与沿线各国（地区）之间的政策沟通，以及产业发展战略层面的对接，推进产能合作，互利共赢，实现全球产业链合作发展的良好局面，促进世界经济的良性可持续发展。

（五）文化交流与互鉴仍是新时代民心相通的主题

后疫情时代，中国将继续以史为鉴，面向未来，共促文明对话、加强民心相通，挖掘古来闻名的深邃智慧、展现文明古国的历史担当，携手应对当前全球面临的各种挑战，推动构建人类命运共同体。以与沿线国家和地区的城市文化合作交流为切入点，中国将致力于在丝绸之路经济带沿线城市之间建立城市文化交流合作。推动创意产品和文化项目的双向流通。在合作发展中，创新路径方法，提高创意合作与文化贸易的有效性，从而在更高的层面上，造福各国人民，推进人类命运共同体的打造。

分 报 告

Sub-Reports

B.2
2020年丝绸之路经济带设施联通发展报告

孙雅姗*

摘 要： 对丝绸之路经济带设施联通建设的几个重点领域——铁路、公路、航空、能源等方面的互联互通在2019~2020年的最新发展与成效做出总结与分析。发现设施联通建设在这一年间面临新冠肺炎疫情、多极化国际形势、全球金融市场动荡等多方面挑战。随后分析了丝绸之路经济带设施联通在后疫情时代推进过程的发展趋势，最后就存在的问题提出了相应的对策与建议。

关键词： 丝绸之路经济带　设施联通　交通　能源

* 孙雅姗，陕西省社会科学院金融研究所助理研究员，研究方向为微型金融与投资环境优化。

一　2019~2020年设施互联建设总体进展与成效

（一）设施互联的总体思路

习近平总书记在第二届“一带一路”国际合作高峰论坛开幕式上明确了“一带一路”向高质量发展转变的目标、原则和方向。一年来，各地设施联通按照高质量发展这一根本思路，以“安全畅通，智能高效”为主题，不断沿着和平、繁荣、开放、创新、文明、绿色的丝绸之路迈进。一大批重大基础设施合作项目稳步推进，铁路、公路、空中跨境运输成绩斐然，目前，设施联通领域合作开始惠及各方，已进入全面务实合作新阶段。未来，将沿着习近平主席提出的“构建以新亚欧大陆桥等经济走廊为引领，以中欧班列、陆海新通道等大通道和信息高速路为骨架，以铁路、港口、管网等为依托的互联互通网络”目标，强化规划引领，深化务实合作，聚焦重点项目，促进可持续发展，努力实现全方位、立体化、网络状的大联通。

（二）设施联通的现状与成效

设施联通作为“五通”中的优先发展领域，不但改善了沿线国家（地区）基础设施环境，促进了经贸往来和人文交流，而且为世界经济发展注入新活力。世界银行数据显示，已完成和规划中的设施联通项目不仅使沿线国家通达时间平均减少1.7%，还为全球的GDP增长贡献了0.1个百分点。

1. 铁路互联互通

从国内段来看，北通道方面，西向克拉玛依—塔城铁路国内段已于2019年5月开通运营。克塔铁路作为奎北铁路的一条支线，与奎北铁路百口泉站接轨，沿克拉玛依市，经铁厂沟镇、玛依塔斯至额敏县，最后到达塔城，将全新疆唯一不通铁路的地州首府正式融入全国铁路网。北向阿富准铁路阿勒泰至富蕴段于2020年7月顺利铺通，标志着新疆路网规划“四纵”之一的重要组成部分——阿富准铁路全线贯通，与奎北铁路、兰新线、乌将铁路共同构成的环准噶尔盆地铁路网全线贯通。东向红（柳河）淖（毛湖）铁路于2019年1月通车，这一运输能力近4000万吨铁路专线的开通，对推动“疆煤东运”铁路北通道开启，将资源优势转化为经济优势具有重要意义。南通道方面，2020年7月，格库铁路的格尔木至库尔勒铁路新疆段与青海段成功接轨，格库铁路全线已实现铺轨贯通，青海段已实现通车，新疆段建设全面提速，计划于2020年底开通运营，实现格库铁路全线开通。届时从南疆进入内地将不用绕行哈密，成为继兰新铁路和哈额铁路之后的第三条出疆通道。

从跨境铁路来看，自“一带一路”倡议提出以来，丝绸之路经济带沿线国家（地区）在现有铁路的基础上相继提出多种跨国联通铁路规划方案（见表1）。这些线路虽因种种原因仍在蓝图之中，但随着“一带一路”共识的逐步达成，行动方案也在不断推进和优化。

表1　丝绸之路经济带沿线国家（地区）铁路互联互通主要规划路线

铁路线路名称	涉及国家	重要作用
哈萨克斯坦东西干线铁路	哈萨克斯坦	强化哈国东西部铁路网络联系，打造联通中国和欧洲新通道
塔阿土铁路	塔吉克斯坦、阿富汗、土库曼斯坦	打破塔吉克斯坦对外铁路交通闭塞状态
中吉乌铁路	中国、吉尔吉斯斯坦、乌兹别克斯坦	联通中国新疆南疆和中亚、西亚
俄哈吉塔铁路	俄罗斯、哈萨克斯坦、吉尔吉斯斯坦、塔吉克斯坦	密切中亚国家与俄罗斯的铁路交通联系
中巴铁路	中国、巴基斯坦	打造中国西部地区和中亚国家最近距离的出海通道

资料来源：互联网新闻资料整理所得。

其中，塔吉克斯坦—阿富汗—土库曼斯坦铁路塔段经济技术可行性研究计划于2009年底前完成，塔阿双方正在筹备签署相关协议。一再被搁置的中吉乌铁路的建设于2018年由中吉双方签署联合声明后再次重启，2020年吉国总统在铁路行业发展的工作会议上强调：中国—吉尔吉斯斯坦—乌兹别克斯坦铁路建设项目是交通运输领域最大的战略性项目之一。相信在各方的努力推动下，中吉乌铁路的开工建设指日可待。2019 年 4 月，中老泰三国共同签署政府间关于万象—廊开铁路连接线的合作备忘录，力争实现铁路连接线工程一期与中老铁路同期建成。万象—廊开铁路连接线建成运营后，将成为高质量共建“一带一路”的成功合作典范，老挝北部将通过中泰铁路介入中国庞大的路网体系，为其更好地参与“一带一路”建设、共享“一带一路”发展成果奠定了基础。此外，2019 年 4 月，乌兹别克斯坦正式宣布加入中哈土伊铁路运输走廊。乌兹别克斯坦的加入使欧亚大陆货物运输时间有更大幅度的缩减，进一步节约了运营成本，提升了运输能力。

2. 公路互联互通

“一带一路”经过 7 年发展，已基本建成贯穿中国，东起连云港，西抵乌鲁木齐、阿拉山口、霍尔果斯等重要城市，并延伸至中亚五国的“新丝绸之路”公路运输主干道。下一阶段，公路互联互通已开启“大写意”到“工笔画”的新征程。

从国内段来看，2020 年 9 月，京新高速公路“最后一公里”——梧桐大泉至木垒段贯通，计划 2020 年底主线贯通、2021 年 6 月底通车运营。这标志着新疆第二条东联内地、进出疆高速公路大通道主线贯通。等到在建的 S21 阿勒泰至乌鲁木齐高速公路通车，北疆尤其是阿勒泰地区进出疆将实现全程高速，且不用绕行 G30 连霍高速。另外，山西、陕西、河南三省明确了加快三省质监基础设施互联互通的规划：要新建渭南至华州快速干道、临猗至合阳黄河大桥、运三高速公路三门峡公铁黄河大桥及连接线、运风高速公路风陵渡黄河大桥及连接线、吉县七狼窝黄河大桥、108 国道禹门口黄河大桥；加快芮城至灵宝高速公路运宝黄河大桥、渑池至垣曲高速公路、阳城至运城高速公路等项目建设。加快形成外联内畅、衔接紧密以及便捷高效的高速互联互通综合网络。

从跨境公路来看，黑河中俄黑龙江大桥建设正酣，这条跨境大桥起点位于中国黑龙江省黑河市长发屯，终点位于俄罗斯阿穆尔州布拉戈维申斯克卡尼库。大桥建成后，将形成新的国际公路大通道。届时，被称为“两国一

城”的黑河与布拉戈维申斯克将建立跨境经济合作区，形成全方位的对外开放新格局。

3. 货运班列

中欧班列是“一带一路”最具代表性的铁路物流品牌，是设施联通建设的标志性成果。经过7年长足发展，中欧班列已通达欧洲18个国家的57座城市。2020年席卷全球的新冠肺炎疫情让海运、空运普遍受阻，中欧班列凭借独特的优势逆势增长。2020年1～8月，中欧班列累计发送量同比增长49%。其中1～3月，在新冠肺炎疫情暴发的情况下，仍比上年同期增长15%。

为进一步提高运输质量和效率，铁道部根据“统一品牌标识、统一运输组织、统一全程价格、统一服务标准、统一管理团队、统一协调平台”的“六统一”原则，制定了《中欧班列组织管理暂行办法》和中欧列车品牌标识设计方案，并不断优化列车组织方案；中欧班列的各个运营主体也在不断创新运营模式——集拼出口、集来散走、干支结合、枢纽集散、95306“数字口岸”系统、多式联运提单试点纷纷上阵。

从全国各区域来看，亮点诸多。例如，从西安始发的长安号共开行1667列，运量大大领跑全国；浙江省2020年完成全省中欧班列主体运营模式的改革；成都从创新中欧班列模式入手，持续探索运费分段结算、运贸一体化模式等中欧班列管理新形式。中欧班列作为国际物流通道的优势在疫情中尤为凸显，它让中国内陆腹地成为开放的前沿，为非沿海沿边的内陆城市注入了新活力。

4. 航空互联互通

在航空互联互通推进过程中，我国民航从提升互联水平、基础设施对接、加强沿线合作等多方面齐发力，建起一座座互联互通的“空中桥梁”。

从航空公司来看，我国民航参与“一带一路”建设分为两个阶段。第一阶段为2016～2020年的先联快通、重点突破阶段，旨在实现国际航线网络广泛覆盖；第二阶段为2021～2030年的强力支撑、融合共享阶段，旨在建成畅通全球的航空运输网，形成2～3家具有国际竞争力的国际性航空运输集团网络。目前，第一阶段已取得决定性进展。截至 2019 年底，我国民航已与 45 个沿线国家实现直航，每周约 5100 个航班；新开通“一带一路”航线 409 条，已基本建立起覆盖“一带一路”重点涉及区域的航线网络。

从地域来看，2019 年以来，西安国际机场先后新开莫斯科、河内、曼谷、天津、淮安等全货运航线。累计开通全货运航线 25 条，每周航班达 120 余班，累计货邮增速排名居全国十大机场首位；甘肃省民航“一带一路”的政策红利逐渐凸显。2019 年，甘肃省 9 座民航机场共完成旅客吞吐量 1744. 0336 万人次，同比增长 11. 3%，增速居中国第 7 位；完成货邮吞吐量 7. 56146 万吨，同比增长 18. 3%，增速居中国第 6 位。新疆作为全国拥有航线里程最长、机场最多的省区，于 2020 年 7 月又迎来乌鲁木齐至阿拉木图货运航线顺利首航，2019 年南航开通了喀什—和田—阿克苏的环飞航线，改变了新疆以乌鲁木齐为中心的辐射状航线，实现了航线密织成网。

5. 能源和信息通道互联互通

中亚天然气管道是能源合作领域践行国家“一带一路”倡议的重要工程，分为 A、B、C、D 四条管线建设阶段，A 线、B 线、C 线已分别于 2009 年、2010 年、2014 年建成并平稳运行。截至 2019 年底，中亚天然气管道三线累计进口天然气 2946 亿立方米，惠及 27 个省、直辖市、自治区的 5 亿多人口。D 线新线路总长 966 公里，采用分国分段建设模式，2020 年投资最大、距离最长、施工难度最高的塔吉克段工程 1 号隧道项目顺利贯通，全部建设预计在 2024 年完成。项目的全面建成将使总产能增加到 850 亿立方米，同时惠及中亚四个国家。

2019 年 12 月，经过 5 年建设，横跨中俄两国的能源大动脉——中俄东线天然气管道西伯利亚力量正式投产通气。中俄东线天然气管道项目包括俄罗斯境内的西伯利亚力量管道、中俄东线天然气管道过境段及中国境内段，西伯利亚力量正式通气后，过境段也于次年 6 月全部贯通，随后，中俄东线天然气管道南段（永清—上海段）长江盾构穿越工程正式动工，标志着中俄东线天然气管道迎来中国境内段建设全新阶段。这是中俄能源战略合作历史上里程碑式项目，也是惠及“一带一路”的民心工程。正如俄罗斯总统普京所说：在俄中建交70周年之际，东线天然气管道开始供气，此举将俄中在能源领域的战略协作提升至全新水平。

二　2020~2021年设施互联建设的困难与问题

（一）疫情使设施联通建设面临诸多不确定性、不稳定性

突如其来的新冠肺炎疫情对丝绸之路经济带基础设施尤其是跨境基础设施建设产生了多方面的冲击和影响，其中既有直接冲击，也有间接冲击；既有短期影响，也有长期影响。

直接冲击表现在多国都已采取如减少航班数量、关闭边境、暂停发放签证等跨境出行限制措施，使互联互通项目面临人员往来、商务谈判、设备材料供应等跨境调动的多重障碍，造成部分“一带一路”项目的延期。如疫情期间，与老挝“变陆锁国为陆联国”战略对接的项目中老铁路北段工程，因疫情人员流动受阻，物资材料无法运达，施工进度延缓。项目的停滞不仅影响了丝路沿线国家（地区）的联通效率，削弱了彼此间的贸易往来，从长远来看，也降低了加入“一带一路”国家（地区）对中国的期待与信心，对共建“一带一路”造成的负面影响不可低估。

间接冲击则主要表现在疫情使国际社会对“一带一路”基本认知和对华态度的改变，与“一带一路”所倡导的互联互通精神产生了距离。新冠肺炎疫情在全球暴发后，个别防疫不力的国家不愿看到、不愿承认中国所取得的成绩，以及在这个过程中与越来越多“一带一路”国家（地区）建立起更加紧密的合作伙伴关系。“逆全球化”和“去中国化”一再被西方国家提起，试图让国际社会对中国与“一带一路”产生负面认知，使“一带一路”倡议下的许多基础设施跨境项目面临更多的不确定性。

（二）多极化国际形势对设施互联建设的挑战有增无减

中国国家主席习近平在2019年中央外事工作会议上发表讲话时指出，世界处于百年未有之大变局。我们必须看到在“一带一路”合作进入新阶段的同时，世界的不稳定性因素有增无减。全球化受阻、单边主义、贸易保护主义兴起；美国把中国确定为首要战略竞争对手，印度不支持“一带一路”倡议，沿线国家还存在不同版本的“中国威胁论”，沿线国家的安全风险和地缘政治风险等问题，对进入新阶段的“一带一路”基础设施互联建设构成新的挑战。“一带一路”本质上是一种跨境倡议，基础设施互联互通的主要支撑是一系列跨境铁路、公路及油气管道等国与国、区域与区域之间的共建项目。如果这些项目没有普遍的发展共识、清晰的国家界线和稳定的地区局势保障，则难以推进。例如，90年代中期就开始讨论的中吉乌铁路项目之所以被长期搁置，一个主要原因就是乌国与吉国之间的边界矛盾尚未解决；而俄哈塔吉铁路一直没有实质性进展也是由吉国和塔国之间的边界矛盾所致；2019年以来，克什米尔地区的大规模武装冲突使印巴地区安全形势恶化，加之印度对“一带一路”的抵制态度，中印、印巴之间的互联互通建设困难重重。

（三）全球金融市场动荡加剧了基础设施建设的资金困境

资金问题一直是“一带一路”建设面临的核心问题。根据世界银行、国际货币基金组织、亚投行等多家权威机构的数据测算，“一带一路”的基础设施投融资的需求量巨大，单靠一国资金根本无法满足需求，必须撬动全球资本促进“一带一路”资本融通。然而2019年以来，全球金融市场出现了较大波动。

一是疫情发生后美股发生了前所未有的两周之内4次熔断，美国市场在十天内约下降30%甚至更多，而美联储连续出台的一系列量化宽松政策以及美国联邦政府的大规模救助计划使市场反复波动，震荡的金融环境对国际经济秩序形成直接冲击，“一带一路”融资困难将进一步加大。

二是随着“一带一路”建设不断推进及人民币国际化发展，“一带一路”区域人民币使用率逐步提高，2019 年我国与“一带一路”相关国家办理人民币跨境收付金额超过 2.73 万亿元。另一方面汇率风险和项目实施风险也随之增大。疫情暴发以来，由于西方资本市场的持续动荡，丝绸之路沿线部分国家（地区）汇率出现大幅度波动，汇率风险对项目建设的影响不容忽视。

三是丝绸之路沿线国家金融体系处于发展之中，资本实力相对较弱，具体表现为以“高杠杆 + 高外资”为特征的外资依赖性，外部表现为“高外债 + 赤字化”。在疫情冲击下，这些国家的双重金融脆弱性进一步暴露并加剧，引发资本外流、市场震荡和债务风险上升，极有可能致使丝绸之路经济带基础设施建设放缓。

四是可用于项目建设的金融资源可持续性难以保障。设施联通项目不仅是资本密集型，而且需要优惠的融资“长期低息贷款”支持，但由于国际资金来源萎缩，亚投行、金砖银行以及丝路基金的合作与融资能力均有所下降，今后 2 ~3 年的新项目会受到影响，进而影响到丝绸之路经济带设施联通高质量建设态势。

三　丝绸之路经济带设施互联建设的趋势分析与对策建议

（一）趋势分析

1. 后疫情时代机遇与挑战并存

新冠肺炎疫情对全球经济及“一带一路”互联互通造成了一定冲击与影响。2020 年全球经济负增长 3%，新兴市场和发展中经济体萎缩 1%，我国 GDP、出口和对外投资整体出现下滑。但也应当看到，在全球经济萎靡的背景下，“一带一路”沿线国家（地区）进出口逆势增长。2020 年前 4 个月，我国对“一带一路”沿线国家（地区）进出口增长 1.8%，高出全国整体增速 11.4 个百分点。在各国交通停运的情况下，中欧班列成为疫情期间国际运输新动脉，共开行 2920 列、发送货物 26.2 万标箱，同比分别增长 24%、27%。可以说“一带一路”是当前世界经济仅存的增长亮点。相信疫情带来的挑战是暂时的、局部的。疫情之后，各国发展经济、保障民生的愿望将更加强烈，不断开辟的新的合作领域将为互联互通建设带来更多机会与可能。

2. 医疗设施互联成为基础设施建设的新领域

此次疫情暴露出全球特别是发展中国家的医疗和通信基础设施严重不足，加强医疗物资供给的重要性触发了深化国际产业合作的强烈意愿。相信疫情过后各国在公共卫生领域的合作将成为“一带一路”建设的重要组成部分。这次疫情让我们认识到人类命运共同体不仅需要发展与繁荣，更需要和平与健康。丝绸之路沿线国家（地区）多为发展中国家，在面对重大疫情、公共卫生突发事件时，医护资源相对单薄，医疗保障体系较为脆弱。中国具有较为完善的公共医疗卫生体系，医疗物资产能强劲，产能合作空间广泛。疫情期间，中国已累计向 150 余个国家提供包括医用口罩、防护服、检测试剂等在内的紧急医疗物资援助，展现了大国担当和强大的医疗物资保障基础。后疫情时代，公共卫生治理和基础设施建设将为“一带一路”可持续发展提供重要保障。

3. 数字丝绸之路将成为互联互通的新引擎

数字丝绸之路是中国在数字时代提出的推动人类共同发展的新方案，此次疫情中数字丝绸之路的价值更为彰显，让世界见证了中国的数字建设实力。当前，中国已成为全球第二大数字经济体，网民数量、网络零售额、5G 技术等多方面走在世界前列，华为、阿里等中国企业也是数字经济国际合作的引领者。疫情期间，大数据、人工智能、物联网、在线教学等数字科技在复产复工中发挥了重要作用，跨境电商、市场采购等新产业、新业态、新模式也快速发展，为建设“数字丝绸之路”、加快推动“一带一路”数字经济合作提供了更多机遇。目前，中国已经与 120 余个国家签署了双边监管合作谅解备忘录（MOU），并与 50 余个国际组织签署了 MOU。“一带一路”

倡议下的基础设施互联互通为跨境电商提供了良好的硬件环境；而跨境电子商务搭起的“数字丝绸之路”能有效促进资源整合，加强经济贸易合作，成为基础设施互联互通的新引擎。

（二）对策建议

李克强总理在政府工作报告中指出：面对外部环境变化，要坚定不移扩大对外开放，稳定产业链供应链，以开放促改革促发展；以高质量共建“一带一路”推动贸易和投资自由化便利化。后疫情时代，高质量完成设施联通必须继续坚持共商、共建、共享原则，重视国际环境变化对“一带一路”的影响，坚持多边主义、加强地方参与，以共建数字丝绸之路、健康丝绸之路为重点促进丝路设施联通建设，促进世界经济复苏。

1. 构建后疫情时代国际合作新模式

疫情之下，中国要展现大国担当，与沿线国家（地区）共同建立互利共赢关系，通过加强国际合作，重拾沿线国家（地区）信心，引领更多国家参与“一带一路”建设。一是从疫情蔓延和治理新角度来拓展合作新模式。利用我国在疫情治理和防控过程中积累的先进经验进行全球疫情智力合作，进一步丰富“一带一路”倡议内容。二是在确保疫情防控的基础上加快推进建设项目复工复产，制定跨境项目的疫情防控紧急预案以及人员流动及争端处理机制。三是充分发挥“一带一路”合作优势，以疫情防控经验为指导推动建立突发公共卫生事件的国际经贸应对制度，最大限度降低疫情对“一带一路”沿线国家（地区）卫生安全的威胁。支持“变陆锁国为陆联国”的政策措施，包括在过境安排及基础设施方面促进联通并加强合作。为促进联动增长，支持构建全方位、复合型的基础设施互联互通，通过基础设施投资促进经济增长，改善民生。

2. 推动地方参与互联互通建设高质量发展

过去六年，地方在参与“一带一路”建设中积累了丰富的经验和参与方案，为地方参与“一带一路”提供了诸多样本。2020 年，多地地方政府在工作报告中提出要积极融入“一带一路”建设。因此，在互联互通领域，有必要建立地方参与的助推机制。一是要通过科学、系统的梳理，摸清底数、明晰特色，理性、务实地找准地方发展优势，减少“国内新起点、桥头堡、黄金段”等局限性提法，合理对接地方发展特色、政策及规划，为建设地方合作机制提供参考。二是不仅要重视硬件基础设施的投资建设，也要重视政策协调与联通机制的完善。通过区域和双边协定、政策和机制层面合作，挖掘现有基础设施互联互通潜力，提升设施联通的便利化水平，提升设施运营效率。三是要积极推进抗疫区域间、国际合作，及时总结各地防控经验，切实推进“一带一路”建设高质量发展，更好地服务丝绸之路经济带设施联通建设。

3. 以共建数字丝绸之路、健康丝绸之路为重点推进互联互通建设

数字丝绸之路建设是信息技术快速发展赋予“一带一路”的新内涵，是疫情期间推动共建“一带一路”的重要抓手。一是要大力推进数字基础设施建设，尤其是互联网、电信等领域，促进“一带一路”沿线及相关国家基础设施的互联互通。二是要努力实现四个对接——国际电商平台对接、沿线国家国际规则对接、沿线国家跨境物流体系对接和沿线国家人才供给需求对接。三是支持企业在“走出去”的过程中大力拓展中国标准的信息网络，扩大中国标准的信息产业覆盖范围。

后疫情时代，因防控工作将长期持续进行，通过分享中国疫情防控经验和卫生基础设施软联通，推进“健康丝绸之路”建设意义重大。一是大力推进“一带一路”沿线国家（地区）公共卫生基础设施建设。疫情之后各国在公共卫生领域的合作需求上升，基础设施建设作为合作的基本载体，需以多双边合作机制为基础，全面提升中国及沿线国家（地区）的卫生基础设施环境。二是应注重发挥“一带一路”产能合作引领作用，加强医药产业园等特色园区、产业联盟等软联通建设。如依托数字丝绸之路，建立“一带一路”公共卫生网络、“一带一路”健康产业联盟、医院联盟等。三是鼓励医疗机构和企业与沿线国家卫生机构开展多方合作，争取在疫情防控、检测发现和会诊治疗等方面形成综合制度框架，完善“一带一

路”国家（地区）公共卫生领域的合作机制和治理机制，携手打造“健康共同体”。

参考文献

世界银行：《公共交通基础设施——量化模型与“一带一路”倡议评估》，2009 年 5 月。

《中欧班列“疫”往直前全年开行或超万列》，新浪网，2020 年 8 月 25 日。

Evgeny Vinokurov：《全球新冠肺炎疫情下“一带一路”倡议的未来》，《中国银行业》2020 年第 4 期。

武芳：《新冠疫情下，“一带一路”如何开启新征程》，《中国远洋海运》2020 年第 6 期。

B.3
2020年丝绸之路经济带产业合作发展报告

郭普松*

摘　要： 2020年，新冠肺炎疫情在全球肆虐，第一季度丝绸之路经济带沿线国家和地区之间的产业合作受到比较大的冲击，线下的合作严重受阻，而线上的贸易和产业合作发展论坛比往年都更加活跃，第二季度以后，随着复工复产多措并举，中国与“一带一路”沿线国家和地区的投资与合作逆势上扬，非金融类直接投资、对外承包工程项目数与合同额等各项经济指标呈现恢复性增长态势。此外，丝绸之路经济带国内段省与省之间、市与市之间的产业合作也更加密切。

关键词： 丝绸之路经济带　产业合作　“一带一路”

在新冠肺炎疫情、中美贸易摩擦和局部地区冲突等不确定和不稳定因素的影响下，全球跨境投资遭受较大冲击，而中国与“一带一路”沿线国家（地区）的投资与合作却逆势上扬。商务部发布的数据显示，2020年1～9月，非金融类直接投资130.2亿美元，同比增长近30%，比上年增加4.1个百分点；对外承包工程新签大项目增幅较大，签下518个5000万美元以上的项目，合同额达到1248.8亿美元，在新签合同总额中的占比达83.1%，

* 郭普松，陕西省社会科学院副研究员，研究方向为私募股权投资基金和制度经济学。

其中1亿美元以上项目301个，比上年多了10个；对外非金融类直接投资主要涉及批发、零售、租赁、制造和商务服务业等领域。这足以说明，中国与“一带一路”相关国家（地区）经济互补性强，经贸合作的韧性和潜力巨大。

一　产业合作领域

中国与丝绸之路经济带沿线国家产业合作主要集中在高新技术、机械电子、能源矿产、纺织服装、农业与农产品加工、医疗器械及防疫物资等行业。

1. 中国与中亚五国的产业合作

中亚五国一直是中国与丝绸之路经济带沿线国家产业合作的重点区域，中国—中亚跨国天然气管道项目是大型投资合作项目，全部建成通气后每年可输送天然气650亿立方米。中亚国家除直接获得投资外，未来30年还可以获得稳定的天然气销售收入和过境运输收入，五百多人可以获得稳定的就业保障。中国对塔吉克斯坦的水泥建材行业进行了大量的投资，并给予了先进的技术援助，使其很快由水泥进口国变为水泥出口大国。中国与乌兹别克斯坦在铁路建设方面开展合作，使乌兹别克斯坦铁路网与新亚欧大陆桥中国—哈萨克斯坦—土库曼斯坦—伊朗铁路干线无缝对接，并成为中国沿海途经中亚至欧洲铁路网的重要节点。中国中大石油公司在吉尔吉斯斯坦的卡拉巴尔塔市和托克马克市分别建立炼油厂，提供的汽车燃油和润滑油大大降低了两地对国际能源市场的依赖度。

2. 上合组织农业技术交流培训示范基地建设持续推进

自2019年6月14日以来，杨凌示范区按照《上海合作组织农业技术交流培训示范基地建设实施方案》，持续推进36个重点项目和工作任务，加快建设上合组织农业技术交流培训示范基地，为丝绸之路经济带沿线国家和地区搭建农业领域的合作平台。2020年5月中旬，位于哈萨克斯坦科克舍套的农业科技示范园播下了杨凌的种子，其中播种西北农林科技大学的两个小麦品种共1875亩，为今后在哈萨克斯坦开展大规模小麦订单生产打下了良好的优质种源基础。

3. 陕西对部分主要贸易国进出口实现了较快增长

2020年1~9月，对“一带一路”沿线国家（地区）累计进出口457.1亿元，增长34%，占同期全省进出口总值的16.4%。其中，出口348.5亿元，增长27.3%；进口108.6亿元，增长61.1%，对部分主要贸易国家进出口实现了较快增长。陕西近1/3企业与东盟10国、近六成企业与“一带一路”沿线63个国家和地区有贸易往来；韩国、美国、日本、中国香港、中国台湾地区依然是陕西省前五大贸易伙伴，上述国家和地区进出口总值占全省外贸总量的60%以上；陕西省高新技术产品、机电产品、农产品、矿产品、纺织服装等主要商品进出口全部实现正增长。2020年3月以来，陕西省27家重点生产企业和外贸企业已向瑞士、荷兰等36个国家和地区出口大批防疫物资，包括N95口罩及其他口罩、防护服、护目镜、医用手套等。陕西跨境电商出口业务实现新突破，2020年9月1日凌晨，陕西省跨境电商B2B直接出口（9710）、跨境电商出口海外仓（9810）业务试单通过中国（陕西）国际贸易“单一窗口”首批申报，并顺利通关。西安丝绸之路电子商务有限公司和西咸新区空港新城大秦韵跨境电商分别作为此次陕西省落实跨境电商B2B“9710”和“9810”出口的报关申报首单试点企业。

4. 甘肃外贸进出口呈缓慢回升态势

2020年1~9月，甘肃省出口减少了35.3%，但降幅呈小幅收窄态势。9月单月出口减少14.7%，比8月降幅减少7.1个百分点。总体来看，甘肃省出口缓慢回升，使外贸进出口降幅回落。此外，2020年前9个月，除了1月、2月、4月、5月、8月外，其他月份外贸进出口均是正增长。东盟、蒙古国、哈萨克斯坦、欧盟是甘肃省前四大贸易伙伴。甘肃省对东盟、欧盟、蒙古国进出口总值分别为21.9亿元、23.6亿元和26.9亿元；仅对哈萨克斯坦一国贸易总值达53亿元，同比增长28.5%。蔬菜、种子等特色优势农产品出口持续增长，机电产品、镍钴新材料进口保持高速增长，消费类产品

进口大幅增长。同时，跨境电商对消费品进口的带动作用持续发挥。

5. 青海外贸进出口9月实现年内首次正增长

2020 年 1 ~9 月，青海省进出口总值为 15.7 亿元，比 2019 年同期减少 46.3%。9 月，进出口总值同比增长 2%，为年内首次正增长。青海省外贸呈现以下特点：一般贸易占主导地位，占全省进出口总值的 98.7%；青海省第一大贸易国为哈萨克斯坦，自哈进口 1.8 亿元铜精矿，占全省进出口总值的 11.5%；硅铁等铁合金出口 2.1 亿元，占全省出口值的 26.3%。

6. 宁夏外贸进出口降幅较大

2020 年 1 ~7 月，宁夏进出口总值 66.9 亿元，同比减少一半。其中，出口 48.5 亿元，减少 44.4%；进口 18.4 亿元，减少 60.5%。农产品出口稳步增长，机电产品出口降幅收窄，纺织服装、高新技术产品出口继续下滑。对“一带一路”沿线国家（地区）出口 19 亿元，下降 38.7%，占比 28.4%。新兴市场中，对以色列、巴基斯坦、中国台湾、菲律宾等出口增长较快，出口总值分别为 0.5 亿元、0.7 亿元、1.7 亿元和 0.5 亿元，增长 117.8%、37.8%、24.3%和 17.7%。

7. 新疆外贸进出口降势趋缓

2020 年 1 ~5 月，新疆进出口总值达 440.5 亿元，比 2019 年同期减少 15.9%。其中，出口 257.2 亿元，减少 33.2%；进口 183.3 亿元，减少 31.9%。其中，对哈萨克斯坦进出口 240.4 亿元，增长 2.2%，占新疆外贸总值的 54.6%，继续稳居新疆第一大贸易伙伴地位；对吉尔吉斯斯坦进出口 40.9 亿元，占 9.3%；对俄罗斯联邦进出口 16.5 亿元，占 3.7%。此外，对美国进出口增长迅速，对美国进出口 22.6 亿元，增长 1.5 倍，占 5.1%。新疆出口以农产品、机电产品、服装、鞋靴等为主，受疫情冲击均呈下降态势。新疆进口铜材、天然气、农产品及金属矿砂等均呈现不同程度增长态势，其中，新疆进口天然气 48 亿元，占同期新疆外贸进口总值的 26.2%；金属矿及矿砂 27.1 亿元，增长 39.8%，占 14.8%；未锻轧铜及铜材 24.2 亿元，增长 1.7 倍，占 13.2%；农产品 21.4 亿元，增长 10.6%，占 11.7%；机电产品 19.6 亿元，增长 86.2%，占 10.7%。

二　产业合作载体和平台

中俄丝路创新园作为丝绸之路经济带产业合作的载体，有力地促进了中俄之间高新技术、航空、机械电子、高端装备等产业的合作。以国内大循环为主的经济模式下，丝绸之路经济带国内段省份之间的产业合作日益加强。同时，投资洽谈、展会论坛、协作会议等产业合作平台采取线上线下相融合方式，以线上方式为主的趋势越来越流行。

（一）中俄丝路创新园

中俄丝路创新园从开园到现在吸引了包括俄罗斯金苹果集团、立德创新中心和奔萨发展集团等在内的40余家企业。除落地企业外，园区内还有如水下潜航器、ExoAtlet骨骼机器人、激光雷达等中俄孵化项目，又引进丝路法医联盟、俄罗斯联邦总商会和中小企业联盟等商协会，在丝绸之路沿线国家（地区）的互联互通和交流合作方面，摸索出了一条国际合作的新路子。

（二）西北五省（区）向西开放协商座谈会

2020年9月15日至16日，在兰州市召开了西北五省（区）政协助推协同向西开放协商座谈会。五省（区）发改委负责人介绍了向西开放的工作思路和具体项目。参会代表一致认为，五省（区）要抢抓国家重大战略历史机遇，依托区位比较优势，加强基础设施建设，发展壮大区域特色产业，扩大经贸合作，协同向西开放，积极推动五省（区）高质量发展。本次会议最终形成了《西北五省（区）政协助推协同向西开放协商座谈会会议纪要》，策划了一批重大合作项目，提出了一些合作建议。

（三）西北旅游联动项目发布会

2020 年 1 月 7 日，2020 年西北旅游联动项目发布会暨签约仪式在西安举行。发布会由西北旅游协作区秘书处、西北旅游文化研究院联合主办。发布会上发布了 2020 年西北旅游协作区 5 项联动项目，包括 2020 年区域宣传推广年度主题“行游西北年”系列活动、“中华好地名”文化旅游大赛、“丝路中国”摄影家俱乐部及图片库建设项目、融情黄河文化旅游推广行动、第八届中国西北旅游营销大会暨丝绸之路文旅产业交易会等。多家单位就这 5 项联动项目进行了合作签约。

（四）青藏川滇甘交界地区州（市）长第六次联席会议

2020 年 8 月 9 日，在果洛藏族自治州玛沁县举行了青藏川滇甘交界地区州（市）长第六次联席会议。会间签署了合作意向书和备忘录，内容涉及发展扶贫产业、改善基础条件以及实施生态扶贫等。由果洛州委、州政府承办了本次联席会议，四川 2 个藏族自治州和青海 4 个藏族自治州，云南和甘肃各 1 个藏族自治州，西藏昌都市等 9 个州（市）参会。

（五）陕甘两省政府座谈会

2020 年 7 月 2 日，陕甘两省政府在西安召开座谈会，签署两省经济社会发展合作协议。座谈会上，两省相关部门制定了专项行动计划。陕西省政府负责人指出，进一步推动基础设施互联互通，协同发展省际产业链条产业集群，加强生态环境保护合作，不断完善长效合作机制，推动彼此间向更高水平、更高层次和更宽领域发展。甘肃省政府负责人指出，甘陕两省有着相同的发展机遇，合作范围广、合作题材多、合作空间大，持续健全交流合作机制，扎实推进合作框架协议落实落细，深度推进甘陕两省协同发展。

（六）首届兰西城市群高质量发展研讨会

2020 年 9 月 26 日，首届兰西城市群高质量发展研讨会在兰州召开。此次研讨会由兰州和西宁两地财经、发改部门联合主办，旨在深入探讨兰西城市群交通、产业、生态环境等领域共建合作的思路、方法和路径。来自全国及甘青两省的专家学者、有关部门负责人共聚一堂，展开深入研讨，助推兰西城市群高质量发展。会间，两市达成了《深化甘青合作共同推动兰州—西宁城市群高质量协同发展框架协议》，并制定了10个专项领域合作行动计划。

（七）陕西和甘肃签署电力中长期合作协议

2020年6月3日，国网西北分部、国网陕西省电力公司、陕西电力交易中心以“充分发挥资源禀赋优势，努力扩大陕电外送规模”为己任，以青豫直流通道即将投运为契机，与国网青海省电力公司达成“资源互济、专业协作”共识，签订了为期3年的《电力中长期合作框架协议》。根据协议，2020～2022年“陕电入青”增量电量102亿千瓦时，其中2020年外送32亿千瓦时，可提高陕西省统调火电企业发电利用小时数约100小时，增加煤炭耗用约150万吨。此举将有效促进物流、煤炭等上下游产业链企业复工复产，同时在就业、供应链稳定方面起到积极作用。

（八）甘肃和青海签署旅游业合作发展协议

2020年8月，甘肃和青海两省签订了《关于精准对接共同开拓周边游市场的合作协议》，共推两地旅游复苏发展，促进旅游专列开行，开展文旅惠民促销活动，打造文旅品牌，致力于合作开拓周边旅游市场，开展跨省互送游客合作。两省文旅资源优势互补、各具特色，具有广阔的合作空间。进一步加强两地文旅间宽领域、全方位、多层次的交流合作，共同开发互助游、周边游市场，一起推动后疫情两省文旅行业潜力释放和消费回补。

（九）第二十六届兰洽会

2020年7月2日至5日，第二十六届兰洽会在兰州举办，以线上为主、线上线下相融合方式，全年开展线上展销。本届兰洽会以“深化经贸合作，共促绿色发展”为主题，围绕甘肃省“十大生态产业”，开展线上洽谈、对接、项目推介、签约，进行24小时的信息发布、网络招商和投资洽谈。本届兰洽会，兰州市共签约合同项目134个，签约总额835.75亿元，新引进中软国际、东方希望、海升集团、龙湖集团、太平船务等一批行业龙头企业。签约以先进制造、文化旅游、中医中药、数据信息、通道物流、循环农业等为主的十大生态产业项目53个，签约工业类项目66个。签约项目中，有84个项目的投资额超过1亿元，27个超过10亿元。

（十）第二十一届青洽会

2020年7月23日，第二十一届中国·青海绿色发展投资贸易洽谈会（简称青洽会）开幕。本届青洽会共有27个省区市代表团的13000人参会参展，共得到联合会、协会和19个国家部委的大力支持。本届青洽会共签订各类合作项目262项，签约金额1127亿元。在疫情常态化防控条件下，本届青洽会采取线上与线下相结合的大型综合性展会。锂产业高峰论坛、人才洽谈会、数字经济等多项内容丰富的活动，获得了广泛的好评。

（十一）第三届中国（甘肃）药博会

2020年8月28日，第三届中国（甘肃）中医药产业博览会（简称药博会）在陇西县“丝绸之路”中国甘肃中医药博览园举行。因新冠肺炎疫情常态化防控需要，大会采取线上线下方式举行。来自天津市、陕西省等兄弟省份及中国中药控股有限公司、天士力集团有限公司、昊邦医药集团、西藏奇正藏药股份有限公司、广东一方制药有限公司等企业代表及省内各界代表200余人现场参会。此次药博会第一次采用线上线下融合的方式，开通了线上药博会虚拟展馆，通过在线平台，实现网上媒体发布、新闻中心、线上展览、药博会、论坛活动等功能。此次药博会旨在进一步促进中医药文化交流、经贸合作和传承创新，推进国家中医药产业发展综合试验区建设。

（十二）青海生态（产业）博览会暨藏毯展

2020年9月6日，青海生态（产业）博览会暨藏毯展在西宁举行。本届生态博览会邀请了国内21个省（区、市）450余名嘉宾、国际组织驻华机构、31个国家的驻华使节、国外重要嘉宾和客商参会，460余家企业3000余种产品参加展示，累计10余万人次参观展会。此次博览会集中展示青海生态产品和生态文明建设成效，打造互利共赢、互联互动、互学互鉴的合作交流平台，推动生态产业交流合作，促进供需对接，努力打造生态产业的聚集地、生态产品的集散地。展出国内外各类手工地毯、机织地毯、艺术挂毯等。

（十三）中阿博览会暨宁夏优势产业展示推介会

2020年9月8日，中阿博览会暨宁夏优势产业展示推介会在西宁举行。推介会上，宁夏邀请与会代表参加第五届中阿博览会，推介了宁夏招商引资政策、优势特色产业、企业发展情况和名优产品以及投资环境。青海、宁夏两省区经贸交流合作日益频繁，近年来合作项目22余项，总投资逾34亿元，领域涵盖交通基建、能源化工、现代农业等，有力推进了两省区协作发展，特别是青海、宁夏等八省区共同开展“陆海新通道”建设，将有力促进“陆海内外联动、东西双向互济”对外开放格局的形成。

（十四）新疆阿勒泰地区秋冬旅游专场推介会

2020年9月17日，新疆阿勒泰地区秋冬旅游专场推介会在西宁市举行。青海省3家旅行社在推介会上与阿勒泰地区签订合作协议。阿勒泰地区紧紧围绕“一带一路”核心区建设和“旅游兴疆”战略，确立了“以旅游业为主体，牵动一产、托举二产”的发展思路，积极打造“夏避暑、冬嬉雪、春秋两季看转场，两河两湖三条路，四季黄金宝玉石”的旅游格局和夏季“三轴N环”、冬季“四区一带”的产品体系。作为丝绸之路的重要节点，西宁与阿勒泰地区在推介会后继续深化文旅交流，加大产业合作，拓展发展空间，推动两地文化旅游企业交流互助、合作共赢。

（十五）中国（甘肃）国际贸易数字展览会

2020 年 6 月 29 日下午，由甘肃省政府与中国贸促会共同举办的中国（甘肃）国际贸易数字展览会在兰州正式拉开帷幕。此次数字展览会以“云上甘肃，贸通天下”为主题，为期 15 天，来自甘肃、浙江、广东、江苏等 28 个省（区、市）的 1200 多家企业云上参展，阿联酋、波兰、印度、土耳其等国家的 14000 余名买家和采购商线上观展，展品以甘肃省“十大生态产业”项目合作为重点，涵盖循环农业、先进制造、中医中药、通道物流、文化旅游、清洁生产、节能环保以及“牛羊菜果薯药”六大特色产业。展会同期举办了“数字贸易为甘肃经济发展注入新动力”在线论坛和甘肃特色农产品阿联酋贸易周专场对接活动。

（十六）陕西举办首场“外贸眼”网上交易会

2020 年 7 月 15 日，由陕西省商务厅主办、欧美工商会承办的首场陕西省“外贸眼”网上交易会（电子电气及五金机械专场）通过 ZOOM 平台举办，超过 40 家陕西参展商和海外采购商参会洽谈。欧美工商会于 2020 年 5 月正式启动“外贸眼”项目，近 300 家陕西省外贸企业报名，收到的海外采购订单涵盖服装、电子电气、机械设备、石油设备、轨道交通、有色金属、农产品、食品等多个行业，覆盖 80 余个不同国家和地区，订单金额超过 10 亿美元。外贸企业和采购商通过 ZOOM 视频实时洽谈，该平台支持一对一、一对多和多对多三种模式。

（十七）中国西部国际采购展览会线上展会

2020 年 8 月 27 日，中国西部国际采购展览会线上展会在西安举办，为国内外广大供应商、采购商搭建零距离、无时差、低成本、高效率的国际经贸合作交流平台，促进其结识新的合作伙伴，创建新的营销渠道，开辟新兴市场，带动产业集群发展。展会于 8 月 27 日至 10 月 18 日在陕西对外贸易交易平台举办，设置农业优选、优势工业、乐享生活、进口商品、防疫物资等五大板块，境内外 1636 家供应商、531 家采购商注册入驻平台参展参会。

（十八）第七届丝绸之路国际电影节

2020 年 10 月 11 日，第七届丝绸之路国际电影节签约仪式在西安举行。本届电影节以“丝路连接世界、电影和合文明”为主题，着力彰显“一带一路”特色，共设置了欢迎活动、影片特别推荐、电影展映、电影论坛、电影市场、陕闽交接等六大主题活动和电影嘉年华等配套活动。签约仪式上，陕西省委宣传部电影局与中国传媒大学共同发起丝绸之路国际青年影像联盟项目倡议，旨在建立“一带一路”影像合作交流平台，建立运行机制，推进项目合作，促进多边合作及交流的战略联盟。陕西省委宣传部与中国传媒大学战略合作框架协议、唐人街电影小镇项目战略合作框架协议两个重要项目的签约。

（十九）第十届兰州黄河文化旅游节

2020 年 9 月 25 日，第十届兰州黄河文化旅游节在兰州举行。兰州市与中国日报社联合举行“新时代大讲堂”，意在宣传推介黄河文化故事、陇原大地创新发展故事和“一带一路”故事，用兰州文化诠释中国精神。作为极具吸引力的品牌节会，兰州黄河文化旅游节有力地推动了各兄弟城市和沿黄城市之间的合作交流。开幕式上，黄河流域 19 座城市共同倡议建立“陆海同游　东西互赏”旅游联盟，兰州市签订文旅合作项目合同额 179.8 亿元。

三　基础设施建设助力产业合作

中央对丝绸之路经济带产业合作的物流节点建设给予了大力支持，在预算内安排专项资金 2 亿元支持西安、乌鲁木齐、成都、重庆和郑州等 5 个中欧班列集结中心建设示范工程，构建“干支结合、枢纽集散”的物流集散体系。为助力丝绸之路经济带产业合作，西安国际港务区与中国铁路西安局集团有限公司携手。自 2013 年 11 月 28 日以来先后开通至中亚五国、匈牙利、伊朗及阿富汗、德国、俄罗斯、波兰等 15 条国际班列线路，几乎覆盖了中亚及欧洲地区的全部货源地。西安—敦煌与西安—乌鲁木齐动车的开通、西银高铁的加快建设、兰州中川国际机场三期扩建工程开工建设，将为丝绸之路经济带沿线产业合作提供极大的交通便利条件。

（一）中欧班列（西安）集结中心高质量服务国际国内“双循环”

长安号与周边节点城市展开通力合作，借助各地优良的基础设施和产业资源，将各类货物聚集到西安上列运输，构建了“ + 西欧”集结体系，相继开行了徐西欧、冀西欧、襄西欧、厦西欧、蚌西欧、永西欧、贵西欧、渭西欧、唐西欧等 9 条集结班列，实现了与晋陕豫黄河三角洲、京津冀、长三角、珠三角等主要货源地的互联互通，形成了国内大循环网络，中欧班列（西安）集结中心已织线成网。截至 2020 年 10 月中旬，中欧班列长安号开行列数突破 3000 列，较上年同期增长 80%，运送货物 230. 9 万吨，较上年同期增长 50%，其中欧洲方向开行 2176 列，中亚方向开行 828 列。班列货运量、开行量、重箱率等位居我国前列，中欧班列质量评价指标已连续 11 个月稳居全国第一。

（二）长安号专列向欧洲出口了大批防疫物资

2020 年 6 月，首批防疫物资已经搭乘中欧班列长安号，从西安运抵波兰。2020 年 8 月 12 日上午，中欧班列长安号西安至米兰比亚迪防疫物资专列发车，满载 29 个集装箱的防疫口罩和 16 个集装箱熔喷布驶向意大利米兰，由阿拉山口出境，沿哈萨克斯坦—俄罗斯—乌克兰路线，抵至波兰斯瓦夫库夫，然后转至意大利米兰。依托长安号便捷的国际物流运输，把更多中国产品运抵波兰和米兰再分拨至欧洲各国，将欧洲的产品引入中国，持续推动中欧贸易往来。自新冠肺炎疫情肆虐以来，长安号向欧洲输出大批防疫物资，为国际防疫合作的开展提供了坚实的支撑。

（三）西银高铁加快建设

自2020年2月底以来，西银高铁建设全面复工。为将新冠肺炎疫情的影响降到最低，西成铁路客运专线工程队锁定工期目标，坚持复工复产和疫情防控两手抓，制定复工组织计划和疫情防控方案，加速推进工程建设。国家铁路“十三五”规划将西银高铁列为重点工程，是“八纵八横”高铁网包（银）海通道建设的主体部分，也被列入我国中长期铁路网规划中，预计2020年底前通车，运行时间将由现在的14小时压缩至3小时。

（四）兰州中川国际机场三期扩建工程开工

2020年9月9日，在兰州新区中川园区兔墩村界内举行了中川国际机场三期扩建工程开工仪式。兰州中川国际机场是甘肃的门户和“一带一路”重要空中节点。三期扩建工程开工，对不断提升基础设施支撑保障能力、加快推进“空中丝绸之路”建设、打造“一带一路”枢纽制高点、深度融入“双循环”新发展格局具有重大意义。兰州中川国际机场三期扩建工程按照年飞机起降30万架次、旅客吞吐量3800万人次、货邮吞吐量30万吨的目标进行设计，建设工期为4年，计划投资334.38亿元。

（五）西宁机场三期扩建正式开启

2020年8月24日，西宁机场三期扩建工程正式开工。西宁机场三期扩建工程以打造青海省第一旅客集散中心、第一综合交通枢纽、对外开放第一门户为建设目标，坚持“平安、绿色、智慧、人文”的理念，建设四型机场，设计目标为满足2030年旅客吞吐量2100万人次、货邮吞吐量12万吨，工程总投资105.1亿元。西宁机场三期扩建工程将发挥青海连甘入川、进藏入疆的战略作用，整合当地各类交通资源，以立体交通带动产业聚集，辐射青藏引领向西开放，推动港城一体发展。

四 产业合作存在的问题

新冠肺炎疫情在全球的蔓延有长期化趋势，对丝绸之路经济带沿线国家和地区之间线下产业合作造成很大的影响。“逆全球化”的思维甚嚣尘上，贸易保护主义有所抬头，各国之间以邻为壑极大地阻碍了丝绸之路经济带沿线国家和地区之间的贸易往来和投资合作。地缘政治矛盾和冲突此起彼伏，给丝绸之路经济带沿线国家之间的产业稳定合作蒙上了阴影。在第四次工业革命的大背景下，以5G技术、大数据、人工智能、生命科学、量子通信为代表的新的技术创新浪潮奔涌而来，丝绸之路经济带沿线国家和地区之间的发展不平衡加剧，给彼此产业合作也带来一定的障碍。

（一）新冠肺炎疫情可能的长期化趋势造成的不利影响

新冠肺炎疫情可能的长期化趋势造成海关检疫更加严格、业务量繁重，导致出口物流揽收迟缓、货源压力大等诸多困难，直接对丝绸之路经济带沿线国家和地区的进出口造成冲击。新冠肺炎疫情可能的长期化趋势会严重影响投资者的信心和未来预期，会减少跨国投资，对丝绸之路经济带沿线国家和地区的跨境投资产生负面作用。疫情防控采取的封闭隔离、延迟开工、暂停生产等措施会影响全球供应链的正常运行，人员和物资跨境流动不畅会阻碍企业“走出去”的计划和勇气。

（二）“逆全球化”思维甚嚣尘上造成的不利影响

近年来，在以美国为代表的西方发达国家“逆全球化”思维横行，举起贸易保护主义大旗，对以中国为代表的发展中国家的对外贸易和投资实施了新的行政限制和法律规则，并对出口商品制定了严格的技术标准、苛刻的卫生检疫标准和农产品农药残留标准。对中国的出口商品加征关税，对中国企业抬高对外投资门槛。欧盟对中国企业跨国并购设置障碍，环保限制制造业、法律限制中医药产业、准入限制中国劳工等，这些都给中国企业在欧盟的投资造成法律上的阻碍并增加了成本。

（三）地缘政治矛盾和冲突造成的不利影响

当今世界面临百年未有之大变局，中东地区战火不断，以色列与巴勒斯坦和黎巴嫩之间的武装冲突时有发生。阿富汗塔利班恐怖主义势力猖獗，印度和巴基斯坦边境地区多次交火。美国在中国台湾地区、南海地区和中印边界屡屡挑起事端，假借中国西藏和新疆人权说事，屡屡干涉中国内政，企图制造边境地区的不安定和混乱局面。这些地缘政治风险给丝绸之路经济带沿线国家和地区之间的产业合作带来不安全因素。

（四）第四次工业革命浪潮造成的不利影响

以5G、大数据、云计算、机器人、人工智能、生物医药、生命科学、先进制造业、量子信息科学为代表的第四次工业革命浪潮涌起，世界发达国家相继出台了争夺未来前沿技术和产业制高点的政策及规划。美国在2012年就出台了《国家在先进制造业的战略规划》，2018年出台《国家在量子信息科学上的战略概述》和《国家量子倡议法案》；德国在2013年先后发布了《德国工业4.0》和《德国工业战略2030》；英国在2013年推出了《英国工业2050战略》。中国在2015年也颁布了《中国制造2025》。各国在新一轮技术革命和工业变革中展开激烈的竞争，势必会加剧丝绸之路经济带沿线国家和地区发展的不平衡，差距会拉得更大，技术标准和基础设施处于不同的发展阶段导致产业合作的困难和障碍。

五　产业合作的对策建议

为了有效应对和解决上述丝绸之路经济带沿线国家和地区之间产业合作存在的困难和问题，需要建立新冠肺炎疫情防控的国家和地区一体化组织，积极倡导开放合作的国际主流趋势，加强国与国之间的沟通交流、互利互惠、共同繁荣，加强丝绸之路经济带沿线国家和地区之间的技术交流和援助。

（一）建立新冠肺炎疫情防控的国家和地区一体化组织

中国应在丝绸之路经济带沿线国家和地区发出积极倡议，分享在抗击新冠肺炎疫情方面取得的成功经验，在沿线国家和地区建立信任，号召建立一体化防疫组织，统一医疗防控和进出口检疫技术标准体系，共同投资研发和生产检测诊断设备、疫苗及特效药品，统一调剂防疫物资、医疗器械和设备、医生等防疫及诊疗资源，建立统一的防控机制，最大限度保障沿线各国人民的生命和健康安全，促进沿线国家和地区之间人员和物资的正常往来，尽可能恢复正常的对外投资合作和贸易活动，推动产业合作的稳定发展。

（二）坚持开放合作的正确方向

在与丝绸之路经济带沿线国家和地区产业合作中，拿项目合作的成绩来说话，使合作共赢的理念深入人心，来对抗“逆全球化”的思维。联合和团结沿线的国家和地区，以及跨国企业和有识之士，共同坚持和倡导全球化的主流方向，带领全球大多数国家和人民摒弃“逆全球化”的思维，消除其干扰，顺应全球化的主流趋势，扩大开放合作、削减关税、减少摩擦，共同维护世界经济的繁荣和稳定发展。

（三）加快构建人类命运共同体

首先大国要积极发挥在稳定国际政治新秩序中的积极作用，彼此之间求同存异、共赢发展，在处理矛盾和分歧中暂时搁置，求取最大公约数，建立平衡、普惠、包容、开放的国际政治新秩序。在反恐、难民危机、化解地区冲突中，担当大国责任，彰显大国风范，协同其他中小国家共同走向彼此尊重、不对抗、不冲突、合作共赢的和平发展道路。推进全球治理体系的优化与调整，国家治理手段、治理机制和治理经验互学互鉴，扬长补短，人类文明成果共同分享，推动各个国家经济繁荣、社会文明进步、人民幸福安康，构建人类命运共同体，为丝绸之路经济带沿线国家和地区之间的产业合作创造和平稳定的政治环境。

（四）加快建立战略联盟

为了缩小由新一轮技术革命和工业变革造成各国之间发展差距，减少丝绸之路经济带沿线国家和地区之间产业合作中的障碍和困难，需要加快建立丝绸之路经济带沿线国家和地区之间的技术联盟、产业联盟和企业联盟，加强多地一园的建设、飞地经济发展、异地企业孵化基地建设。加大技术、管理经验和人才的交流与合作，同时推进教育、文化、法律等方面的交流与合作。

B.4
2020年丝绸之路经济带贸易合作发展报告

高云艳*

摘　要：2020年丝绸之路经济带贸易合作取得一定的成效，也迎来新的挑战。2019～2020年，国家进一步加大自由贸易区、国家服务贸易创新试点、跨境电商综合试验区等贸易聚集平台建设力度，加速了丝绸之路经济带贸易合作的发展。本文基于现阶段存在的问题，对丝绸之路经济带贸易合作的未来发展提出建设性意见。

关键词：丝绸之路经济带国际贸易　服务贸易　跨境电商综合试验区

一　丝绸之路经济带贸易合作发展思路

2020年政府工作报告明确提出高质量共建"一带一路"、推动贸易和投资自由化便利化的发展要求；《中共中央关于制定国民经济和社会发展第十四个五年规划和二〇三五年远景目标的建议》提出，推动共建"一带一路"高质量发展，强调构筑互利共赢的产业链供应链合作体系，深化国际产能合作，扩大双向贸易和投资。我国一直致力于推动共建"一带一路"高质量发展，加强与各国的经贸合作，实现互利共赢。第五届"一带一路"高峰

* 高云艳，陕西省社会科学院金融研究所助理研究员，研究方向为区域金融。

论坛、第三届中国国际进口博览会等国际交流会议进一步促进全面贯彻落实“一带一路”的自由贸易和经济全球化精神。

2020 年，国家在自由贸易试验区、国家服务贸易试点、跨境电商试验区、电子商务示范基地等平台建设持续加码加力，提质增量，不断扩容。2020 年 9 月，“一带一路”地方合作委员会官方网站（www. brlc. org. cn）上线，进一步增进沿线的“数字化”交流互动。

2020 年，自由贸易试验区建设迈入高标准的“负面清单”时代，2020 年 7 月 23 日开始实施《自由贸易试验区外商投资准入特别管理措施（负面清单）（2020 年版）》。在新冠肺炎疫情影响下，自由贸易试验区具有重要的稳外贸稳外资的支撑作用。西安市“一带一路”综合试验区、宁夏内陆开放型经济试验区等平台建设纵深发展。“第三方市场合作”“西部陆海新通道”的发展思路进一步明晰。《中国“一带一路”贸易投资发展报告 2020》显示，2020 年上半年，中国与“一带一路”相关国家（地区）的经贸合作仍取得了骄人的成绩。截至 2020 年 5 月，中国政府已先后与 138 个国家、30 个国际组织签署 200 份共建“一带一路”合作文件。2019 年，中国与 138 个签署“一带一路”合作文件的国家间货物贸易总额达 1. 90 万亿美元，占中国货物贸易总额的 41. 5%。2019 年，中国与“一带一路”沿线国家（地区）服务进出口总额 1178. 8 亿美元，其中出口 380. 6 亿美元，进口 798. 2 亿美元。[①] 下面分析丝绸之路经济带沿线部分省份的发展思路。

（一）宁夏

宁夏推进开放型经济发展，提升全区主动融入和服务国家“一带一路”建设能力和水平。2019 年 7 月，宁夏回族自治区商务厅关于主动融入和服务“一带一路”建设实施方案从推进基础设施互联互通、推进国际贸易物

① 《〈中国“一带一路”贸易投资发展报告 2020〉发布“一带一路”倡议七周年　高质量共建持续推进》，http：//www. cnr. cn/china/gdgg/20200907/t20200907_ 525243595. shtml。

流体系建设、构筑内陆开放平台、推动国际产能合作、拓展对外经贸合作、提高利用外资水平六个方面重点部署。[①] 2020年自治区《推进“一带一路”和内陆开放型经济试验区建设2020年工作计划》明确提出完善开放载体、畅通开放渠道、发展开放经济、优化开放环境，以全方位开放助力高质量发展。[②] 争取国家支持设立中国（宁夏）自由贸易试验区，加快推进中国（银川）跨境电子商务综合试验区建设，加强与相关省区协作，持续推动境外园区建设，尽早形成一批可视性成果。落实《合作共建西部陆海新通道框架协议》，携手打造宁夏经由广西沿海、沿边联通南亚、东南亚国家的南向国际陆海贸易新通道。积极发展跨境电商、服务贸易、服务外包等新业态新模式，帮助企业降低运营交易成本和建立境外营销服务中心，促使对“一带一路”沿线国家（地区）进出口总额比例稳步提高。

（二）甘肃

2019年11月，新时代甘肃融入“一带一路”建设打造文化枢纽技术信息生态“五个制高点”实施方案[③]进一步将甘肃融入“一带一路”建设打造文化制高点、枢纽制高点、技术制高点、信息制高点、生态制高点的发展思路落到实处。甘肃省将持续推进兰州、酒泉国家物流枢纽建设，支持“一带一路”供应链大数据中心建设，稳定运营中欧、中亚、南亚、陆海新通道国际班列。同时，加快推进兰州、天水跨境电商综合试验区建设，助力外贸企业出口转内销，多措并举保外贸企业、稳外贸出口，有序推进国际产能合作。从数据指标看，2020年上半年，甘肃在“一带一路”沿线国家（地区）实际投资额占对外投资额的72.5%，与“一带

---

① 《关于印发〈自治区商务厅关于主动融入和服务“一带一路”建设实施方案〉的通知》，http：//dofcom. nx. gov. cn/duiwaijm/7972. jhtml。

② 《宁夏印发〈推进“一带一路”和内陆开放型经济试验区建设2020年工作计划〉》，https：//www. sogou. com/link?url = hedJjaC291NPF3UAJ6A6d1Xc5Dzy9xI54Wo8BlzbJ_ qRrRq1A6PlJjh3ZfoXRJBg。

③ 《甘肃省人民政府办公厅关于印发〈新时代甘肃融入“一带一路”建设打造文化枢纽技术信息生态“五个制高点”实施方案〉的通知》，http：//www. gansu. gov. cn/art/2019/12/5/art_ 10453_ 436478. html。

一路”沿线国家（地区）实现贸易额76.2亿元。其中，哈萨克斯坦稳居甘肃贸易伙伴首位。①

（三）新疆

2019～2020年，新疆加快推进丝绸之路经济带核心区建设，努力推动形成全方位开放格局。新疆中欧班列“集拼集运”模式在全国复制推广。加快中欧班列乌鲁木齐集结中心和国际货物返程分拨中心建设。“一港、两区、五大中心、口岸经济带”，是新疆落实“一带一路”倡议、推进西出通道上核心区建设的重要抓手。大力推进乌鲁木齐国际陆港区、临空经济示范区、综合保税区建设，陆港区“集货、建园、聚产业”能力不断提升；霍尔果斯、喀什经济开发区基础设施不断完善，产业聚集能力稳步提升；“五大中心”建设取得新进展；“口岸经济带”建设迈出新步伐。通关便利化水平进一步提高，出口货物通关时间比全国同期快3.69个小时。深化与“一带一路”沿线国家（地区）经贸合作，国际产能合作取得新成效。进一步加大招商引资力度，2019年落实区外招商引资项目3475个，引进区外到位资金3443.8亿元。积极推动中巴经济走廊综合承载区建设，加快推进中国（新疆）自由贸易试验区申报工作。举办好第七届中国—亚欧博览会。支持疆内企业“走出去”，鼓励创新型企业拓展国际市场，支持企业建立国际运营网络体系。建设境外园区，推动组团式国际产能合作，带动沿线国家（地区）产业发展。②

（四）青海

积极融入“一带一路”建设，深入贯彻新时代推进西部大开发形成新格局指导意见，深度融入国际陆海贸易新通道，推进中欧班列、铁海联运

---

① 《上半年甘肃与“一带一路”沿线国家贸易额达76.2亿元》，http://www.ceh.com.cn/epaper/uniflows/html/2020/07/31/03/03_49.htm。

② 《2019年政府工作报告》，http://www.xinjiang.gov.cn/xinjiang/gzbg/202001/caadb525b77f44e6b3b9ce9df44f94eb.shtm。

班列常态化运营。对标国际先进水平，加快“单一窗口”建设，不断提升通关便利化水平。扩大对内对外开放，积极研究申报青海自由贸易试验区，加快西宁综合保税区、海东跨境电子商务综合试验区、国家粮食青海青稞和牛羊肉交易中心平台建设。强化生态经济、循环经济、数字经济、飞地经济，力促外贸稳定增长。支持条件成熟的企业建立海外仓，促进磷酸铁锂、枸杞、沙棘、冷水鱼等特色产品出口，将产业集聚优势转化为出口竞争优势。[①]

（五）陕西

推动共建“一带一路”高质量发展，持续推进“一带一路”五大中心建设，大力发展枢纽经济、门户经济、流动经济，积极发挥“一带一路”重要节点作用，加快形成对外开放新格局。落实西部陆海新通道总体规划，发挥第五航权功能，支持西安、咸阳共建临空经济示范区，支持榆林航空口岸开放和大宗能化产品交易市场建设。加快自贸试验区制度创新及成果复制，全面落实自贸区外商投资准入负面清单。加快上合组织农业技术交流培训示范基地建设。加快建设进口商品展示交易分拨中心、跨境电商国际合作中心、加工贸易转移承接中心。抓好面向“一带一路”国家（地区）“走出去”项目和园区建设，引导企业开拓多元化出口市场，建设“海外仓”和陕西商品展示中心。从数据指标看，陕西与“一带一路”沿线国家和东盟10国进出口保持高速增长。2020年1~8月，陕西省对“一带一路”沿线国家、东盟10国进出口分别同比增长32.54%、63.86%，在陕西省外贸总量中的占比分别达到16.13%和10.6%。[②]

---

① http：//zwgk. qh. gov. cn/zdgk/zfgzbg/202001/t20200124_ 162050. html.

② 《前8月陕西进出口增速居全国第九位》，https：//www. yidaiyilu. gov. cn/xwzx/dfdt/149610. htm。

二　丝绸之路经济带贸易合作发展成效

（一）自由贸易区高质量发展，稳外贸稳外资作用强大

自由贸易区是加快丝绸之路经济带贸易合作重要的战略部署。2020 年上半年，18 个自贸试验区进出口总额达 2.2 万亿元，占全国的 15.6%；实际利用外资 807.8 亿元，占全国的 17.1%。2020 年，自由贸易区进一步扩容，实施负面清单制度，发展提质增效。2020 年 7 月，37 项自贸区创新成果再次获得国家认可并复制推广。

第一，自贸区初步建立省内区域协同创新机制。例如，2020 年陕西省首次设立 6 个陕西自贸试验区协同创新区，分别为宝鸡高新区、铜川市新区、渭南高新区、延安高新区、安康高新区、韩城高新区和经开区，通过“创新协同”“产业协同”“政策协同”，增强陕西自贸试验区辐射带动能力。

第二，自贸区稳外贸稳外资成效明显。以陕西自贸区为例，从进出口指标看，2020 年 1 ~6 月，陕西自贸区货物进出口、出口、进口三项指标在全省的占比保持在 70% 左右，从利用外资数据指标看，2020 年 1 ~6 月自贸试验区实际利用外资 231967 万美元，将近是 2019 年的 1.5 倍。2020 年 1 ~6 月陕西自贸试验区中方实际投资额 1538 万美元，超过 2019 年的 10 倍，陕西自贸区资金吸引力和稳外资稳外贸的能力充分体现。

第三，金融创新持续增强。2020 年 7 月，在金融开放创新领域，“分布式共享模式实现‘银政互通’”“保理公司接入央行企业征信系统”“知识产权证券化”“融资租赁 + 汽车出口业务创新”“绿色债务融资工具创新”等试点经验在全国复制推广。① 以陕西自贸区为例，2019 年 12 月，陕西自贸区形成

---

① 《国务院关于做好自由贸易试验区第六批改革试点经验复制推广工作的通知》，http://ftz.shaanxi.gov.cn/zcfg/gjzcfg/FR7nie.htm? pt = zwgk&op = gjzc。

35 项改革创新成果，其中包括资本项目收入支付便利化、网银在线开立进口信用证、集团资产池融资模式、跨境金融区块链服务平台等金融创新。[①] 2020 年陕西自贸区西安经开功能区长安银科商业保理公司获批全国首家国际保理美元融资业务试点，有效缓解了企业回款周期长和融资成本高的问题，规避了汇率波动风险，促进跨境电商、融资租赁等新业态快速发展。从目前已发放的 500 万美元融资落地情况看，平均为企业节省融资成本 3% 以上。

（二）丝绸之路经济带服务贸易试点进一步扩容与深化

2020 年，国家将服务贸易深化试点扩大到 28 个省（区、市），新增的 11 个试点地区大部分在中西部和东北老工业基地，标志着新一轮服务贸易创新发展试点全面开启。从数据指标看，2019 年试点地区服务进出口占全国比重超过 75%，发展速度快于全国。2020 年 1～6 月，我国服务进出口增长 2.1%，其中出口增长 3.7%，进口增长 0.5%。[②] 推进服务领域制度型开放的重要探索一直在进行，计划 2020 年底推出跨境服务贸易负面清单。

2020 年丝绸之路经济带服务贸易试点进一步扩容提质。2020 年丝绸之路经济带新增陕西西安市、新疆乌鲁木齐市新试点等。试点数量的增加，有利于打造丝绸之路经济带服务贸易发展高地，提升服务贸易整体发展水平。从 2020 年国家增设试点举措来看，未来将更加重视中西部地区服务贸易发展，在数字贸易、运输、旅游、文化、中医药以及服务外包等生产性服务领域积极培育新的竞争优势。

丝绸之路经济带服务贸易比较优势正在逐渐构建。2020 年陕西、宁夏等区域推进服务贸易税务备案电子化，降低了企业的“脚底成本”，缩短了企业对外付汇时间，大幅提升了服务贸易跨境支付的效率。

受全球新冠肺炎疫情影响，丝绸之路经济带服务贸易国际交流线上线下

---

① 《关于做好复制推广中国（陕西）自由贸易试验区第二批改革创新成果的说明》，http://ftz.shaanxi.gov.cn/tzgg/Q3EBvm.htm。

② 《全面深化服务贸易创新发展试点总体方案印发》，http://tradeinservices.mofcom.gov.cn/article/yanjiu/hangyezk/202008/108358.html。

齐头并进。2020 年中国国际服务贸易交易会的重要特色就是打造“云上服贸会”。“云上服贸会”免费提供线上供需对接服务，免费提供线上参展服务，免费时间持续至下届服贸会举办前 3 个月。

（三）丝绸之路经济带跨境金融发展提速

丝绸之路经济带跨境金融发展加快，跨境人民币服务实体经济能力不断提升。从西北五省（区）来看，2019 年，宁夏、青海、甘肃、陕西、新疆跨境人民币收付快速增长。其中 2019 年青海省跨境人民币收付总额同比增长高达 4.2 倍；2019 年陕西跨境人民币收付金额同比增长 55.4%；2019 年宁夏与“一带一路”沿线 14 个国家（地区）发生跨境人民币收付金额占宁夏跨境人民币收付总额的 12.8%，同比提升 3.8 个百分点；截至 2019 年末，甘肃省累计与 77 个境外国家（地区）发生跨境人民币交易，开展业务的企业数量累计达 843 户，全年新增企业 111 户，业务主体覆盖面持续扩大；自 2011 年 8 月启动跨境人民币业务以来，陕西跨境人民币收付累计实现 2924.6 亿元，34 家银行的 249 个分支机构参与，服务 2783 家企业、惠及境外银行 1594 家，交易辐射境外 123 个国家和地区等。

（四）丝绸之路经济带跨境电商成为贸易合作更强劲的动能

2020 年国内跨境电子商务综合试验区增加到 105 个；2020 年设立跨境电商 B2B 出口监管试点群，增设“9710”“9810”两个出口监管代码，分别对应“跨境电商 B2B 直接出口”和“跨境电商出口海外仓”。丝绸之路经济带的跨境电子商务综合试验区数量增加，2020 年新设的跨境电子商务综合试验区包括西安市跨境电子商务综合试验区、兰州市跨境电子商务综合试验区、银川市跨境电子商务综合试验区、海东市跨境电子商务综合试验区等。

2020 年国家进一步扩大跨境电商零售进口试点，在试点地区的选择上，有四方面要考量：统筹考虑自贸试验区发展需要，将符合海关监管条件的自由贸易试验区所在地区纳入试点；结合综合保税区开放发展要求，将设有综合保税区的部分国家物流枢纽承载城市纳入试点；积极支持跨境电商综合试验区发展，将新设立的跨境电商综合试验区所在城市纳入试点；积极发挥跨境电商扩大消费、支持相关地区开放发展作用，将符合海关监管条件的国家级贫困县所在城市纳入试点。2020 年丝绸之路经济带跨境电商零售进口试点数量增加，新增试点包括西宁、海东、银川、乌鲁木齐等。

跨境电商的国际交流进一步加强，举办陕西澳门跨境电商交流会、陕西经济联合会跨境电商现状与发展峰会、2019 年丝绸之路商务合作（西安）圆桌会、贸促会跨境电商合作对话会等；跨境电商物流运输通道建设进一步推进，2020 年宁夏开通首趟“一带一路”跨境电商国际卡车班列，跨境电商服务平台建设不断加强。

三　存在的问题

2020 年，新冠肺炎疫情对全球经济和贸易的自由流动带来巨大冲击，国际市场需求严重萎缩，外贸企业普遍面临在手订单取消或延期、新订单签约困难等问题。外贸企业的资金链压力和现金流负担加大。

（一）线下交流与合作受到阻隔

2020 年，全球抗疫背景下，丝绸之路经济带贸易合作的线下交流与合作受到影响。一些对促进贸易合作具有重要影响力的国际性论坛或会议受到影响，部分会议云上召开，比如，“一带一路”地方合作委员会 2020 年专题会议云上召开。一些沿线国家（地区）的商界代表团的推介会、为吸引投资而计划在我国各大城市的路演不得不延期。

（二）中欧班列集结中心建设受到制约

2020 年，国家实施中欧班列集结中心示范工程，促进郑州、重庆、成都、西安、乌鲁木齐 5 个中欧班列枢纽节点城市由“点对点”向“枢纽对枢纽”转变，加快形成“干支结合、枢纽集散”的高效集疏运体系。这一举措对促进丝绸之路经济带贸易合作具有重要的意义。

新疆、西安等快速出台相关配套方案，如《中欧班列（乌鲁木齐）集结中心建设方案（2020～2024年）》《关于金融支持中欧班列（西安）集结中心暨中国（陕西）自由贸易试验区高质量发展的意见》等。加快中欧班列高质量发展，受到中欧班列发展运营中的融资、结算，提升班列服务质量、综合效益及国际竞争力等问题的制约。

（三）创新力有待进一步提升

2020年，疫情重创了世界经济，却带动了数字经济发展，激发了远程医疗、在线教育、协同办公、跨境电商等更广泛发展。世界经济数字化、网络化、智能化发展趋势明显。“数字丝绸之路”将成为“一带一路”沿线国家（地区）经贸合作的新机遇，互联网、大数据、跨境电商等新型服务贸易进一步提质升级。当前，面对新形势，激活创新力、培育新动能成为关键，创新力的提升将会形成丝绸之路经济带贸易合作的比较优势。

四　加快丝绸之路经济带贸易合作发展对策

2020年，国家发改委“一带一路”建设促进中心主任翟东升将共建“一带一路”的初心和使命归纳为4句话：对外开放的重大举措、国家经济外交的顶层设计、推动全球治理体系变革的主动行为、构建人类命运共同体的重要实践平台。2020年，新冠肺炎疫情对全球经济和贸易的自由流动产生巨大冲击，但是跨境电商等新业态蓬勃发展，充分展现了丝绸之路经济带对外贸易韧性大、潜力足。

（一）创新国际交流与合作形式，实现线上与线下相结合

2020年的这场疫情加快了国际贸易交流与合作形式的创新进程。第一，实现线上线下同步互动，有机融合；第二，充分运用现代信息技术，提升交

流、展示、宣传、洽谈等效果，助力企业抓订单、保客户、拓市场，例如，“云展览”“云会议”“云论坛”等；第三，提升企业直播销售能力，例如，提前对企业进行专题培训，提升企业直播销售能力。

（二）加快中欧班列高质量发展

中欧班列是共建“一带一路”旗舰项目，是加快丝绸之路经济带贸易合作的生命线。当前，中欧班列集结中心建设是中欧班列高质量发展必要且可行的举措，西安、新疆、成都等要紧抓发展先机，将建设方案落实到位，提升中欧班列运营能力，着力打造具有较强国际影响力的现代物流枢纽，构筑内陆地区效率高、成本低、服务优的国际贸易通道。

（三）加快创新，增强新动能

当前，经济发展进入国内国际双循环新格局。促进贸易新业态发展，高质量建设跨境电子商务综合试验区，加强知识产权保护，发展丝路电商，提升贸易数字化水平，加快培育各类外贸集聚区，培育国家进口贸易促进创新示范区等。

（四）推进重大项目，加快贸易合作

加强境外经贸合作区、跨境经济合作区等产业园区建设，促进产业集群发展。推动新兴产业合作。推进西部陆海通道重大项目建设，加快贸易合作，对有利于贸易合作的重大项目开通绿色通道，提高效率。

B.5
2020年丝绸之路经济带电子商务发展报告

姜晓兵　赵于墁*

摘　要：自“一带一路”倡议提出以来，电子商务一直发展较快，也取得了卓越的成效。2019年，丝绸之路经济带沿线国家和地区电子商务整体呈现迅猛发展的态势，跨境电子商务交易额维持较高的增速，同时电子商务相关服务业也发展得更加全面，电子商务扶农助农也取得显著的成效。但是在电子商务发展中仍存在区域发展不平衡、跨境电商与物流发展不协调等问题，制约了电子商务发展。本文首先对丝绸之路经济带沿线国家和地区电子商务发展现状进行分析，其次总结制约丝绸之路经济带电子商务发展的问题，分析电子商务发展趋势，最后提出促进丝绸之路经济带电子商务建设的相关建议。

关键词：丝绸之路经济带　电子商务　跨境电商

一　2019~2020年丝绸之路经济带电子商务建设总体进展与成效

2019 年我国丝绸之路经济带电子商务发展在国家政策的支持和扶持下

* 姜晓兵，西安电子科技大学经济与管理学院副教授，研究方向为区域经济发展；赵于墁，西安电子科技大学经济与管理学院，研究方向为区域经济发展。

规模持续扩大，侧重发展方面也取得了显著成效，同时随着互联网相关技术日渐发达，电子商务俨然已经成为贸易往来的最佳模式，也成为中国经济发展的重要支柱。丝绸之路经济带相关国家的贸易合作意识也不断增强，2019年我国分别与意大利、哥伦比亚、乌兹别克斯坦等5个国家建立了双边电子商务合作机制。截至目前，丝路电商伙伴国已经扩大到22个。2019年，商务部会同智库及企业举办了10余场电子商务研修班，为伙伴国培训政府官员和企业人员超过500人，提升了各国中小企业进入国际市场的能力。商务部电子商务和信息化司于2019年11月8日，在第二届中国国际进口博览会举办期间成功主办了丝路电商能力建设交流研讨会，来自俄罗斯、巴西、秘鲁、哥伦比亚等丝路电商伙伴国以及国内部分高等院校和电商领军企业的近70名代表参加了会议。与会代表围绕跨境电商进口模式与典型案例、中国电商平台概况、海外优质特色产品进入中国市场、电子商务绿色环保发展等议题开展了深入交流与探讨，进一步落实我国与丝路电商伙伴国签署的关于电子商务合作谅解备忘录、促进电子商务务实合作。

（一）电子商务领域丝绸之路经济带建设的总体思路

“丝路电商”行动计划是由商务部于2017年正式提出，旨在深化“一带一路”经济贸易合作，搭建全新的国际合作平台。丝绸之路经济带涵盖了我国西南地区的四川、重庆、广西和云南等，西北地区的新疆、甘肃、陕西和宁夏等，国际上包括亚太经济圈和欧洲经济圈。“丝路电商”在推动“一带一路”沿线国家和地区相关物流等基础设施建设的同时又降低了交易成本；带动相关国家物流、支付、数字、信息等多业态的创新发展，推动平台经济建设，为“一带一路”发展增添新动能；有利于在相关国家构建一个生态系统，有力地推动“一带一路”贸易网络化、数字化和便利化。

另外，“丝路电商”与我国国务院提出的加快西部大开发相契合。要鼓励境内沿线省份积极参与和融入“丝路电商”建设，支持新疆加快丝绸之路经济带核心区建设；支持重庆、四川、陕西发挥综合优势，打造内陆开放高地和开发开放枢纽；完善北部湾港口建设，打造具有国际竞争力的港口群；加快铁路、公路与港口、园区连接线建设；积极促进陆海空联运、空铁联运、中欧班列等有机结合；鼓励国家级开发区施行更加灵活的人事制度；完善边民互市贸易管理制度。包括但不局限于以上提到的方面都应是发展“丝路电商”必须具备的。加之目前我国极力扩大内需，未来需要重点依托目前三、四线城市及县、村镇人口的消费意识觉醒。“丝路电商”把需要的产品引入有利于目标人群消费意识的觉醒，反过来，消费意识的觉醒又会促进“丝路电商”的发展。未来仍需持续将“丝路电商”和“西部大开发”“扩大内需”“脱贫攻坚”“经济转型”有机结合起来，互相促进与补充。

（二）电子商务领域丝绸之路经济带建设的现状与成效

1. 电子商务市场整体呈燎原之势

国家统计局数据显示，2019 年电子商务规模持续扩大，全年全国电子商务交易额达 34. 81 万亿元，同比增长 6. 7%，如图 1 所示。电子商务网上零售额达到 10. 63 万亿元，同比增长 16. 5%；其中，实物商品网上零售额 8. 52 万亿元，同比增长 25. 4%。全国农村网络零售额达到 1. 7 万亿元，同比增长 19. 1%，占全国网络零售额的 16. 1%。[①]

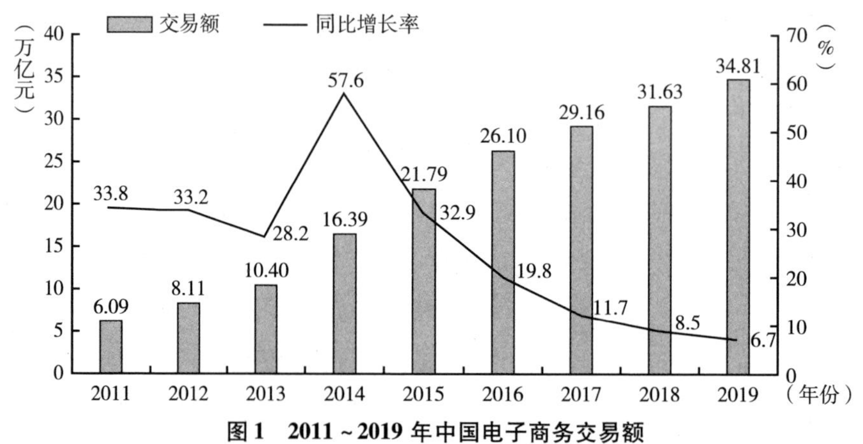

图 1　2011 ~ 2019 年中国电子商务交易额

资料来源：国家统计局。

① 商务部电子商务司：《中国电子商务报告（2019）》，2020 年 6 月 30 日。

在整体的消费群体上，2019 年我国网民数量已经超过 9 亿，网络普及率达到64.5%，网络购物人数已经达到 7.1 亿，比 2018 年增加了 1 亿；在热销的商品品类上，服装鞋帽类占实物商品零售额的 24.5%，日用品占 15.3%，家用电器类占 12.4%，这三类为网络销量排名前三。在从业人员上，2019 年我国电子商务从业人员达到 5125.65 万人，吸纳就业创业人数 3115.08 万人。另外，电子商务带动信息技术、服务以及其支撑行业从业人数达到 2010.57 万人。

2. 跨境电商业务迅猛发展

2019 年 11 月 29 日至 30 日，商务部与莆田政府共同举办了主题为“共建‘开放、普惠、创新’数字丝绸之路”的电子商务国际合作论坛。其中全国政协经济委员会副主任房爱卿讲话提到，我国推进的“丝路电商”对沿线国家来说意义重大，能够为它们带去不可估量的好处。同时伴随新一轮科技和产业革命的深入发展，区块链、云计算、大数据等商业应用逐步扩大，电子商务也随即建立新的国际贸易模式，其将更加高效、便利，呈开放融合的大趋势。外贸近几年发展较好，“一带一路”领域贸易合作更加积极向好，外贸不断加快动力转换，外贸总体结构也不断优化，接下来将以变革创新为方向，推动跨境电商新业态发展，共建合作、创新的世界经济。

从整体来看，整理中华人民共和国海关总署相关数据结果显示，2019 年我国跨境电商交易规模为 10.5 万亿元，较 2018 年增长 19.3%；跨境电商占进出口交易总额的 33.3%，交易规模增长 19.3%（见表 1）。由 2011 ~ 2019 年中国进出口贸易额及跨境电商交易规模数据可知，我国跨境电商的规模和增速呈迅猛发展势态。

表 1　2011 ~ 2019 年中国进出口贸易额及跨境电商交易规模

单位：万亿元，%

年份	进出口贸易额	跨境电商交易规模	跨境电商占进出口贸易额比重	跨境电商交易规模增长率
2011	23.6	1.6	6.8	
2012	24.4	2.1	8.6	31.3
2013	25.8	2.7	10.5	28.6

续表

年份	进出口贸易额	跨境电商交易规模	跨境电商占进出口贸易额比重	跨境电商交易规模增长率
2014	26.4	3.8	14.4	40.7
2015	24.6	5.4	22.0	42.1
2016	24.3	6.3	25.9	16.7
2017	27.8	7.6	27.3	20.6
2018	30.5	8.8	28.9	15.8
2019	31.5	10.5	33.3	19.3

资料来源：中华人民共和国海关总署。

从结构上看，2019 年我国跨境电商进口占比 23.5%，出口占比 76.5%，其中我国和“一带一路”涉及的较多国家跨境电商交易额同比增速超过了 20%，和阿酋联、科威特、奥地利、柬埔寨等国家交易额增长超过了 1 倍。《2019 全球跨境电商发展报告》也提出，预估 2021 年网络零售交易额将达到 4.878 万亿美元，将占到全球零售总额的 17.5%，其中亚太地区为先行区，预计 2021 年网络销售额占全球的比重在 70% 左右。这些数据整体体现了我国跨境电商占据出口优势，我国国际竞争优势明显提升，出口品牌建设成果显著，对“一带一路”相关国家出口比重不断提升，展示了开拓新市场的显著成效。

从跨境电子商务主要对标国家和商家分布地区来看，2019 年我国产品出口跨境电子商务十大贸易国排行分别为英国、乌克兰、荷兰、美国、墨西哥、澳大利亚、法国、德国、日本、印度尼西亚。中东地区、东亚、拉丁美洲、非洲等是新兴经济体，其跨境电子商务销售市场依旧十分广阔。如图 2 所示，产品跨境电子商务商家以广东、浙江和江苏这些长三角和珠三角地区为主，这三省跨境电子商务商家收益占全国 52.9%，其中广东占 24.8%，浙江占 16.8%，江苏占 11.3%。各地区商家类目如图 3 所示，主要跨境电商产品为 3C 电子设备、服饰、家居等，具体来看 3C 电子产品占 20.8%，服装服饰占 9.5%，家居园艺占 6.5%，户外用品占 5.4%，健康美容占 5%，鞋帽箱包占 4.7%，母婴玩具占 3.3%，汽车配件占 3.1%，灯光照明占 2.8%，安全防控占 2.2%，其他占 36.7%。新兴的类目依然层出不穷，

随着顾客要求转变、技术创新更替，新商品需求也在持续增加，海外的多元化细分类目仍需扩展，仍需继续开拓更新。

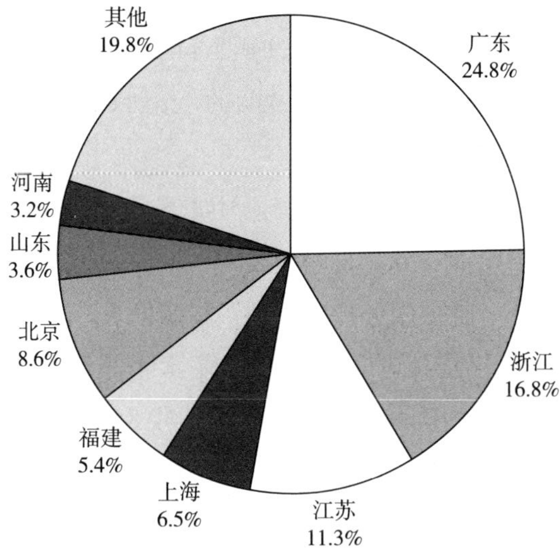

图 2　2019 年跨境电子商务商家主要集中地

资料来源：LianLian Pay 统计数据。

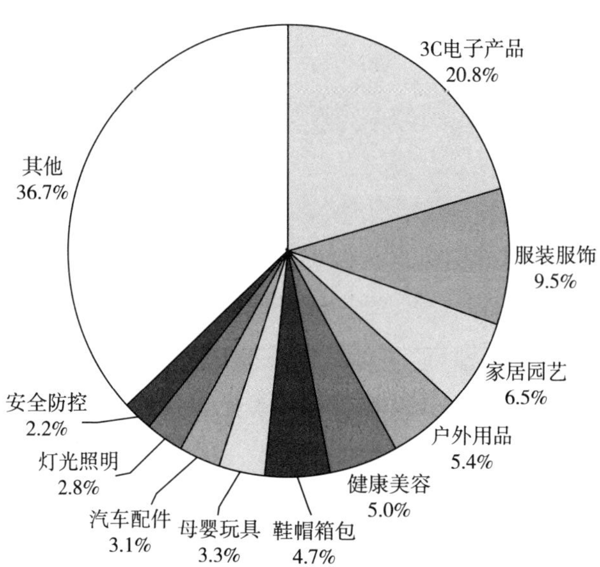

图 3　2019 年跨境电子商务商家主要类目

资料来源：LianLian Pay 统计数据。

总体来说，北美地区和欧洲仍是我国跨境电商交易的主要市场，中东地区、东南亚地区也具有变成接下来商家集中地的潜力。在目前政策利导下，中国的跨境电商综合试验区也开始从集中在广浙一带向中西部和东北地区倾斜，中国商家也从沿海地区向“一带一路”关联的中西部地区延伸，“一带一路”关联省份仍需加强对跨境电商的扶持以及对相关类目的开拓创新，形成特色优势产业。

3. 电子商务服务业稳步增长

2019 年电子商务服务业在全国服务业中占比达 8.4%，在电子商务步入高质量发展的同时，电商服务业也以新模式助推服务转型升级。其中电子商务服务业的交易服务、支撑服务也均实现了稳步增长。

总体来看，2019 年全年电子商务服务业营收额达到了 44741.0 亿元，同比增长了 27.2%。其中电商交易服务实现营收 8412.5 亿元，同比增长了 27%；支撑服务中的电子支付、电商物流和信用服务等营收达到 17956.9 亿元，同比增长 38.1%。如图 4 所示，这一年交易服务和支撑服务都具有较高的增长率，实现了快速增长。

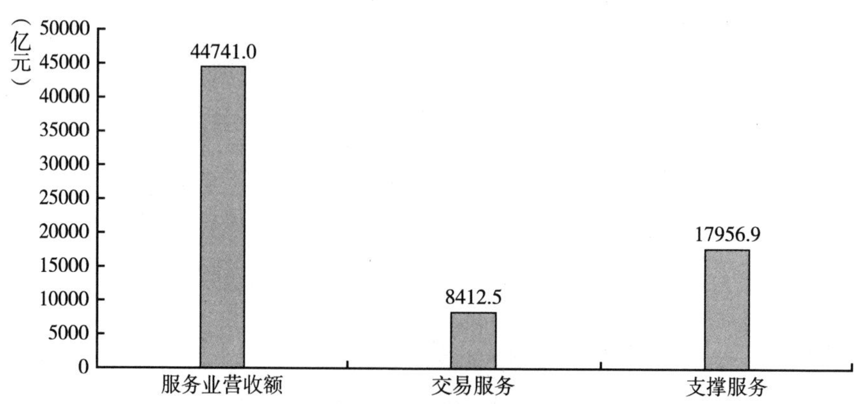

图 4　2019 年中国电子商务服务业及细分业务营收额

资料来源：中国服务外包中心测算。

在电子商务服务业的交易服务中，2019 年仍然是 B2B 行业交易规模占据大部分份额，其后是零售电商行业。如图 5 所示，2019 年 B2B 电商的规模达到了 66.74% 的比例，零售电商（B2C 电商、C2C 电商）规模占到 28.81%。

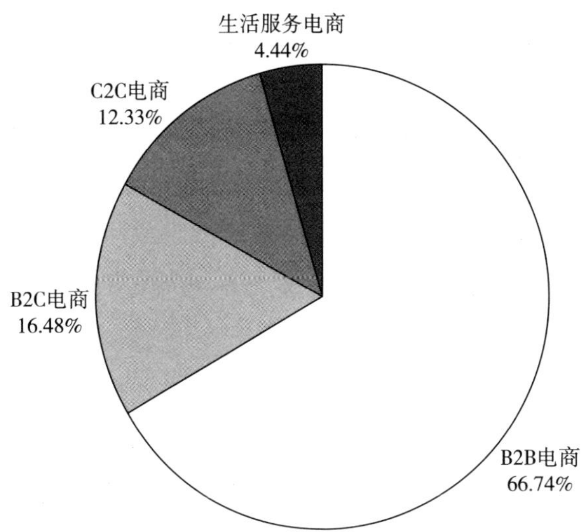

图 5　2019 年我国电子商务主要细分市场规模占比

资料来源：前瞻产业研究院。

在网络零售规模上，丝绸之路经济带相关城市中，网络零售额最高的是四川，其占全国比重为 2. 17% ，其后是重庆和云南，其网络零售额占比为 1. 00% 和 0. 57% 。在实物商品网络零售额占比方面，排名靠前的是四川、重庆和陕西，其中四川占比为 1. 87% ，重庆占比为 0. 74% ，陕西占比为 0. 49% ；从网络零售额同比增长率看，陕西表现抢眼，增长率达到 42. 1% ，具体如图 6 所示，即丝绸之路经济带相关城市零售规模均有稳定的增长。

在电子商务服务业的支撑服务中，物流业是其核心载体，在发展电子商务的同时物流业也一直在高速增长。国家邮政局数据显示，2019 年全国快递服务企业业务量累计为 635. 2 亿件，同比增长了 25. 3% 。其中包括同城业务量 110. 4 亿件，异地业务量 510. 5 亿件，国际/港澳台业务量 14. 4 亿件，业务收入达到 7497. 8 亿元。

其中 2019 年我国丝绸之路经济带相关省区市物流产业基本都实现了增长。其中在业务量方面，四川快递业务累计量最高，达到了 179104. 9 万件，同比增长 22. 7% ；从同比增速来看，陕西达到了 28. 2% （见表 2），是经济

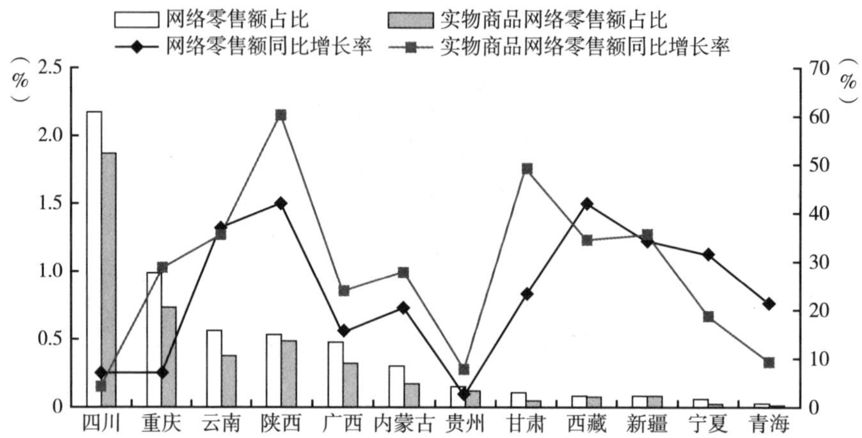

图6　2019年我国丝绸之路经济带相关省区市零售市场情况

资料来源：商务大数据。

带城市中增长最快的。而宁夏和新疆出现了负增长，其物流业发展落后于其他丝绸之路经济带相关省份。

表2　我国丝绸之路经济带相关省区市2019年快递业务情况

单位：万件，%

省区市	快递业务累计量	同比增长
四川	179104.9	22.7
陕西	72891.9	28.2
广西	56386.3	17.2
重庆	55322.4	20.8
云南	4316.8	26.9
甘肃	10371.2	16.4
新疆	9902.6	-11.0
宁夏	4891.6	-27.8

资料来源：根据国家邮政局、中商产业研究院数据整理。

4. 电子商务扶贫助农效果显著

2019年“中央一号”文件再次强调发展农村电商、实施数字乡村战略的重要性。我国2083个县域网络在2019年全年实现零售额30961.6亿元，同比增长31.2%，占全国网络零售额的21.9%；县域农产品网络销售额达到2693.1亿元，同比增长28.5%；832个贫困县网络零售额达到了1076.1亿元，同比增长31.2%。在产品结构上，非实物类商品零售额同比增长66.4%；在区域分布上，华东地区县域电商水平遥遥领先，东北和西北地区发展相对滞后；在农产品网销品类上，热销产品以植物类加工食品、粮油调味等为主。[①]总体来看，农业的产业链、创新链、供应链正在加速重构，电商的扶贫工作取得了较大的进展。在丝绸之路经济带上的部分省份贫困县农产品网络零售额中，排名靠前的部分省份如表3所示，排名较为靠前的四川和云南，其所属县域分别以白酒、三七品类形成较高的网络销售额，占全国贫困县农产品网络销售额的比重达到1.03%、0.75%，已形成其自有的优势产业。由此可见，通过发展电商自我脱贫模式已取得较好的成效，尤其是"一带一路"相关省份的脱贫工作也卓有成效。

表3　2019年我国丝绸之路经济带部分省份贫困县农产品网络零售额排名

单位：%

排名	所属省份	县域名	占全国贫困县网络销售额比重	热销品类
1	四川省	古蔺县	1.03	白酒
2	云南省	文山市	0.75	三七
3	重庆市	秀山土家族苗族自治县	0.70	调味品

资料来源：欧特欧咨询。

《2020全国县域数字农业农村电子商务发展报告》显示，我国丝绸之路经济带相关省份的农村电商合作社不管是网络零售额还是零售量都取得了突破性进展。其中广西网络零售额占全国比重达到2.96%，零售量占比达到3.57%，农村电商合作社数量达到58个；陕西网络零售额占全国比重达到2.20%，零售量占比达到1.91%，农村电商合作社数量达到131个；新疆网络零售额占全国比重达到1.92%，零售量占比达到1.32%，农村电商合作社数量达到25个，详情如表4所示。"农户+合作社+电商"模式盘活

① 中产商业研究院。

了农村地区流通资源，也提升了农户产销对接能力，激发了县域电商带动农民致富的潜能。

表 4　我国丝绸之路经济带相关省份 2019 年农村电商合作社网络零售情况

单位：%，个

省份	网络零售额占比	网络零售量占比	农村电商合作社数量
广西	2.96	3.57	58
陕西	2.20	1.91	131
新疆	1.92	1.32	25
云南	1.69	1.86	39
四川	1.51	2.78	98
甘肃	1.50	1.39	78
宁夏	0.22	0.15	13
重庆	0.05	0.09	7

5. 丝路电商国际合作机制不断完善

2019 年我国与萨摩亚、乌兹别克斯坦、哥伦比亚、瓦努阿图、意大利等五国新建立了双边电子商务合作模式。自提出“一带一路”倡议至今，中国已经和全球 137 个国家及 30 个国际组织签署了共计 197 份合作文件。到 2019 年底，我国已经和全球 22 个国家建立双边电子商务合作模式，“丝路电商”俨然已经成为国家之间贸易合作的新渠道。2019 年全年，我国和已成立合作机制的 22 个国家的跨境电商交易总额达到了 245.7 亿元，同比增长 87.9%。[①] 这就说明我国与丝绸之路相关国家电子商务合作机制不断完善，充分发挥了作用，呈现不断优化的局面。此外，我国与达成区域全面经济伙伴关系的 15 个国家及新西兰就自贸升级等相关电子商务议题已完成谈判工作，更加推动了全球电子商务的合作发展。

2019 年 11 月，商务部与莆田政府共同举办的主题为“共建‘开放、普惠、创新’数字丝绸之路”的电子商务国际合作论坛上，共有包括来自“一

① 国家统计局：《中国电子商务报告（2019）》，2020 年 6 月 30 日。

带一路”沿线部分国家、跨境电商综合试验区、电子商务协会以及相关企业等在内的500位嘉宾参与。其中澳大利亚前驻华大使、希腊经济发展部的高级顾问、俄罗斯企业联盟第一副主席以及新加坡 fomo pay 首席执行官均针对“一带一路”电子商务发展作了主题发言，提出共建合作跨境电商新模式、促进共同发展的愿景。此外，针对跨境电商的发展机遇，国务院参事室、谷歌、亚马逊、新加坡九竹公司、全俄外贸学院、考拉海购、中国邮政等机构和企业均派出代表发言，在跨境电商人才培养、“一带一路”倡议和数字贸易政策相协调等方面进行了探讨，进一步促进丝路电商国际合作机制的形成和完善。

二 2019~2020年丝绸之路经济带电子商务发展存在的问题

（一）区域发展不平衡

我国电子商务发展十分迅猛，但是由于各地区情况不同，难免出现区域之间发展不平衡的问题。从2019年网络零售市场情况来看，商务大数据监测显示：东部地区网络零售额占全国比重达84.3%，同比增长18.5%；中部地区网络零售额占全国比重达8.8%，同比增长23.0%；西部地区网络零售额占全国比重达5.6%，同比增长15.2%；东北地区网络零售额占全国比重达1.3%，同比增长20.0%，具体如图7所示。明显可以看到，东部地区的电子商务发展远远超过其他地区，形成严重的不平衡问题，产品跨境电子商务商家以广东、浙江和江苏这些长三角和珠三角地区为主，而中部、西部和东北等地区发展较缓慢，区域发展不平衡是未来电子商务持续发展需重视和解决的问题。

（二）跨境电商与物流发展不协调

我国的物流业出现和发展相对较晚，跨境电商的增长速度和跨境物流的发展速度不匹配，跨境物流缺乏经验，就会使产品运转效率低下，降低跨境

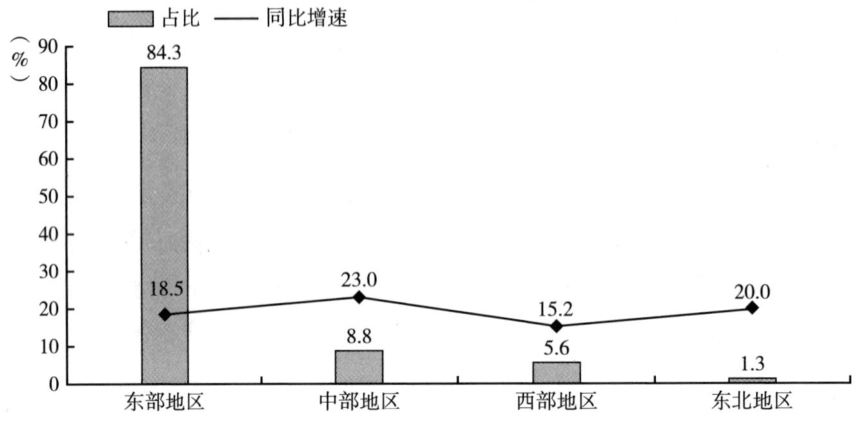

图7　2019 年中国网络零售市场各区域零售额占比及同比增速

资料来源：商务大数据。

电子商务发展的优势。不论是 B2B 模式还是 B2C 模式，跨境电商必须在强大的物流系统支撑下才能实现持续发展。当前我国快递业在国内发展尚可，但是极其缺乏海外经验，因而跨境物流在跨境电子商务发展中也出现很多应用性问题。

（三）金融业对电子商务发展支持力弱

金融业连接着资金和产业，其能快速准确洞察市场动态。在“一带一路”倡议下，金融业对电子商务的支持力度不够，没有起到很好的引导作用。金融业在引导电子商务发展的过程中并未将地区之间的经济差异纳入考虑范围，从而导致原本经济差异较大的地区电子商务发展更加不平衡，加大了地区间差异，且很多地区的经济特色没有在电子商务平台得到展示，金融业没有加强实体经济和电子商务之间的合作协调，其对电子商务发展的引导和支持力不够，一定程度上制约了电子商务的发展。

（四）新型网销模式引起信用治理难题

随着微商、直播、小视频等新型网络营销形式出现，网红经济、粉丝经济等更能吸引消费者的目光。2019 年各大电商平台都开始涉足直播带货领域，也创造出了较高的销售业绩。新型营销模式带来了新鲜的血液，也对消费行为产生了很大的影响，随即而来的是新的诚信缺失和信用治理问题。比如微商模式，其进入门槛低且商品品质无法保障，售后服务无法保障，监管工作存在较大困难；直播平台存在刷单、恶意炒作、伪劣商品等问题，相较于传统电商的失信行为，一些新型网络营销模式一旦出现失信行为，带来的影响更大，危害消费群体更广，可能造成严重的社会后果。

三　丝绸之路经济带电子商务领域建设的趋势分析与对策建议

（一）趋势分析

1. 数字技术驱动电子商务模式创新

2019 年不断涌现电子商务新模式和新业态。直播电商、社交电商及跨境电商海外仓等模式在人工智能、大数据等技术的创新和应用下，顺应当下个性化、多元化、重视体验的消费需求，不断深化创新，形成新的电子商务模式。同时，逐渐呈现电子商务发展带动线上线下融合发展的趋势，零售门店、餐饮企业等更加重视开拓线上市场空间，更多传统的实体经济也不断在数字化转型方面进行新的摸索和尝试。网络零售开始逐渐向智能科技领域延伸，同时电子商务平台也在尝试与产业链各方面构建起数字化连接，也取得了一定的成效，一定程度上提升了供应链运营效率，助推相关产业转型升级。新的电子商务模式和业态也促使电子商务更好更快发展，顺应时代发展的潮流，持续形成创新盈利的局面。

2. 电商服务业向下渗透趋势

随着近年来国家扶贫政策实施，农村数字化建设水平也不断提高，电商服务业呈现从城市向农村延伸的趋势，农村电商呈现蓬勃发展态势，已成为助农兴农的主要方向。麦肯锡的《2019 年中国消费者趋势报告》提到，下一个消费增长引擎对象将是中国低线城市以及小城镇的青年消费者。在农村电商快速发展的过程中，电商快递物流、农产品推广、移动支付、教育培训等具有农村特色的电商服务正在向四线以外城市以及农村地区呈现快速延伸态势，拼多多、快手、抖音等平台服务在“农货上行”体系中发挥着越来越大的作用，因而接下来应该着重挖掘农村电商的发展潜力，使农村电商逐渐成为电商服务发展的下一个经济增长点。

3. 电子商务发展日趋规范

《中华人民共和国电子商务法》自 2019 年起正式实施，这部法律是我国颁布的第一部电子商务领域的综合性法律，标志着与电子商务相关的法律法规正在逐步完善。在《中华人民共和国电子商务法》实施后，国务院相关部门也不断进行部门规章和政策的制定和完善。2019 年 2 月 12 日，商务部等发布了《关于推进商品交易市场发展平台经济的指导意见》，促进平台经济发展；同年 2 月 23 日国家邮政局发布《关于促进跨境电子商务寄递服务高质量发展的若干意见（暂行）》，这个文件发布进一步促进和完善跨境电商交易的规范性，为跨境电商健康发展提供了保障；2019 年 5 月 7 日，财政部也发布了《关于开展 2019 年电子商务进农村综合示范工作通知》，此通知强调促进产销对接、提升公共服务水平、探索数据驱动等，大力促进电子商务更好、更规范地发展。

以上陆续颁布的法律法规对规范电子商务经营者、强化电子商务平台责任、为消费者权益提供保护等都有重大的意义，明确禁止刷单、大数据杀熟、删差评等不正当的市场行为，更有利于维护电子商务市场秩序，促使电子商务持续健康、规范化发展。

（二）对策建议

1. 鼓励自建电商运营平台，建立地区特色优势

区域性的产品特色在电子商务平台上并没有得到展示，因此鼓励地方自建电子商务运营平台，根据各地的区域和产品特色自行设计个性化的模块，充分展示各地的区域和资源特色，更有利于吸引顾客，形成区域地方优势，

开拓市场。以西部地区为例，整合地区条件，建立具备特色的电商平台，对地方推出产品详细说明，包括产品营养成分、制作流程以及储藏条件等，提高产品可信度、知名度，推向世界。现如今东西部地区电子商务发展不均衡，通过自建电商运营平台，建立地区特色优势，西部地区便可充分展示自身丰富的资源和特色，可促进中西部地区电子商务发展，缓解电子商务区域之间的不平衡。

2. 加强跨境物流体系化建设

跨境电子商务要想飞速发展，具有较高的周转效率，就离不开成体系的高效的跨境物流建设。加强跨境物流建设，使跨境电商具备更好的平台，明确“一带一路”建设的方向。在地理位置连续的国家进行贸易交易，可有效地建立跨境物流体系。其实施步骤有以下几步：首先，我国内地的物流企业要勇于拓展海外项目，对海外物流法律和政策有所了解，以更好地促进电子商务跨境发展；其次，进一步加强海外仓的建设，从而更有效地提高跨境电子商务交易效率，比如相关统计发现，在“一带一路”推行过程中，中国跨境电商出口在不丹和摩多瓦尔的渗透率较高，其中不丹人民喜欢网购中国的服装服饰，摩多瓦尔人民更倾向于网购中国的手机等电子类产品，那么就可以基于此在两地建立销量较高的服装服饰和手机等电子类产品的海外仓，结合各国销量较高产品，建立相应仓储，有效提高电子商务效率，建成跨境物流体系，促进跨境电子商务发展。

3. 促进发挥金融业对电子商务的引导作用

在电子商务的发展中，除了政策保障之外，也要重视金融服务行业的引导作用，只有在金融服务的充分支持下，跨境电子商务才可以建康地实现可持续发展。“一带一路”相关城市应该重视金融行业对跨境电子商务业务产生的影响，可通过完善金融互联网、利率引导等方法来引导跨境电子商务平台建设，使其及时收敛市场需求措施，以防止金融行业对电子商务形成垄断制约，因而也要相应推进金融机构之间的竞争，形成相互制约的模式，金融行业和电子商务相互影响的模式更能促进电子商务地区经济特色建设。

4. 数据驱动建立平台信用治理机制

电子商务的交易模式有匿名、非现场交易的特点，要想健康可持续地发展及更好地解决新型网销模式引起的信用治理难题，就要建立起技术和数据驱动的完整信用体系。应加快大数据、区块链等技术应用，运用大数据进行数据挖掘，发掘市场主体信用价值，区块链技术则更适用于建立陌生人之间的信用关系，运用数据驱动建立普惠的信任机制。同时伴随社会信用体系的建设，各地政府也应积极响应，推进电子商务信用信息的共建共享，利用新兴技术丰富电子商务相关信用信息的来源，摸索建立平台信用信息共享模式，依托“互联网+监管”加快电子商务相关信用信息体系建立。

B.6

2020年丝绸之路经济带开发性金融发展报告

杨 琳*

摘 要： 本报告详细梳理了2020年以来丝绸之路经济带开发性金融的主要项目进展。国家开发银行在助力丝绸之路经济带建设方面大放异彩，从项目规划设计、推动项目落地、多边金融合作等角度深度介入丝绸之路经济带的建设。亚洲基础设施投资银行作为一家多边开发银行，以改善亚洲的经济和社会成果为使命，通过投资亚洲及其他地区的基础设施等，服务数十亿人的生活并帮助他们建立更美好未来。丝路基金通过六年多的发展，聚焦“一带一路”沿线国家和地区，以市场化、国际化、专业化方式进行业务拓展，不断提升风险管控水平，进一步完善投融资管理体系。

关键词： 丝绸之路经济带 开发性金融 国家开发银行 亚洲基础设施投资银行 丝路基金

开发性金融作为政策性金融的发展，以合理配置金融资源为目标，依托国家信用，服务国家发展战略，坚持中长期融资、保本微利，在实现国家产业发展、保持金融市场平稳、提供公共产品等方面发挥独特作用。作为机遇

* 杨琳，博士，陕西省社会科学院金融研究所副研究员，研究方向为科技金融。

之路、繁荣之路的“一带一路”已经发展到“工笔画”的阶段，各方合作更加紧密深入，尤其是基础设施领域的项目也越来越多，发展前景越来越好。但是，2020 年突发的新冠肺炎疫情，给“一带一路”建设带来了很多困难，一方面要全力以赴地防控疫情，另一方面还要高质量地推进各项工作，积极发挥开发性金融作用，扎实推进高质量共建“一带一路”，努力实现全年发展目标。这就需要开发性金融机构在进一步做好项目支持的同时，为受疫情影响的“一带一路”沿线国家（地区）和企业提供更多有效的支持。国家开发银行、亚洲基础设施投资银行和丝路基金是服务共建“一带一路”倡议的主要开发性金融机构，以下重点分析其 2020 年的发展状况及未来趋势。

一　国家开发银行的建设进展与未来趋势

国家开发银行（以下简称国开行）作为全球最大的开发性金融机构，多年来不断深化与“一带一路”沿线国家（地区）、金融机构和相关企业的合作，有力地支持了“一带一路”建设高质量发展。2020 年 2 月 28 日，商务部、国开行联合印发《关于应对新冠肺炎疫情发挥开发性金融作用支持高质量共建“一带一路”的工作通知》，强调对于共建“一带一路”符合条件的项目和企业，国开行将通过低利率贷款、外汇专项流动资金贷款等方式降低企业成本，并灵活设置还款宽限期，开辟信贷“绿色通道”等多种融资方式给予支持。

（一）对外合作

2020 年 1 月 4 日，国开行在国际市场成功公开发行中资银行首笔英镑债，发行债券金额达 10 亿英镑。作为近年来英镑债市场最大规模的公开发行，成功吸引亚洲、欧洲和非洲等地区诸多高质量投资人踊跃参与，超额认购倍数达 2 倍以上。国开行资金局有关负责人表示，本次发行标志着国开行成功开辟了英镑债市场，彰显了国际社会对中国经济发展前景的高度信心，为后续中资机构发行英镑债树立了良好的定价基准。

自2015年重启境外外币债券发行以来，国开行已连续6年在境外市场发行债券，目前已累计发行180亿美元等值外币债，涵盖固息和浮息、公募和私募等多品种债券。国开行通过持续赴境外发债，进一步优化外汇资金来源结构，不断降低外汇筹资成本，完善境外债券收益率曲线，为境外投资人提供了丰富的高质量投资产品。①

为了进一步稳外贸、稳外资，国开行联合商务部、中信保共同设立了100亿美元稳外贸和共建“一带一路”外汇专项贷款。同时国开行还设立40亿美元国际物流供应链专项外汇贷款，为受疫情影响的外贸企业、物流企业、港口建设等提供资金支持。

（二）国内合作

1. 防疫救灾

2020年1月24日，国开行立即行动，积极支持武汉市打赢疫情防控攻坚战，向武汉市发放应急贷款20亿元，并在一天内完成授信审批、资金发放支付全流程工作，确保资金于当天全部到位。贷款将专项用于医疗救助、应急设备采购、工作经费等与疫情防控相关的各项用途。

2020年2月6日，国开行成功发行1年期“战疫专题债券”135亿元，发行利率1.65%。所募集的资金主要用于向疫情防控提供紧急融资，这是国开行全力配合做好疫情防控、助力打赢疫情防控阻击战的重要举措。本次债券通过多市场、多渠道发行，其中通过银行间债券市场以及“债券通”渠道发行规模80亿元，通过电子渠道向社会公众零售55亿元，有力地引导了社会资金参与疫情防控工作。

为积极应对我国南方多省份发生的严重洪涝灾害，更好地保护人民群众的生命和财产安全，国开行总分行迅速启动了应急响应机制，及时高效地对

① 《国家开发银行在国际市场成功发行首笔英镑债》，国家开发银行官方网站，2020年1月15日。

接受灾省份政府的资金需求。截至2020年7月13日，已为防汛应急部门完成授信28.9亿元，发放贷款21.8亿元，为各地防汛救灾及灾后重建提供了有力的支持。其中为江西省防汛应急提供授信15.7亿元，发放贷款11.6亿元，有力地支持了江西省抗汛物资采购、堤坝防险加固、汛后生产生活设施修复。为安徽宣城、安庆、铜陵、黄山和池州等受灾严重的地区总计发放应急贷款10.2亿元，以保证基础设施的应急维护、受灾群众安置转移和救灾物资购置资金的充足。

2. 支持产业发展和重大项目建设

2020年以来，国开行充分发挥逆周期调节作用，积极破解复工复产中的痛点、难点，持续为在建项目提供资金保障，为新项目开工建设提供资金。在湖北，向华星光电发放了复工复产专项贷款3.58亿元，为企业t4新产线的按计划建成投产提供了有力保障。在四川，牵头组建银团，为仁沐新高速及马边支线项目融资122亿元。在河北，为保障2022年冬奥会赛区交通技术设施建设，累计发放7.44亿元贷款。在广东，累计授信11亿元支持明阳新能源公司全力推进的风机装备整机制造和叶片制造两个项目。在辽宁，向恒力石化发放复工复产专项贷款和中国人民银行专项再贷款22亿元，支持恒力石化150万吨/年乙烯项目投产。在陕西，6.2亿元中长期贷款发放支持西安地铁8号线工程、2号线二期工程。在山东，发放1亿元复工复产专项贷款支持济南各个轨道交通在建项目全面加快工程进度。

2020年，国开行专门制定了《支持长三角区域一体化发展指导意见》，提出紧紧抓住长三角区域的战略定位，进一步加大对长三角“一极三区一高地”发展的支持力度。截至2020年7月底，已向长三角区域提供融资总量3300亿元，同比增长26%，为上海自贸区临港新片区等重点项目建设提供了有力的支持，为长三角产业发展、基础设施建设、生态环境保护等重点领域发展提供了有力的保障。

2020年3月，国开行出台《国家开发银行支持制造业高质量发展工作方案》，进一步加大对制造业支持力度，助力制造业高质量发展。设立专项贷款资金将重点投向智能化、绿色化、全球产业链中高端制造，推动先进制

造业的发展，助力传统制造业技术改造升级，推动先进制造业与现代服务业融合发展。截至2020年6月末，国开行2020年已发放制造业贷款总计2777亿元，同比增长45%，贷款余额8648亿元，有力支持了制造业转型升级。

为进一步支持京津冀地区的发展，2020年统筹安排贷款5200亿元，提供综合融资总量5500亿元用于雄安新区建设、北京城市副中心建设、北京冬奥会建设等重大项目建设，争取这些项目按计划、高水准地完成。

为进一步支持粤港澳大湾区基础设施互联互通、科技创新、现代化产业发展、生态环保等重点领域的发展，确保大湾区在保持经济平稳运行中发挥更大的作用。截至2020年6月底，国开行向粤港澳大湾区提供融资总量2002亿元。根据工作计划，国开行将在2020年内向粤港澳大湾区提供融资总量3600亿元，其中用于支持大湾区科技创新及战略性新兴产业发展的资金总量为1100亿元，争取将大湾区建设成为我国经济高质量发展和全面建成小康社会的重要动力源泉。

（三）未来发展

面对新冠肺炎疫情的冲击，国开行将进一步坚持开放包容的原则，以国际一流开发性金融机构为建设目标，为“一带一路”建设提供全方位、高效的金融支持。国开行未来将重点推进以下三项工作。第一，加强与各类国际金融机构的务实合作，坚持以多边合作为导向联合多方资源，加大与国际货币基金组织、世界银行等的沟通与合作，不断扩大国际合作。第二，进一步完善投融资机制，充分调动合作各方的优势资源，在风险分担、利益共享方面不断探索新的方式，助力“一带一路”倡议的实施。第三，务实开展金融合作，以基础设施互联互通和产能合作为重点，联合各方高效开展投融资的合作，共同推动共建“一带一路”的高质量发展。

二　亚洲基础设施投资银行的建设进展与未来趋势

亚洲基础设施投资银行（简称亚投行）于2016年1月正式成立运营，

目前在全球已经有103个成员国。作为一家多边开发性金融机构，其使命是投资亚洲及其他地区的基础设施及生产部门的基础建设，将市场、资源与服务有效连接起来，改善数十亿人的生活。经过五年多的发展，亚投行的业务发展迅速，在“一带一路”沿线国家（地区）深受好评，取得了举世瞩目的成绩。

（一）重要项目进展

1. 重大项目建设

2020年3月3日，亚投行批准向孟加拉国提供2亿美元的贷款，以增加首都达卡和该国西部地区的电力供应并提高其服务效率。孟加拉国政府虽然已经实施了各种方案来满足不断增长的电力需求，但仍有约22%的人口无法获得电力，电力供应不足导致孟加拉国的国内生产总值每年损失约2%～3%。到2025年，达卡和西部地区的输电电网扩展项目有望在完成后将每年的停电次数从60次减少到15次，将输电损耗从2.76%减少到2.50%，并增加7440兆伏安的电力传输能力。该项目将推动建设408公里的输电线路，也将对环境产生积极影响，使年平均二氧化碳排放量减少455785吨。

2020年3月26日，亚投行批准了6000万美元的项目贷款，以提高阿曼的可再生能源发电能力，以减少该国对天然气和其他化石燃料的依赖。该项目开发的位于Ibri的500兆瓦绿地太阳能光伏电站，是阿曼首个可再生能源项目，项目总成本约为4亿美元。

2020年4月4日，亚投行批准一笔4.04亿美元的贷款，以改善孟加拉国锡尔赫特与塔马比尔边境口岸之间的公路状况。该笔贷款将用于项目管理支出，以及道路的建设、运营和维护。

2020年6月24日，亚投行批准向乌兹别克斯坦提供1.655亿美元的贷款，以改善该国布哈拉地区公路网的建设。乌兹别克斯坦的公路网在中亚的货物和乘客运输中起着重要作用。但是，该国道路基础设施面临投资不足的问题，无法满足基础设施升级的需求，以维持不断增长的交通需求。该项目将改善这一条重要的国际货运走廊，提高运营效率，加强国际货运的流动并

促进贸易活动，从而为布哈拉地区的农业和工业部门带来更大的利益。

2020 年 9 月 2 日，亚投行与土耳其的伊兹密尔大都会市政府签署了 5000 万欧元（约合 6000 万美元）的贷款协议，以扩大地铁线路的容量，提高该市地铁的连通效率。就人口和地区生产总值而言，伊兹密尔是土耳其的第三大城市，人口和经济的增长都对综合性、高容量交通产生了更大的需求。伊兹密尔地铁站的扩建可满足大众运输需求，并为道路交通提供更清洁、更高效的替代方案。

2. 防疫抗疫

2020 年 5 月 22 日，亚投行与世界银行共同出资向佐治亚州提供 9134 万欧元（约合 1 亿美元）的贷款，以帮助州政府应对新冠肺炎疫情。该贷款将为改善佐治亚州的卫生基础设施和购买防疫物资提供资金。

2020 年 5 月 29 日，亚投行与亚洲开发银行共同出资向菲律宾提供 7.5 亿美元的贷款，以缓解新冠肺炎疫情对公共健康和经济造成的严重影响。该贷款将用于提高政府的检测能力、支持农业等脆弱的经济部门以及向贫困家庭提供有条件的现金转移和紧急援助，至少 100 万家中小微企业将从工资补贴中受益。

2020 年 6 月 17 日，亚投行与亚洲开发银行共同批准向印度提供 7.5 亿美元的贷款，以帮助其政府加强对新冠肺炎疫情的防控及改善数百万贫困和脆弱家庭的生活。该贷款将用于加强对企业尤其是小微企业的经济援助，并加强该国的医疗体系。

2020 年 6 月 19 日，亚投行与亚洲开发银行共同批准向蒙古国提供一笔 1 亿美元的贷款，以支持其对新冠肺炎疫情的防控。蒙古国政府估计，由于医疗体系紧张，约 20% 的人口，特别是贫困和其他弱势群体处于高风险之中。此外，受疫情影响，经济多样化发展也严重受阻。该笔贷款将为政府的逆周期支出提供预算支持，并改善公共防疫能力，增强对弱势群体的保护和对中小企业的资金支持。

2020 年 6 月 23 日，亚投行批准为印度尼西亚提供两笔总计 10 亿美元的贷款。首笔贷款 7.5 亿美元，由亚投行与亚洲开发银行共同提供，将用于加

强对包括中小企业在内的企业的经济援助，增加对贫困和弱势家庭的支持，以及加强该国的医疗体系。另一笔2.5亿美元贷款，由亚投行与世界银行共同提供，以进一步加强政府对疫情的防控，其中包括购买测试仪器、预防物资和治疗药物以及新医院的建设。

2020年7月1日，亚投行与世界银行共同批准向马尔代夫提供730万美元的贷款，以加强该国对新冠肺炎疫情的防控能力。该项目将帮助政府提供个人防疫物资，尤其是向医疗人员提供专业防护物资，并增强整个医疗系统的检测和治疗能力。同时，考虑到该国对国际旅游市场的依赖，大多数税收和非税收收入直接或间接来自旅游业，这笔贷款有助于帮助其政府维持经济。

2020年7月6日，亚投行与亚洲开发银行共同批准向哈萨克斯坦提供6.618亿欧元（约合7.5亿美元）的贷款。新冠肺炎疫情对哈萨克斯坦的经济造成严重破坏。酒店、教育和零售业的就业受到的冲击最大，而在这些行业中女性劳动力占65%以上。因此，新冠肺炎疫情对于妇女的影响巨大，受影响的还有穷人和其他弱势群体。而且石油价格下降的冲击引起该国出口收入的下降。如果不采取相应的财政措施，2020年经济将实际收缩5.5%。贫困率可能会从目前的6.6%水平升至11%～13%。该项目将支持哈萨克斯坦的新冠肺炎疫情防控及政府的经济刺激措施，将针对缓解粮食价格上涨、增加社会支付、减轻税收及现金补贴给失业者等措施提供资金。

2020年7月17日，亚投行与国际金融公司共同批准向越南繁荣股份商业银行提供1亿美元的贷款。该项目将支持越南繁荣股份商业银行在疫情期间向客户提供流动性支持和提升营运资金的能力，帮助其向包括中小企业在内的私营部门扩大贷款，以维持因新冠肺炎疫情而中断的商业活动，从而为越南的经济复苏提供支持。

2020年7月21日，亚投行与世界银行批准向格鲁吉亚提供4500万欧元（约合5000万美元）的贷款，以减轻新冠肺炎疫情对经济社会的负面影响，并支持经济发展。该项目将填补新冠肺炎疫情造成的资金缺口，以确保政府正在进行的改革管理和竞争力计划如期进行，来维持经济快速增长并创造就业机会。

2020 年 7 月 22 日，亚投行与世界银行共同提供了 2.5 亿美元的贷款，以帮助巴基斯坦缓解新冠肺炎疫情对经济社会造成的影响，因为新冠肺炎疫情会对巴基斯坦恢复宏观经济的发展产生严重的不利影响。就业率的下降，使穷人、妇女和其他弱势群体受到的影响尤其严重，有可能使巴基斯坦过去二十年来在扶贫方面来之不易的成果毁于一旦。该项目将帮助其政府减轻新冠肺炎疫情相关的冲击，从而使该国继续走可持续发展之路。

2020 年 8 月 14 日，为帮助斐济共和国应对新冠肺炎疫情，亚投行联合亚洲开发银行批准提供 5000 万美元的贷款，以支持政府为中小企业等提供资金援助。新冠肺炎疫情除了危害斐济公共健康外，还严重影响依赖旅游业的国内经济。该项目不仅有助于增强斐济对于新冠肺炎的检测和治疗能力，同时帮助政府采取财政刺激政策，以帮助受疫情影响的各个行业。

2020 年 8 月 17 日，亚投行与世界银行共同批准向吉尔吉斯斯坦共和国提供 5000 万美元的贷款，以帮助应对新冠肺炎疫情导致的中小微企业流动性不足的压力。该项目通过财务援助来满足中小微企业的流动性需求，并向金融机构提供投资组合风险分担工具，以降低对中小微企业的贷款风险，并确保在恢复期间提供信贷。据估计，将有超过 45000 家中小型企业将从财政援助中受益，以满足短期运营需求，并保留超过 65000 个工作岗位。此外，有 5000 家中小型企业将从组合风险分担机制支持的贷款中受益。

2020 年 8 月 18 日，亚投行与亚洲开发银行共同批准向乌兹别克斯坦提供 1 亿美元的贷款，以加强乌兹别克斯坦的公共卫生应急响应和准备工作，以应对新冠肺炎疫情的大流行，并增强其对未来公共卫生灾难的抵御能力。该项目将提高乌兹别克斯坦对新冠肺炎疫情及其他疾病的监控、诊断测试和治疗的能力。该项目包括三个组成部分：加强国家实验室系统，增强 38 个医疗机构的测试能力；建立一个国家监控系统，引入一个数字平台来识别潜在的新冠肺炎病例；通过升级 16 个新冠肺炎治疗中心，以增强对患者的临床护理能力。

2020 年 8 月 28 日，为帮助孟加拉国应对新冠肺炎疫情的挑战，亚投行批准 1 亿美元贷款，这将使孟加拉国政府提高其检测、追踪和治疗能力，防止疫情在该国长期的流行。孟加拉国作为世界上人口最稠密的国家之一，特别容易受到新冠肺炎疫情的影响。政府在预防、发现和快速应对公共卫生紧急情况方面的能力有限，并且该国新冠肺炎的发病率不断上升，给其公共卫生系统带来了更大的压力。该项目将会改善该国医疗基础设施、公共卫生系统，并减轻疫情对生命的威胁。

2020 年 8 月 31 日，亚投行与欧洲复兴开发银行共同批准了 7000 万欧元（约合 8260 万美元）的贷款，以支持土耳其政府加强针对新冠肺炎疫情的医疗应急响应。该项目将提升公立医院关键医院设备的建设能力，并减小土耳其政府紧急医疗计划中的资金缺口。

（二）未来发展

亚投行是一家 21 世纪高标准运营的多边金融机构。在过去的四年里，亚投行坚持开放共赢，走国际化道路；坚持高标准，走创新道路，也因此发展迅速，取得了多项成就。未来，亚投行要取得长足发展，需更加注重创新和风险防控。随着国际形势的变化、经贸格局的调整，亚太地区经济发展环境也会发生变化。因此，亚投行需要预判局势，不断创新，更好适应区域新的经济发展需求。此外，运营管理和风险防控也是多边机构发展的关键问题，亚投行应继续坚持科学有效的公司治理，并根据形势发展及时调整，同时随着业务规模的扩大，加大风险防控的力度。

三　丝路基金的建设进展与未来趋势

丝路基金成立于 2014 年，是响应“一带一路”倡议而专门设立的中长期开发投资机构。自成立以来，丝路基金主要从事中长期股权投资，拥有较为稳定的双币种资金来源，遵循市场化运作原则，通过灵活高效的运作模式，为项目投融资提供了丰富多元的解决方案，有力促进“一带一路”沿线国家（地区）的资金融通和可持续发展。

（一）重要项目进展

2020 年 3 月，丝路基金持股的俄罗斯最大的石化公司西布尔与中石化的石化合作进入新阶段。中石化和西布尔达成丁腈橡胶项目合作，双方将在中国合资新建一个年产能 5 万吨的丁腈橡胶工厂，在俄罗斯合资新建一个年产能不小于 2 万吨的氢化苯乙烯—丁二烯嵌段共聚物工厂。

2020 年 4 月，丝路基金与乌兹别克斯坦国家对外银行（简称乌外经银行）签署贷款协议，丝路基金将向乌外经银行提供人民币贷款，由其以转贷款的形式专项支持撒马尔罕旅游中心项目建设及开发。

2020 年 9 月 30 日，国家管网集团与丝路基金等多家公司共同签署资产交易协议和增资扩股协议。2020 年 10 月 1 日协议正式生效后，国家管网集团将原属于三家不同石油公司的相关油气管道等基础设施并网运营，同时全面接管三家公司的工作人员，这标志着我国油气管网运营市场化改革取得重大成果。

（二）未来发展

随着丝路基金在基础设施建设、产能建设以及金融领域与各方合作的不断深入，“一带一路”建设的不断推进，丝路基金在多领域的合作机遇也会不断增多。但是，由于国际形势多变，“一带一路”沿线国家（地区）的法律、市场环境、文化各不相同，投资项目中的各种风险也不可避免。因此，丝路基金要不断提升风险管控水平，进一步完善投融资管理体系。

B.7
2020年丝绸之路经济带农业合作发展报告

智　敏*

摘　要：　农业合作是我国与丝绸之路经济带沿线国家和地区开展经贸合作的重要内容。自“一带一路”倡议实施以来，我国与沿线国家和地区在双边和多边合作机制框架下，积极开展农业合作与对接，农产品贸易稳定增长，科技交流与共享不断深入，合作领域和方式不断拓展，合作机制更加成熟。但仍然存在着贸易结构单一、附加值较低、风险防范机制有待完善的问题，面对新冠肺炎疫情的不利影响和世界经济下行带来的不确定性，促进贸易结构优化升级，大力推动跨境电商发展，加强与国际组织合作共建和多边推进，成为积极应对不利影响、持续推动我国农业国际竞争力提升、深化与沿线国家和地区农业经贸往来的有效途径。

关键词：　丝绸之路经济带　跨境电商　农业合作

一　2019~2020年丝绸之路经济带农业合作总体进展与成效

（一）总体思路

我国“一带一路”沿线国家和地区开展农业合作战略定位进一步明确、

* 智敏，陕西省社会科学院农村发展研究所助理研究员，研究方向为农业经济管理。

丰富和完善。2019 年 4 月，习近平主席在第二届“一带一路”国际合作高峰论坛上，倡议推进多边合作，同联合国、欧盟、东盟、欧亚经济联盟和非盟等国际和地区组织进行发展战略、发展规划对接。2019 年发布的《中共中央　国务院关于推进贸易高质量发展的指导意见》中明确提出，要坚持共商共建共享，深化贸易合作，创新投资合作，促进贸易投资自由化和便利化，深化“一带一路”经贸合作。[①] 2020 年中央一号文件明确指出，要拓展多元化进口渠道，增加适应国内需求的农产品进口，扩大优势农产品出口。[②]

（二）现状与成效

1. 农产品贸易稳定增长

我国与沿线国家和地区的农产品贸易规模不断扩大，实现稳定增长。近年来，随着中美农产品贸易关税的提高，南美国家玉米和大豆等农产品价格的提升，我国对“一带一路”沿线国家（地区）的农产品贸易依存度不断提高，贸易规模和品种不断扩大，“一带一路”沿线国家（地区）是我国大豆、小麦、大米和猪肉等农产品的重要进口来源地。2019 年我国与“一带一路”沿线国家（地区）农产品贸易总额实现 646746. 7 万美元，其中出口 303465. 4 万美元，进口 343281. 3 万美元，贸易逆差持续扩大。新冠肺炎疫情暴发以后，截至 2020 年 4 月中旬，116 个国家或地区采取了封锁边境、暂停交通、限制出行等非常措施，进入紧急状态，20 余个国家先后出台了限制粮食出口管理措施。我国与沿线国家（地区）的农产品进出口均呈现下降态势，在 2020 年 2 月达到谷底后，2020 年 3 月开始回升。

农产品贸易合作国家趋于集中。东盟是“一带一路”农产品贸易的主要区域。根据国家海关总署和农业农村部的统计数据，我国与东盟国家的农

---

① 《中共中央　国务院关于推进贸易高质量发展的指导意见》，http：//wms. mofcom. gov. cn/article/zcfb/ax/201911/20191102918114. shtml，最后访问日期：2020 年 9 月 27 日。

② 《中共中央　国务院关于抓好“三农”领域重点工作确保如期实现全面小康的意见》，http：//nyzj123. com/home/page/index/id/4422. html，最后访问日期：2020 年 9 月 28 日。

产品贸易总额在与沿线国家（地区）农产品贸易总额中所占比重最高。2019年，我国与除文莱之外的东盟9国的农产品贸易额实现2815.2亿元，占我国与沿线国家（地区）农产品贸易总额的67%。泰国、越南、印度尼西亚、马来西亚、俄罗斯联邦、印度、菲律宾、乌克兰、新加坡、缅甸是2019年我国与“一带一路”沿线农产品贸易合作的前10位（见表1）。水果、蔬菜、畜产品和水产品为主要的贸易农产品。在排名前十的国家中，2019年我国与印度的农产品贸易额增长65.3%，增幅最大，其后是缅甸，贸易额较2018年增长50%。①

我国与中东欧国家的农产品贸易总量不大，但增速最快。2019年，我国与中东欧17国农产品贸易总额实现14.58亿美元，果蔬、水产品和畜产品是主要的贸易品种。波兰、捷克、罗马尼亚、希腊等，是我国在中东欧地区的主要农业合作国，也是中东欧疫情比较严重的国家，新冠肺炎疫情对农业合作产生了直接的不利影响。

表1　2019年我国与“一带一路”沿线十大农产品贸易国贸易额

单位：亿美元

国别	进口	出口	进出口
泰国	493.3	261.24	754.54
越南	233.67	383.02	616.69
印度尼西亚	430.44	184.25	614.69
马来西亚	190.22	212.39	402.61
俄罗斯联邦	252.54	134.86	387.4
印度	200.23	34.93	235.16
菲律宾	72.04	146.59	218.63
乌克兰	171.55	14.57	186.12
新加坡	23	61.4	84.4
缅甸	34.08	47.18	81.26

资料来源：海关总署网站。

① 《中国与“一带一路”沿线国家农产品贸易》，http://finance.sina.com.cn/review/jcgc/2020-04-25/doc-iirczymi8225586.shtml，最后访问时间：2020年10月8日。

2. 农业科技交流更加深入

加强农业科技交流和共享，是丝绸之路经济带农业合作的重要内容，也是应有之义。近年来，我国通过建设联合实验室，开展先进技术实验示范推广、人才培养和派遣技术专家等方式，与沿线国家和地区积极开展科技交流与合作。

2020 年 9 月，在中国北斗应用大会暨中国卫星导航与位置服务第九届年会上，中国卫星导航定位协会向“一带一路”沿线国家（地区）发出倡议：联合“一带一路”沿线重点国家（地区）农业政府部门、科研团队、科技企业和涉农企业，建立“一带一路”精准农业国际合作联盟，在现代农业产业、精准农业应用、先进农业技术、农业政策研究、农业种植和培养国际化农业人才等方面开展合作，建立国际合作机制与框架，推动沿线国家（地区）精准农业领域的科技交流与合作，实现农业技术的互联互通。①

陕西杨凌作为我国唯一以推动现代农业国际合作交流为主要特色的自贸片区，先后与 50 余个“一带一路”沿线国家（地区）开展农业合作，与 20 余个丝路沿线国家（地区）签订农业合作协议，探索建立海外新型农业合作社，推行“两国三园”运作模式，规划建设了中哈、中俄、中德、中澳等国际农业科技合作园区。西北农林科技大学牵头，组建丝绸之路农业教育科技创新联盟和现代农业企业创新联盟，为沿线重点国家（地区）开展农业技术交流与共享、人才培养和产业合作创造了良好条件。累计开展国际交流合作活动 300 余项，为 100 余个国家培训了政府官员和技术人员 3040 人，其中“一带一路”沿线国家（地区）1200 余人。在疫情防控常态化背景下，为了不影响与沿线国家的农业技术交流，杨凌积极探索远程援外培训，分别于 2020 年 5 月 27 日和 6 月 14 日组织两期“2020 年中国农业远程培训课”，来自乌兹别克斯坦、尼泊尔、柬埔寨、巴基斯

① 《“一带一路”精准农业国际合作倡议发布》，https://new.qq.com/omn/20200925/20200925A04L1500.html，最后访问时间：2020 年 9 月 28 日。

坦等19个国家的100余名学员参加。①

2019年9月在第二届“一带一路”热带农业科技合作论坛上，来自中国、津巴布韦、巴基斯坦和泰国等31个国家和地区的300余名学者、官员，围绕“一带一路”热带农业资源保护与创新利用、科技协同与技术转移展开研讨，今后将以联合实验室和科技示范园为依托，“共建共享”科研设施，“互学互鉴”经验成果，共同提高热带农业科技水平和创新能力。②

表2 “一带一路”农业科技交流活动

时间	地点	农业科技交流活动
2019年9月	海南	第二届“一带一路”热带农业科技合作论坛
2019年10月	四川	2019年“一带一路”四川国际友城合作与发展论坛之“三农”论坛
2019年10月	福建	2019年“一带一路”农林技术推广与合作论坛
2019年10月	北京	第三届农业走出去“10+10”银企精准对接
2019年11月	上海	第二届中国国际进口博览会“一带一路”生态农业与食品安全论坛
2019年11月	辽宁	第六届辽宁出口食品农产品展洽会
2019年12月	江苏	“一带一路”农业现代化国际合作发展论坛
2019年12月	海南	2019年中国(海南)国际热带农产品冬季交易会
2020年9月	江苏	农业对外交流合作暨“一带一路”国家双向投资促进会

3. 多双边合作机制更加成熟

开展农业合作不能只停留在倡议、共识或项目上，构建科学合理的国际合作机制是推动合作深入开展的重要保障。经过7年的实践与探索，我国与沿线国家的合作机制更加成熟。2020年4月，我国中小企业协会“一带一路”工作委员会与白俄罗斯农业和粮食部，通过视频联线的方式签署了五年战略合作意向书，签署白俄罗斯向我国出口特色农产品、食品、优质中药材以及农业合作项目的备忘录，将建立两国产品交易和项目

① 《向“一带一路”播撒“金种子”——杨凌建设上合组织农业技术交流培训示范基地一年记》，《陕西日报》2020年6月15日。

② 《中国积极推动共建“一带一路”热带国际农业科学共同体》，https://baijiahao.baidu.com/s?id=1644624433754865449&wfr=spider&for=pc，最后访问时间：2020年9月29日。

合作贸易平台，促进两国在农产品贸易、农业机械和服务方面的深度项目合作和贸易联系。[①] 2019 年 9 月，与哈萨克斯坦签署《关于落实“丝绸之路经济带”建设与“光明之路”新经济政策对接合作规划的谅解备忘录》，共同促进双边贸易、农业和跨境电商的合作。2020 年 9 月，双方就骆驼奶粉、羊毛、亚麻签署相关议定书，累计对哈萨克斯坦 17 种输出农产品检验检疫标准和要求签署文件。[②] 2019 年 12 月，在巴基斯坦举办的中巴农业合作论坛上，双方就高附加值农产品贸易、农业企业对接交流、农业技术转移等领域合作进行深入交流，巴方承诺为到巴开展合作的中资机构提供便利和保障。2019 年 12 月，海南冬交会期间，海南省政府与亚美尼亚希拉克州就经济贸易、农业与食品工业等方面的贸易往来与合作签署合作谅解备忘录，与蒙古国食品农业和轻工业部签署食品、农业和中小企业合作交流谅解备忘录，积极推动海南与两地的投资和贸易自由化、便利化。[③]

多边推进是农业合作的有效路径。截至 2020 年 1 月，我国已经和 30 余个国际组织签署共建“一带一路”合作文件。其中，财政部联合多边开发银行设立多边开发融资合作中心，中国人民银行与国际货币基金组织合作建立中国能力建设中心，环保部与联合国环境署共同倡议建立“一带一路”绿色发展国际联盟，我国民间组织国际交流促进会与 150 余家中外民间组织发起成立“丝路沿线民间组织合作网络”等，多边机构在丝绸之路经济带农业合作方面发挥着越来越重要的作用。[④]

---

① 《中国中小企业协会“一带一路”工作委员会与白俄罗斯农业和粮食部签署农业战略合作备忘录》，https：//finance. qq. com/a/20200408/012471. htm，最后访问时间：2020 年 9 月 21 日。

② 《哈萨克斯坦：共建“丝绸之路经济带”倡议诞生地》，https：//baijiahao. baidu. com/s?id = 1649072989182468550&wfr = spider&for = pc，最后访问时间：2020 年 9 月 29 日。

③ 《省政府分别与亚美尼亚希拉克州、蒙古国食品农业和轻工业部签署合作备忘录》，《海南日报》2019 年 12 月 14 日。

④ 张贵洪：《中国、联合国合作与“一带一路”的多边推进》，《复旦学报》（社会科学版）2020 年第 5 期。

二　2019~2020年丝绸之路经济带农业合作的困难与问题

（一）贸易结构单一，附加值低

我国对沿线国家和地区出口农产品主要以一般贸易方式，结构也比较单一，种类趋于集中化，主要集中在具有比较优势的初级农产品上，比如水果、蔬菜和茶叶等，多属于直接销售，二次加工及更深层次加工的产品较少，产品的附加值比较低。而“一带一路”沿线国家和地区大多属于发展中经济体，深加工、精加工水平较低，出口也以初级农产品为主，贸易结构也较为单一。单一的贸易模式和贸易结构，不利于贸易的可持续性和稳定性，而且极易遭受技术性贸易壁垒。

（二）疫情对农业合作带来不利影响

新冠肺炎疫情的蔓延为“一带一路”国家和地区农业生产及多双边农业合作带来了较为直接的不利影响。截至 2020 年 4 月中旬，116 个国家或地区采取了封锁边境、暂停交通、限制出行等非常措施，进入紧急状态，20 余个国家先后出台了限制粮食出口管理措施。受国家防疫措施的影响，我国与 138 个国家和 30 个国际组织签署的合作文件执行困难，相关国家的农业生产和农产品贸易受到冲击。在疫情暴发初期，针对我国的农产品贸易的政策较多，如俄罗斯最大的超市 Magnit 暂停从我国进口水果和蔬菜，吉尔吉斯斯坦禁止进口我国农产品，印度尼西亚禁止进口活体动物，2020 年 2 月我国的农产品出口显著下降。[①] 海外投资项目和农业科技交流进展缓慢，项目设备和原材料延迟入关，管理人员和劳务人员

① 李先德、孙致陆、贾伟：《新冠肺炎疫情对全球农产品市场与贸易的影响及对策建议》，《农业经济问题》2020 年第 8 期。

无法到达，有的基建项目甚至处于停摆状态，给项目执行和生产经营带来不确定性。

（三）农业国际合作的不确定性较高

世界经济下行压力较大。2020 年 4 月，国际货币基金组织（IMF）发布《世界经济展望》（*World Economic Outlook*），预测世界经济将会遭遇自 20 世纪 30 年代大萧条以来最严重的冲击，预计 2020 年全球经济增速为 -3.0%，发达经济体经济增速预计为 -6.1%。①经济衰退会对生产、消费和投资产生重大影响，并将通过市场需求和投资等渠道，给全球农业发展带来重大挑战。同时，受政局变化、地区冲突和社会动荡的影响，我国与沿线国家和地区开展农产品贸易、项目投资和科技交流面临经济、社会和政治等多种风险。“一带一路”沿线国家和地区的基础设施发展水平不同，大部分发展中国家的交通、物流等基础设施还比较落后，贸易便利化程度不高，物流成本和关税成本偏高，也为开展农业国际合作产生一定的负面影响。

（四）农业国际合作风险防范机制有待完善

为了保护本国农业的发展，各国都会采取各种保护主义来削减其他国家农产品的冲击。随着国际农产品市场竞争日趋激烈，贸易环境越来越复杂，贸易摩擦频繁发生，技术性贸易壁垒已经成为制约我国农产品出口的最大障碍。尽管近年来我国一直都很重视标准化生产，但和国际标准的要求还是有一定差距的。技术标准和国际水平没有精准衔接，未能建立有效的信息预警机制，就不能及时掌握国际技术标准的更新与变化，也无法有效应对技术性贸易壁垒。

① IMF，*World Economic Outlook*，2020，https：//www. imf. org//media/Files/Publications/WEO/2020/April/English/text. ashx？ la = en，最后访问时间：2020 年 9 月 23 日。

三　丝绸之路经济带农业合作的趋势分析与对策建议

（一）积极应对疫情带来的不利影响

如果新冠肺炎疫情持续在全球扩散，更多的合作国家和地区进入紧急状态，对农产品贸易采取限制措施，将会对全球农产品贸易和供应链带来更大的冲击。积极应对疫情带来的不利影响，一是要科学分析疫情带来的短期和长期影响，包括有可能增加的技术性贸易壁垒、有可能出现的市场上行或波动风险等问题，结合线上和线下方式，对境内外相关企业开展信息咨询和培训活动，帮助企业提升风险防范能力。二是制定出台和落实相应的支持政策，尤其是要对已经“走出去”的中小规模农业企业及其境内母公司进行金融和税收支持，并逐步扩大已有政策的覆盖面。三是积极组织农产品贸易和投资线上对接洽谈活动，与合作国寻求在疫情防控常态化下贸易市场的稳定，放宽对进出境物资的限制，帮助企业复工和复产。

（二）加强与国际组织合作共建和多边推进

与“一带一路”沿线国家和地区开展农业合作会遇到全球层面和国家层面的各种风险挑战，包括经济、社会、政治、安全和战略等方面。通过与国际组织合作，多边推进、对接和共建，以更中立的方式开展工作，可以有效避免政治制度、意识形态和国家利益等双边关系的不确定性因素，抵御部分风险和挑战，为沿线国家和地区的发展和安全提供更多的机会。依托 APEC、G20、东盟、上合组织、亚太经济合作、澜沧江湄公河合作等现有涉农多边机制，深化与联合国粮农组织、联合国粮食计划署和国际农业发展基金等国际组织的合作，为已有的合作增加国际机构背书保障。与合作国在资源密集型、劳动密集型、精细农业和农业金融等方面开展多边合作。

（三）大力推动跨境电商发展

随着疫情的发展，很多国家和地区实施了严格的防控措施，居家消费成为主要的消费方式，跨境电商发展前景广阔。目前，我国的跨境电商主要采取 B2B 和 B2C 两种贸易方式，与传统的贸易方式相比，可以有效规避中间商约束，降低出口贸易成本。同时可以实现出口贸易通道绿色化，规避部分非关税性贸易壁垒，从而提高我国农产品出口的价格竞争力。加强跨境农产品贸易自由化和农业投资便利化，利用国内外新基建机遇，积极开展促贸援助，发展“丝路电商”。与海关和税务等相关部门建立沟通机制，为跨境电商农业企业全面拓展业务提供支持和保障，简化入关申报、查验、放行手续，提高通关速度和效率。鼓励和支持境内有实力的农产品出口企业利用新基建和优化农产品产业链等支持政策，与跨境电商深化合作，提高农产品出口企业的跨境电商渗透率，促进跨境电商健康发展。

（四）促进贸易结构优化升级

受新冠肺炎疫情和世界经济下行的影响，农产品国际市场竞争日益激烈，贸易壁垒和摩擦频发。要不断提高我国农产品的国际竞争力，就要主动适应国际市场竞争和国内需求变化，不断完善农业产业结构，延长产业链，加强与国际标准的对接和推行，全面提升农产品品质，促进农产品国际竞争力的提高。首先，优化农产品出口品种结构。随着经济发展水平和消费水平的提高，农产品需求结构逐渐向多样化方向发展。与沿线国家和地区开展农产品贸易，要根据目标市场需求的变化调整出口品种结构，满足市场中各类消费群体的差异化需求，不断丰富我国出口农产品品种。其次，大力发展农产品加工业，延长产业链，对初级农产品进行深加工，加强三次产业融合，提高特色农产品的附加值。最后，加强农产品生产与国际标准的对接，参照国际标准，结合国内实际，不断完善农产品卫生安全标准，全面推行标准化和规范化生产，提升农产品质量安全水平，不断提高农产品国际竞争力。

B.8
2020年丝绸之路经济带科技合作发展报告

段利民　邢晓康*

摘　要：　自2013年“一带一路”倡议提出以来，中国不断增加与丝绸之路沿线国家的合作与交流，越来越多地体现了大国担当与责任，并为世界各国所感知。如今，伴随加入这项倡议的国家越来越多，“一带一路”建设的成果也越来越丰富。本文重点分析了2019年至2020年丝绸之路经济带科技合作总体的现状与成效，讨论了丝绸之路经济带科技合作与交流中存在的困难与问题，在最后探索了科技合作的未来趋势并提出了对策建议。

关键词：　丝绸之路　“一带一路”　科技合作

2017 年在中国首都北京举办了第一届“一带一路”国际合作高峰论坛，会上主要对“一带一路”建设以来的成果进行总结，并商讨下一阶段的合作举措。截至 2017 年论坛开幕之前，已经有 100 余个沿线国家参与到了丝绸之路的建设当中，40 余个国家与中国签署了合作协议。2019 年的第二届“一带一路”国际高峰论坛在北京举办，此次会议的参与人数与国家有了进

* 段利民，经济学博士，西安电子科技大学经济与管理学院副教授、硕士研究生导师，研究方向为技术经济与技术创新管理；邢晓康，西安电子科技大学经济与管理学院，研究方向为技术经济与管理。

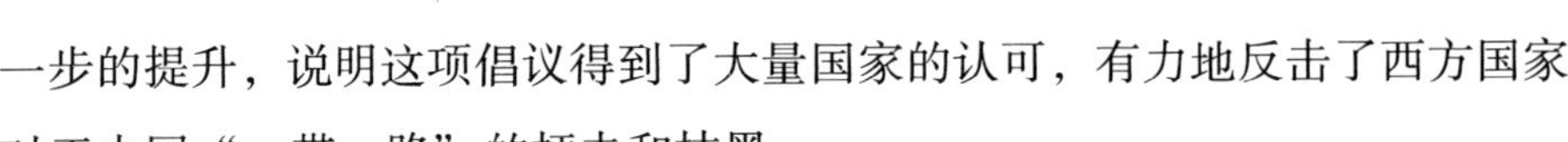

一步的提升，说明这项倡议得到了大量国家的认可，有力地反击了西方国家对于中国“一带一路”的抨击和抹黑。

一 2019~2020年丝绸之路经济带科技合作总体进展与成效

（一）丝绸之路科技合作总体思路

2019 年举办的第二届“一带一路”国际高峰论坛为近期丝绸之路科技合作交流提供了框架性思路。第一届国际高峰论坛是创新之举，第二届国际高峰论坛则是第一届的精彩延续。第二届国际高峰论坛的举办就是希望同各个国家一起让“一带一路”走实走深，更好地造福沿线人民。科技不仅是企业繁荣的源泉，而且是国家强盛的源泉。习近平主席提出各国应该顺应第四次工业革命发展趋势，推动数字化、网络化、智能化深入发展，中方也将继续第一届国际高峰论坛所提出的推进科技人文交流、联合实验室建立、科技园区建立、技术转移等四大措施。中国国家主席习近平在 2019 年的第二届国际高峰论坛上还谈道，未来国家的发展离不开创新，接下来与周边国家的合作将会把重点放在人工智能、数字科技、纳米技术等新型科技领域。在此，数字丝绸之路的倡议提上了日程。预计，未来 5 年中国会再次支持 5000 人次中外高科技人才进行技术交流、培训与合作研究。数字丝绸之路的建设、深化智能制造、构建万物互联的世界、医疗科技体系的完善、数字科技下基础设施的建设构成了 2019 年以后丝绸之路科技合作的总体思路。

（二）丝绸之路科技合作的现状与成效

1. 科技合作与普惠，构建数字丝绸之路

互联网合作让周边国家都受惠其中。自 2013 年中国国家主席习近平提出“一带一路”倡议以来，越来越多的国家感受到数字基础建设在未来万物互联的社会中的重要性。从曾经古代丝绸之路用骆驼载着货物进行交换，到现在一根网线就可以完成商品从一个国家到另一个国家的流动。伴随数字丝绸之路的实施，跨境电商将逐渐成为主流，沿线国家的货物不再是仅仅在自己国家出售，而是在相互联通的网上进行数字信息的交流。这不仅为周边国家的贸易带来了增长，同时加强了周边国家人民的相互交流。跨境电商将优秀的其他国家的产品带入中国，如锡兰红茶（斯里兰卡）、菩提手串（尼泊尔）、棉织品（埃及）等，同时也将中国优秀的商品销往世界各地。

数字信息基础设施也在稳步推进。中国电信运营商与俄罗斯通信运营商在 2007 年开通了首个基于超长距离密集波分复用技术。在 2018 年中巴经济走廊的中巴跨境光缆建设成功之后，巴基斯坦体验到了数字经济所带来的影响。古巴也加入这项合作中，引进了中国在 DTMB 和 AVS 两个领域的技术标准，如今数字电视在古巴的覆盖率为 80%，丰富了当地人民的精神生活。

中国互联网公司阿里巴巴已经较早地对云计算进行了成功的商业开发。在数字丝绸之路时代，阿里巴巴承担了大企业的社会责任，在东南亚、欧洲、中东等地设置数据中心，在全球设立 14 个地域节点，用中国自主研发的飞天技术为沿线国家（地区）提供云计算、大数据服务。

随着 5G 技术的不断发展，中国的 5G 普及率已经达到 20% 左右，土耳其相关国家负责人表示 5G 技术将会推动社会进步，能够推动技术创新，带来生产力的提升，也将会增强人们的生活幸福感。目前，土耳其正在与中国华为、中兴等公司合作，在全国部署 5G 以及其他新兴技术。

“数字丝绸之路”必将成为“一带一路”的重要发展路径，数字化带来的便捷、与世界的互联互通，不仅会提供更多的工作岗位，而且为年轻人带来了许多机遇。

2. 科技人才交流频繁，集众多人才突破技术瓶颈

习近平主席在第二届国际高峰论坛上提出，联合实验室的建立将会突破技术瓶颈，目前已经有 14 个国家成立首批“一带一路”联合实验室。其中，中国・以色列人群医学“一带一路”联合实验室成为我国与“一带一路”沿线国家/周边国家创新开放合作的代表作，将全球创新人才资

源有效聚集、临床与科研紧密结合，也使各国领导人意识到医疗是国家走向富裕的关键因素，以国家的健康战略需求为目标导向，能够促进创新型人才的培养。

中国与俄罗斯也在国际联合实验室方面展开合作，成立了中俄极地国际联合实验室。中俄极地国际联合实验室是由俄罗斯圣彼得堡国立海洋技术大学作为主要的牵头方，在极地的科研实力与师资水平方面具有较高的国际水准。该实验室的主要合作领域为北极航运、能源合作、极地科考。中俄之间的极地科研活动，将会带动冰上丝绸之路沿线国家进行多方合作，为在北极的船只航行提供技术保障，提升了双方国家在极地领域的发展与创新能力。

中国与肯尼亚在作物分子生物学上开展了“一带一路”联合实验室建设。非洲国家面临的主要是饥饿的相关问题，而中国的杂交水稻产量又取得了进一步的突破，所以通过联合实验室的建设，可以为肯尼亚带去我国优良的作物品种和先进的农业技术，帮助周边国家更多的人民摆脱饥饿。

科学技术的突破靠的是高层次人才，为了提升“一带一路”周边国家的民生幸福感与技术水平，中国科学技术研究院为“一带一路”沿线国家总计培养了5000余名高层次技术研究人员，这些技术人员已经将中国的先进技术带到自己的祖国，成为建设“一带一路”的带领人。

中国不仅让外国人来中国学习技术，而且将先进的科学技术毫无保留地分享给沿线周边国家。为进一步帮助提升他国的技术水平，中国科学技术研究院率先在中南亚、南亚、中亚、非洲等地区创建海外研发中心。

上述成果充分体现了习近平主席在第二届国际高峰论坛上所提出的加强科技人才交流举措。通过人才交流，不仅提升周边国家的GDP和技术水平、改善周边国家民生福祉，还可以解决中国目前产能过剩所带来的问题。

3. 丝绸之路科技产业园区建立，促进国际性创新

中俄在科技产业园上的合作所带来的力量是无穷的，也为周边国家

与中国的合作起到了一个引领作用，更加展示了中国在国际社会上的大国担当。中俄科技产业园由中外两部分组成，中方的园区位于陕西省西安市的沣东新城，俄方的园区位于俄罗斯斯科尔科沃创新中心地区，两个园区虽然相隔万里，但是两个园区技术人才间的相互交流日益频繁，中俄双方的技术优势也在不断互补。俄罗斯在科研方面的实力比较强，科研人才众多，在信息技术、核技术、航空空间技术、信息技术等方面处于全球领先地位。陕西省高校众多，科研人才队伍强大，依托陕西省的高校科研实力，结合俄罗斯的科研实力，中俄科技产业园必将会为沿线国家起到良好的带头作用。

2019 年 4 月 6 日，由厦门大学与国际欧亚科学院中国科学中心联手打造的丝绸之路科技产业园区在开幕仪式上揭牌。出席此次揭牌仪式的有俄罗斯代表、法国代表等众多国际政府代表与我国厦门市政府和厦门大学代表。合作双方积极响应，稳步推进产业与教学之间的相互融合，联手打造以“全球科技 + 福建智造 + 全球市场 + 海丝文化”为特色的创新引领。科技产业园区汇集了各参与国家或者单位绿色新能源产业、外太空探索、人工智能、极地海洋探索等将近 40 多个科技项目参展。同时对接商谈项目，签署合作意向。厦门在“一带一路”倡议下，一直致力于将政策的指引转变为现实，为沿线国家带去了应对挑战的能力、创造幸福的机遇。丝绸之路科技产业园区将成为世界优秀人才的聚集地，人才的聚集意味着技术的提高，这将会为人类命运共同体做出极大的贡献。

数据显示，丝绸之路科技园区产业联盟已经有 16 个国家和 59 个会员单位，随着时间的推移，参加的国家会越来越多。由此可见，丝绸之路科技产业园区确实是造福了周边国家的人民。同样也表明了丝绸之路不仅只是在经济与贸易上的合作，深入的技术与文化的合作也将会在其中。

4. 国际交流不断加强，技术转移不断惠及沿线国家

技术转移就是将一项技术从其发源地传到其他地方的过程。古代就已经开始了技术转移，如中国古代的四大发明传递到西方国家。中国国家主席习近平在第二届国际高峰论坛上表明中方将继续推进丝绸之路的技术转

移，从而惠及民生。科学技术是第一生产力，科技创新也是我国同“一带一路”沿线国家的一致梦想，周边国家技术的进步和工业化进程也都依赖于各国之间的技术转移进程。由于中国目前科研实力的不断增强，中国在全球创新指数上的排名是第22位，这对于中国来说，已经算是巨大的进步了，尤其是深圳、杭州、上海成为全球创新中心但是仍与发达国家有很大的差距。

2019年11月27日，为落实“一带一路”倡议，探索沿线国家科技合作的模式，实现沿线国家的技术转移，甘肃省农业科学院与俄罗斯沃罗涅日国立农业大学展开合作。“中俄马铃薯种质创新与品种选育联合实验室”和“丝绸之路中俄技术转移中心”在俄罗斯沃罗涅日国立农业大学正式揭牌。中俄双方相互支持，保持密切合作，科研人员互相交流技术，实现各自的优势互补，可促进两国马铃薯产业健康可持续发展。

2019年10月31日，在陕西成立了科技成果转移转化联盟，该联盟是由陕西省企事业专利保护协会等9家单位共同发起的。该联盟旨在探索科技成果转化新模式，推动成果落到实处，聚焦丝路沿线的科技资源，加快技术要素的流动，更快地发展经济。联盟的工作就是建立一种体系，即科技成果转化服务，加强技术转移队伍的专业化人才建设，加强知识产权服务的建设等，加强科技成果的跨地区、跨国家。

2019年9月5日，中国—阿拉伯国家技术转移与创新合作大会在宁夏举办。本次大会的主题是“推动科技创新合作、实现中阿发展共赢”，通过举办高层论坛、专场技术对接等系列活动，进一步加强中国与阿拉伯国家之间的技术转移，本着共商共建共享等原则，探讨区域合作创新机制，促进“一带一路”技术共同发展。

中国作为丝绸之路的发起国，承担着大国的担当。考虑到中国的技术水平取得了如此大的进步，虽然和全球许多科技强国有很大的差距，但是中国还是愿意将已经取得的技术毫无保留地转移到丝绸之路沿线国家，帮助相关国家的人民提升幸福感。

表 1　2019～2020 年主要丝绸之路科技合作交流活动一览

时间	部门	地点	科技合作交流活动
2019 年 4 月 6 日	厦门市人民政府、厦门大学、国际欧亚科学院中国科学中心	厦门大学	共享机遇，协作创新
2019 年 4 月 20 日至 2019 年 4 月 22 日	陕西省贸促会、陕西省科学技术厅、陕西省科学技术协会、中国产学研合作促进会、中国技术市场协会	西安市	第三届陕西“一带一路”科技创新创业博览会
2019 年 4 月 25 日	西咸新区开发建设管理委员会、沣东发展集团有限公司、莫斯科大学科技园	西安市	中俄丝路工业与科技创新论坛
2019 年 4 月 26 日	山西省人民政府、芬兰	芬兰图尔库市	中国山西—芬兰科技创新合作交流会
2019 年 8 月 22 日	新疆气象学会、中国气象学会秘书处	新疆博尔塔拉	第五届丝绸之路气象科技研讨会暨新疆气象学会
2019 年 9 月 5 日	科技部与宁夏回族自治区人民政府	银川市	第三届中国—阿拉伯国家技术转移与创新合作大会
2019 年 9 月 9 日至 2019 年 9 月 11 日	中央广播电视总台、丝绸之路电视国际合作共同体	北京市	2019 年丝绸之路电视国际合作共同体高峰论坛
2019 年 10 月	格鲁吉亚	格鲁吉亚首都第比利斯	丝绸之路高科技园区联盟第四次会议
2019 年 10 月 18 日	中国科学技术协会国际部、北京市科学技术协会	北京市	“一带一路”科技组织合作系列活动启动会暨数字“一带一路”年度交流会
2019 年 10 月 28 日	北京市民间组织国际交流促进会、北京市科学技术协会、中关村“一带一路”产业促进会	北京市	“一带一路”科技创新与民间合作平行论坛
2019 年 10 月 30 日	中共西安市委、西安市人民政府、西安市工业和信息化委员会	西安市	第四届国际丝路新能源汽车大会
2019 年 10 月 31 日	陕西省企事业专利保护协会	西安市	科技成果转移转化联盟
2019 年 10 月 31 日	中国航天基金会、西安市人民政府、西安市高新技术产业开发区管理委员会	西安市	第二届丝路商业航天大会

续表

时间	部门	地点	科技合作交流活动
2019年11月27日	甘肃省农业科学院、俄罗斯沃罗涅日国立农业大学	俄罗斯沃罗涅日国立农业大学	“中俄马铃薯种质创新与品种选育联合实验室”和“丝绸之路中俄技术转移中心”
2020年1月13日	商务部电子商务和信息化司	北京市	“丝路电商”总结交流会
2020年8月20日	陕西省委网信办、陕西省公安厅、陕西省国家密码管理局、陕西省工信厅、陕西省网络社会组织联合会、陕西省信息网络安全协会	西安市	第四届丝绸之路网络安全论坛

资料来源：根据互联网整理得到。

二 2019~2020年丝绸之路经济带科技合作的困难与问题

对于新冠肺炎疫情，中国对疫情的快速反应，加上民众的配合使国内疫情的蔓延得到控制。面对国外疫情，目前中国也在严防国外疫情的输入，各个国家也相继实施禁止国外人员流动、检疫隔离、停飞航班等措施，使“一带一路”经济与贸易活动备受影响，成为当下丝绸之路建设无法忽视的背景。

（一）新冠肺炎疫情暴发，“一带一路”科技合作受到影响

新冠肺炎疫情在世界各地不断蔓延，各个国家都采取了检疫、隔离等措施，确实使“一带一路”沿线国家（地区）的合作受到了一定的阻碍，但是“一带一路”倡议在全球基础设施建设中发挥的中坚力量是有目共睹的，所以如何保持“一带一路”的可持续发展成为未来工作的重中之重。疫情期间，中国以人民生命安全为第一位，很快恢复了正常的生产生活秩序。但是西方国家疫情还在持续发展，这对于稳步推进“一带一路”各项合作是一大难题。自疫情暴发以来，中国积极采取防疫措施，不惜一切代价保护人

民生命与财产安全的行为受到WHO以及许多国家的充分肯定和高度评价。中国向意大利、塞尔维亚、日本、巴基斯坦等国家分享了医护用品和医疗方案。

疫情对于各个国家合作机制的冲击主要体现在以下几个方面：一是疫情引起了世界各国对于资源需求的竞争，尤其今年部分国家遭遇天灾、蝗虫，粮食的产量下降，部分国家面临粮食短缺等问题；二是疫情被部分国家政治化，有些国家的领导人为了获取选票，将疫情阴谋化，使之成为有些国家党派竞争躲不开的话题；三是部分国家反全球化的趋势越来越强；四是各国处理疫情的方式的不同使本国政府的威信产生了一定的影响。

“一带一路”自2013年提出以来，中国与沿线国家签署的合作项目，解决了周边许多国家的就业问题。在此次疫情期间，“一带一路”的许多基础设施项目都发挥了很大的作用，例如，中国与巴基斯坦在中巴经济走廊上的能源合作项目，为巴基斯坦提供了1/3的电力。中国与沿线国家的合作项目大多数都是惠及民生的，这一点也得到了当地人民的认可。所以疫情对于合作的影响是暂时和局部的，中国与世界各国合作的决心没有变，将坚定不移地秉持共商、共建、共享的原则，将“一带一路”打造成健康之路、合作之路、共享之路。

（二）逆全球化趋势明显，各国信用机制遭受破坏

目前，受疫情的影响，逆全球化趋势开启。以iPhone手机的全球化供应链条为例，美国公司负责设计，日本企业提供电容和电阻，韩国企业则提供OLED屏幕，中国企业负责组装与生产，其生产的过程其实就可以代表全球化产业链。全球化指资源要素的跨国配置，各个国家的企业协同合作，可以在全球化的资源分配中受益。目前受到国际格局变化和新冠肺炎疫情的影响，全球经济萎缩。如果疫情不能尽快消灭，将打乱现有的全球供应链的正常运转，破坏全球化发展的基础。另外，疫情导致各个国家互信合作机制遭受到了一定的破坏。这些因素导致全球供应链出现内循环和分散化，导致保护主义成为主流。新冠肺炎疫情暴发以来，各国普通民众的压力越来越大，

企业倒闭、员工失业等导致动荡的可能性越来越大，局部地区发生军事冲突的可能性较大。这些都是逆全球化的加速剂。

（三）地缘政治复杂性问题日益突出，投资环境受阻

“一带一路”周边国家（地区）大多数在经济上比较落后，而文化、宗教信仰大多数与中国是不同的，“一带一路”部分国家（地区）内部冲突及其与周边国家战争冲突交替，部分国家受到安全形势、恐怖主义与极端组织的影响，导致中国在国外的投资难以收回的风险较大。例如，各个国家因能源问题一直战火不断，叙利亚在战火之中已成为废墟一片。

美国全力支持印度与日本海上力量的增强，意图代替美国监视与控制中国，美国这一战略的实施对海上丝绸之路构成了一定的威胁。国际形势日益复杂，海上丝绸之路不仅受到海盗的威胁，而且面临着恐怖主义的威胁，潜在风险日益突出。

（四）周边国家基础设施不完善，导致数字丝绸之路的建设步伐缓慢

通信设施的完善是发展跨境电商的必要条件，欧美地区大多数是发达国家，基站等基础设施相对比较完善。沿线部分发展中国家的有些基础设施覆盖率较小，基础设施不健全，导致跨境电商发展受到阻碍。中国在“一带一路”沿线国家的投资首先应该放在通信基础设施建设上，这样才能解决互联互通的问题。由于各国的技术差异较大，数字丝绸之路的全面实现需要大量的时间。

各国实施技术标准规范也同样影响了丝绸之路的科技合作，因此如何制定适用于沿线国家的技术标准规范显得尤为重要。工信部为此本着共商、共建、共享的原则，在 2020 年与“一带一路”周边沿线国家共同制定 80 多项标准，使基础设施不断完善，有利于数字丝绸之路建设工作的开展。

三　丝绸之路经济带科技合作的趋势分析与对策建议

（一）趋势分析

“一带一路”倡议顺应了时代的发展，其中的科技合作也是沿线国家所重视的，周边国家清楚地意识到科技是第一生产力，科学技术的发展可以促使本国经济、文化、教育、医疗体系的共同发展。目前，中国在发展中国家的科研实力较强，也愿意帮助周边贫穷、落后的国家实现富强，共建人类命运共同体，所以在未来，科技合作必将成为“一带一路”建设的重中之重。

1. 新冠肺炎疫情的全球肆虐使“一带一路”项目进程受到影响，“一带一路”进程会延期绝对不会停滞

新冠肺炎疫情对项目建设是有一定的影响的，但是危机也会带来一定的机遇。此次疫情凸显了沿线国家在卫生和信息通信技术基础设施方面的薄弱。中国将防疫的技巧和治疗方案提供给了丝绸之路沿线国家。随着各个国家逐渐放开了入境限制，未来的“一带一路”将会更加注重在线医疗、在线视频会议、云展会等方面的建设，需要人才交流，疫情之后的“一带一路”科技人员的交流人数将会逐渐攀升，来中国留学的学生将会随着疫情的消灭缓慢增加。

2. 数字丝绸之路应当成为未来丝绸之路科技合作的主流方向

中国近几年在互联网产业与贸易上的发展不仅带动经济实现了高速增长，而且也催生了大量的就业岗位。贸易数字化带来的商机使各个国家产品可以销到国外，越来越多的沿线国家表示愿意在电子商务、数字丝绸之路、金融科技等领域加强与中国的合作，并在本国设立科技园区，方便两国科技人员交流，带动本土优秀人才创业，带动本国经济、文化的发展。数字丝绸之路的发展需要本国基础设施的建设相对完善，但是在沿线国家普遍基础设施不完善、国际人才储备不足的情况下，数字丝绸之路难以大规模开展。因

此，在未来中国可能会加强对沿线国家基础设施的投资力度。

3. 疫情使“健康丝绸之路”成为新的合作领域

新冠肺炎疫情肆虐全球，各个国家也开始形成以人为本、医疗建设为重的观念，保护国民生命安全成为沿线国家最为关心的话题。接下来，中国与沿线国家的合作将重点放在投资医院、医疗体系和实验室建设上，以弥补当地医疗条件的不足。医疗设施共享和科研人员的交流将得到中国的支持，在健康丝绸之路的倡议下，人类定能携起手来，战胜疫情，战胜任何共同面临的突发公共卫生事件的挑战。

4. 后疫情时代越来越多的合作机遇将会呈现

疫情不仅对本国经济产生了一定的影响，造成失业率上升。对于非洲国家来说，卫生医疗水平有限，疫情对于非洲国家经济影响较大，失业率屡创新高。非洲期待后疫情时代的中非合作，期待中非能够继续加强传统和新型基础设施建设。未来中国将加强在南非的科技交流与科技机制的建设，将中国的科技分享给南非。解决非洲问题首先需要解决粮食问题，中国科技部将会继续派遣农业科研人员对非洲进行实地考察，加强科研人员的交流，同样欢迎非洲各个国家到中国来学习农业技术。中国科研人员将以非洲农业现状为背景，选取有利于本土的科研成果进行技术移植，扩大农业技术更广范围的应用。

（二）对策建议

1. 与沿线国家的合作应该重点放在医疗和教育上

一个国家想要富强，就得在医疗和教育方面投入，医疗决定了一个国家人民的平均寿命，教育决定了一个国家的科研水平。未来中国应该加大与周边国家在医疗、教育两个板块的投入，当然应该本着共商、共建、共享的原则去帮助周边国家的人民过上幸福的日子。通过数字丝绸之路实现远程医疗，将中国学习到的西医技术与自己的中医技术传到沿线国家，帮助沿线国家的人们提升健康水平。增强医疗园区建设与合作，建立医疗科技人才智库，实现医学人才的储备，鼓励大学生到中国来学习医疗技术。

2. 加强多样化科技人文交流

中国在未来更应该加强与沿线国家（地区）学术机构、智库、人才的交流，增强沿线国家对于“一带一路”是一项长远的合作项目的认识。开展各种科技论坛、科学教育、多领域科技人才的双边和多边交流活动。进一步加强中国各大学校对于沿线国家研究生、博士生的培养，资助优秀科研人才到中国境内、境外的科研机构、大学工作或者学习。

3. 实现科技园区的精准合作

科技园区的建设应该结合各国国情，所以需要储备国际性人才，全面了解沿线国家的国情，避免在他国引发动荡造成基础设施的毁坏，出现投资不能收回的情况。

在此，对于科技园区的建设有以下三种。①中国独资型。由于中国在“一带一路”的成功投资，越来越多的国家想要加入倡议。部分国家经验与经费不足，需要政府的全力介入。②双边合资型。沿线国家认可科技园区开发的理念，期待与中方一同进行园区的开发与建设，在共同开发建设中学习。经过7年的“一带一路”建设，部分国家的科技已经较为成熟，但是在资金与科研成果的转化方面存在一定的问题，中国可以吸引大量优秀的企业到园区开展投资或者开办企业，提升本土国家的科研创新能力。③经验分享型。经过7年“一带一路”的发展，部分国家的科技园区建设已经相当成功了，但运营管理与创新能力与中国相比还有些差距，所以需要双方就科技园区进行相关经验的分享与交流。

B.9

2020年丝绸之路经济带税收合作发展报告

刘肖楠*

摘　要：在国际经济合作中，税收合作一直起着至关重要的作用。在与丝绸之路经济带沿线国家的经济贸易往来中，采用各种手段和方式来实现我国与沿线各国的税收协调，将有利于我国进一步对外开放，国际贸易稳中向好发展。本报告首先梳理了丝绸之路经济带沿线国家截至2020年在税收合作上取得的各项成果、重要事件及发展方向；其次分析了目前丝绸之路经济带沿线国家在税收合作上仍面临的一些问题和困难，包括沿线国家差别大，部分双边税收协定不适应现实发展需求，税收合作网络不完整，等等。针对这些问题，本报告从企业和政府的不同角度提出一些完善和发展丝绸之路经济带税收合作的对策建议，包括修订或重订双边税收协定、完善税收合作网络、强化税收情报交换制度、建立税务风险内部控制系统，等等。

关键词：丝绸之路经济带　税收合作　税收协定

一　丝绸之路经济带税收合作发展现状

“一带一路”倡议是依托古代丝绸之路的历史符号与沿线国家积极开展

* 刘肖楠，陕西省社会科学院金融研究所实习研究员。

区域合作的一项重要倡议。从这一合作倡议提出开始，我国与沿线国家和地区的贸易往来、投资合作迅速发展，丝绸之路经济带已经成为我国经济对外开放的重要渠道。

在经济往来中，税种制度的协调和税收征管的合作是不可避免的。对于对外投资和贸易企业来说，国际业务的开展伴随着各国税收体制和税率等方面的不同，一定程度上增加了企业税收负担加重的可能性，因此，与丝绸之路经济带沿线国家进行税收合作，成为历史趋势的必然和扩大经济合作的重要举措。

截至目前，我国与丝绸之路经济带沿线国家基本全面开展了税收方面的合作和协调，具体来讲，包括税收协定的签订、税收情报的交换、税收征管的合作等多方面的工作。

（一）税收协定的签订与实践情况

根据商务部的有关数据统计，截至 2019 年末，与我国已经签订有关税收合作工作协定的“一带一路”国家数量已经达到 56 个。

总体来看，丝绸之路经济带沿线国家与我国开展税收合作工作并签署税收协定的时间大多都集中在 1990 年到 2010 年。这一历史趋势同时也反映出我国在这一时期正处于经济的高速发展和对外开放的快速腾飞阶段。尚未与我国签订税收方面的正式协议的国家还有 10 个，包括缅甸、也门、约旦、伊拉克等，多为中亚和南亚地区发展中国家，具体情况如表 1 所示。

从税收协定签订国家（地区）的情况来看，丝绸之路经济带沿线的发达国家与我国签订税收协定的时间都普遍较早，经济相对发达的地区，也都较早地进行了相关的税收合作工作。这反映了税收合作的开展与国家（地区）的经济发展水平存在比较明显的正相关关系。

在税收合作协定的内容方面，形成了以囊括居民身份认定、企业纳税比例、税收情报交换等各方面的综合协定为主，以某项重要税种特别规定与协调的单项协定为辅的税收协定架构。税收协定是有效避免双重征税、缓解丝绸之路经济带各国经济往来企业税收负担的重要措施，促进丝绸之路经济带的投资和贸易发展。

表 1　我国与丝绸之路经济带沿线国家税收协定签署情况（截至 2019 年 12 月 31 日）

签订时间	1990 年之前（9 国）	1990 年至 2000 年（26 国）	2000 年至 2010 年（19 国）	2010 年至今（2 国）
国家	马来西亚、新加坡、泰国、科威特、巴基斯坦、波兰、波黑、保加利亚、斯洛伐克	蒙古国、越南、老挝、菲律宾、塞浦路斯、阿联酋、以色列、土耳其、埃及、印度、孟加拉国、乌兹别克斯坦、俄罗斯、白俄罗斯、乌克兰、亚美尼亚、罗马尼亚、匈牙利、克罗地亚、斯洛文尼亚、立陶宛、拉脱维亚、黑山、塞尔维亚、马其顿、爱沙尼亚	印度尼西亚、文莱、卡塔尔、阿曼、伊朗、巴林、希腊、沙特阿拉伯、尼泊尔、斯里兰卡、哈萨克斯坦、吉尔吉斯斯坦、塔吉克斯坦、土库曼斯坦、摩尔多瓦、阿塞拜疆、格鲁吉亚、阿尔巴尼亚、捷克	柬埔寨、叙利亚

资料来源：由国家税务总局数据（http：//www. chinatax. gov. cn/n810341/n810770/）整理而成，最后访问日期：2020 年 10 月 20 日。

在税收协定的实践方面，税收饶让和税收抵免是发挥税收协定减税降负作用的主要手段。税收饶让主要通过对纳税人在别国的税收优惠和减免所得免于补缴本国税款来发挥减税作用。我国与别国的税收饶让方式有单边饶让与双边饶让，目前，在税收协定签署国家中，以双边饶让规定为主，还有一部分国家没有涉及税收饶让的相关规定，一部分国家的相关条款已经到期，如斯里兰卡、沙特、文莱等国，税收饶让还有很大的发展空间和更新需要。

表 2　我国与丝绸之路经济带沿线国家税收饶让条款签订情况

税收饶让方式	签订双边税收饶让条款（共 17 国）	签订单边税收饶让条款（共 5 国）
国家	泰国、文莱、越南、柬埔寨、马来西亚（东亚）；阿曼、科威特、塞浦路斯（西亚）；印度、巴基斯坦、斯里兰卡（南亚）；保加利亚、斯洛伐克、马其顿、塞尔维亚、黑山、波黑（中东欧）	新加坡（东亚）；阿联酋、叙利亚（西亚）；波兰、匈牙利（中东欧）

资料来源：由国家税务总局数据（http：//www. chinatax. gov. cn/n810341/n810770/）整理而成，最后访问日期：2020 年 10 月 20 日。

税收抵免则主要通过将纳税人在别国缴纳过的税款以一定比例抵免在本国的应纳税款等方式来降低纳税人的总体税负水平。税收抵免表现为直接抵免和间接抵免，间接抵免要求纳税人与别国企业之间有一定持股比例才可抵免税款，以10%、20%为档次划分。

表3 我国与丝绸之路经济带沿线国家税收抵免条款签署情况

持股比例档次	适用间接抵免条约 持股比例10%	适用间接抵免条约 持股比例20%
国家	新加坡、越南、蒙古国、马来西亚、印度尼西亚、泰国、柬埔寨（东亚）；土耳其、叙利亚、以色列、阿联酋、科威特、塞浦路斯（西亚）；印度、巴基斯坦、孟加拉国（南亚）；俄罗斯、乌克兰、白俄罗斯（独联体）；波兰、立陶宛、爱沙尼亚、拉脱维亚、捷克、斯洛伐克、匈牙利、斯洛文尼亚、克罗地亚、罗马尼亚、保加利亚、马其顿（中东欧）	土库曼斯坦、塔吉克斯坦（中亚）

资料来源：由国家税务总局数据（http://www.chinatax.gov.cn/n810341/n810770/）整理而成，最后访问日期：2020年10月20日。

（二）税收情报的交换与实践情况

税收情报交换是国际税务合作的重要方式，具体表现为缔约国双方为了税收协定内容的更好执行和展开，将国际税收与本国税制更好地结合起来而与别国进行税收信息的交换工作。目前，与我国签订税收协定的国家都约定了相应的税收情报交换方式、原则和内容，根据国情、合作深度等方面的不同，对税收情报交换的具体范围要求也相应不同，具体包括交换情报的税种不同及交换情报的纳税人范围不同等。随着国际经济的发展和税收征管工作的推进，2008年后，税收情报交换签订所需情报范围也从已发生或目前需要的税收情报（“协定规定所需”）改进到未来一定时期的预测情报和税外其他信息（“可预见性相关”）。

随着国际税收情报交换工作的发展，我国一直积极参与全球相关工作。《多边税收互助公约》是推动国际社会进行税收情报交换工作的重要文件之一。2013年，我国成为该公约的第56个签约国家，截至2020年1月，“一带一路”沿线国家（地区）共有37个司法管辖区签署了该公约。《多边税收互助公约》

表 4 我国与丝绸之路经济带沿线国家税收情报交换情况

税收情况交换范围	税收情报交换限于协定税种和协定居民	税收情报交换 限于协定税种但不限于协定居民
国家	泰国、马来西亚（东亚）；土耳其（西亚）	蒙古国、印度尼西亚、菲律宾、老挝、越南、文莱（东亚）；伊朗、以色列、沙特阿拉伯、巴林、卡塔尔、阿曼、阿联酋、科威特、埃及、希腊、塞浦路斯（西亚）；尼泊尔、印度、巴基斯坦、斯里兰卡、孟加拉国（南亚）；哈萨克斯坦、乌兹别克斯坦、吉尔吉斯斯坦（中亚）；俄罗斯、乌克兰、白俄罗斯、摩尔多瓦、亚美尼亚、格鲁吉亚（独联体）；波兰、斯洛文尼亚、拉脱维亚、克罗地亚、阿尔巴尼亚、波黑、保加利亚、斯洛伐克、爱沙尼亚、匈牙利、立陶宛、马其顿、塞尔维亚、黑山、罗马尼亚（中东欧）

资料来源：由国家税务总局税收条约板块（http：//www. chinatax. gov. cn/n810341/n810770/）归纳而成，最后访问日期：2020 年 10 月 20 日。

在丝绸之路经济带沿线税收合作工作中也发挥了促进税收协调和情报交换的重要作用。

表 5 沿线国家《多边税收互助公约》签订情况

地区	参与《多边税收互助公约》国家
东亚	中国、蒙古国
西亚	土耳其、黎巴嫩、以色列、沙特阿拉伯、阿曼、卡塔尔、科威特、希腊、塞浦路斯
南亚	印度、巴基斯坦
中亚	哈萨克斯坦
东盟	菲律宾、印度尼西亚、新加坡、马来西亚
独立联合体	俄罗斯、乌克兰、格鲁吉亚、阿塞拜疆、亚美尼亚、摩尔多瓦
中东欧	波兰、罗马尼亚、立陶宛、爱沙尼亚、拉脱维亚、捷克、斯洛伐克、塞尔维亚、克罗地亚、阿尔巴尼亚、波黑、保加利亚、黑山

资料来源：由 OECD 官网数据（http：//www. oecd. org/tax/treaties/beps – mli – signatories – and – parties. pdf）整理而成，最后访问日期：2020 年 10 月 20 日。

除此之外，丝绸之路经济带沿线国家也更多地积极参与到包括促进税收情报交换工作积极发展的 AEOI 标准（金融账户涉税信息自动交换标准）、CRS（涉税信息自动交换制度）在内的多项国际化标准和制度中。截至 2019 年底，加入实施 CRS 的丝绸之路经济带国家已经有 49 个。随着丝绸之

路经济带沿线国家更多地参与到税收情报交换的工作中，我国与沿线国家建立更加完善的税收情报交换网络相关工作也将更进一步。

（三）税收征管的合作与实践情况

为建立高效有序的国际税收征管合作体制，我国于2019年4月在乌镇举办了首届“一带一路”税收征管合作论坛，在出席论坛的85个国家和16个国际组织、学术机构、跨国企业的共同协商下，正式发布了《“一带一路”税收征管合作机制谅解备忘录》，建立了“一带一路”税收合作征管机制。“一带一路”税收合作征管机制由理事会、秘书处、专家咨询委员会、“一带一路”税收征管合作论坛和“一带一路”税收征管能力互助联盟构成，丝绸之路经济带税收征管合作的基本组织架构已经搭建完成。通过税收合作征管机制的建立，能够将税收征管合作的相关制度和政策充分地落实到沿线国家以及相关外贸企业。在未来，如何进一步落实“一带一路”税收合作征管机制，实现其优化营商环境、促进“一带一路”沿线国家及海外投资相关企业经济发展的各项目的，将是丝绸之路经济带税收征管合作工作要继续探索的。

同时，我国以更加多元化的方式与丝绸之路经济带沿线国家（地区）进行税收征管方面的合作。针对沿线国家（地区）国情国力的差异，为帮助别国更好地参与到国际税收合作工作及贸易往来中，我国通过技术援助、培训咨询等专业方式为部分欠发达国家和地区提供完善税制、提高征管水平方面的帮助。从2015年开始，我国以OECD多边税务中心的建立为契机，举办了20余期税收官员培训班，为丝绸之路经济带沿线50余个国家培训了几百名税务方面的专业官员。在今后的税收合作工作中，我国还将通过建立税务学院等方式，与丝绸之路经济带相关国家和地区进行更加专业的税务征管方面的合作。

二　丝绸之路经济带税收合作存在的问题

目前，我国与丝绸之路经济带沿线国家的税收合作工作虽然取得了显著

成果，但由于历史沿革、国情差异等方面的原因，税收合作工作的开展仍然存在各方面的问题，对我国企业“走出去”、进一步发展对外贸易等工作形成了一定的限制。

（一）丝绸之路经济带沿线国家多，差别大

随着“一带一路”倡议推向纵深，中国与丝绸之路经济带沿线国家的交往日益密切，相互辐射效应不断加强，迫切需要研究各国现行税法及其税收协定，为“一带一路”倡议提供服务。丝绸之路经济带沿线国家（地区）在面积、人口、经济发展水平、国际贸易投资规模等方面存在明显差异。既有国土贯穿亚欧大陆的世界上面积第一大国俄罗斯，也有国土面积不到700平方公里的城市国家新加坡；既有世界人口第二大国印度，也有人口数量较少的中亚国家。各国之间GDP差异较大，既有GDP总量排名世界前列的印度、俄罗斯，也有GDP总量排名落后的东帝汶、不丹等。“一带一路”国家（地区）之间的经济差别非常大，且经济总量较低的国家相对较多，这种经济总量上的巨大差异映射到主要税种选择和税率制定上来，也表现出一定的差异性。

丝绸之路经济带沿线国家（地区）涵盖英美法系国家、大陆法系国家、伊斯兰法系国家，不同法系国家之间存在客观差异。丝绸之路经济带沿线不仅有一些发达国家，还包括数量非常多的发展中国家以及部分欠发达国家，这些国家的税制往往不够完善。这些情况使实务中的税务处理比较复杂且存在较大的不确定性。对比双边税收协定中的承包工程型常设机构的时间认定标准可以发现，常设机构的时间认定标准差异较大，分别为183天、6个月、9个月、12个月、18个月和24个月。其中，尼泊尔、斯里兰卡、印度等国最短，为183天；阿联酋最长，为24个月；大约50%的双边税收协定的常设机构认定时间标准为12个月。从地域分布来看，我国与东南亚、南亚国家签订的双边税收协定常设机构的时间认定标准较短，大多为6个月，其他国家或地区的常设机构的时间认定标准一般在12个月到24个月。常设机构的时间认定标准对我国企业对外投资活动有重要意义。如果非居民企业

在一国境内设立常设机构并且通过该常设机构取得营业利润，该国就可以对该常设机构的利润征税，否则就不能征税。

由于各国经济总量和税收制度之间存在巨大差异，丝绸之路经济带沿线国家（地区）开展国际税收合作工作存在较大的困难，这也是相关税收工作开展存在的最主要的客观阻碍。

（二）部分双边税收协定签订时间早，税收协定网络尚不完整

我国大部分双边税收协定于20世纪80年代和90年代签订，该类协定约占双边税收协定总数的2/3，2001年以后签订的税收协定仅占1/3，2010年以后签订的双边税收协定的数量更少。随着时代的不断进步，部分税收协定签订时间与现在相距较远，已经不再适应国际经济合作的需要。

20世纪八九十年代，我国处于改革开放的初期，以吸引外资为主。由于不同国家经济发展水平不同，制定的税收政策也不同，通过分析各个沿线国家实际情况，一般要求发达国家单方面给予饶让抵免；对于发展中国家，一般相互给予饶让抵免。近年来，随着我国逐渐由资本输入向资本输入和资本输出并重转变，以及我国经济总量的不断增长和在国际贸易中主动权的逐渐加强，在签订双边税收协定时，则可以更多地关注我国企业在外国的投资利益，税收协定的重点变为为中国企业海外投资活动提供相应的服务和帮助。因此，随着时代的变迁，考虑现实情况的需要，有必要对已经签订的双边税收协定进行合理的修订，在必要的情况下，应与别国重新签订双边税收协定，以推动我国税收合作工作更好展开。

截至2020年，我国已经与50余个沿线国家签署了相关税收协定，税收合作的范围进一步扩大，工作也更加深入。但是，还有部分国家和地区与我国尚未开展税收协定方面的合作，其中包括缅甸、柬埔寨等周边国家。因为沿线经济的联动性和紧密性，我国部分企业在丝绸之路经济带沿线国家进行海外投资的过程中，会因为税收问题与丝绸之路经济带沿线国家产生一些非必要的问题。以缅甸为例，2020年以来缅甸在我国的直接投资已经累计200

亿美元，缅甸已成为我国对外投资的主要目标国，但是，由于未签订双边税收协定，我国同缅甸在税收征管、税收情报交换等一系列税收合作中存在障碍，因为这些障碍的存在，我国和缅甸两国发生税收争议的情况激增，严重影响我国经济发展。税收协定网络的不完整，对我国构建“一带一路”税收协定网络的进程形成了一定阻碍。

（三）税收合作工作协调和推广仍待改进

虽然大部分丝绸之路经济带沿线国家和我国有税收征管等方面的合作，但在实际工作中，各国之间的税收合作工作在协调和交流上仍有不足。例如，尽管 OECD 范本第 9 条要求缔约国一方进行调整时，另一方也应做相应的调整并在必要时相互协商，但在实际执行中也存在困难。在缔约国一方对企业的利润进行调整时，缔约国另一方并没有义务自动调整其境内相关企业的所得，只有其认为对方是按独立企业原则进行了反映交易真实情况的调整后才会考虑。如果其对缔约国一方所作的调整并不认可，那么就不会作相应的调整。另外，在税收情报交换工作中，由于交换情报采用的信息标准不同，在实际需要交换情报时，签订了“协定规定需要”情报交换条款的国家，可以以请求信息不在协定规定的范围内为理由拒绝交换，而签订了“可预见性相关”情报交换条款的国家，对于应该交换的信息目前又缺乏一个统一的标准，因此，税收情报的交换工作在实践中存在一定困难。

同时，税收合作政策的宣传与推广也有很大的进步空间。在国际贸易往来中，随着我国国际贸易和投资的不断增加，难免出现企业对国际税收协定、税收优惠不甚了解的情况。也有企业虽然知晓税收协定的存在，但没有加以利用和解读，从而无法享受税收优惠。有些企业对东道国当地的税收法律法规不甚了解，在海外投资的过程中没有享受到税收优惠福利。各类特殊情况的存在，对丝绸之路经济带税收合作政策推广和宣传提出了更高的要求。

（四）税收争议风险较高，且难以解决

丝绸之路经济带沿线国家国情差异较大，其司法体制也存在极大的不同，有大陆法系、英美法系、伊斯兰法系等不同法律体系。相应地，在税收争议的处理和解决中应对的方式也各有不同。在不同法系国家之间应对各类税收争端，对我国税务部门、对外贸易的企业都提出了更高的要求。此外，在出现跨境的税收争议时，各国之间要根据国际税收协定、双方签署的税收协定等各类条约来协商解决，但是谈判和协商的过程较长，企业难以做到全程参与，往往处于被动，难以达到预期的效果。同时，税收争议的协商和解决机制在实际工作中也遇到诸多阻碍，不仅设定的谈判机制门槛不同而且要经历漫长的程序，使多数企业望而却步。税收强制仲裁作为一种解决跨境税收争议的新尝试，虽然是解决国际税收争议的有效方式，但目前有关税收强制仲裁制度的加入仍采取各国自愿的方式，主要依赖于各国之间的合作程度和主观意愿，这也使强制仲裁难以发挥作用，我国与别国在出现税收争议时，仍然没有有效的解决手段，这也对丝绸之路经济带沿线国家税收合作工作的展开造成了一定的阻碍。

三　丝绸之路经济带税收合作与发展的对策建议

（一）国家层面的相关建议

1. 修订或重订与沿线国家的税收协定

针对较早签署双边税收协定的国家，我国应积极进行协商谈判，对双边税收协定进行修订或重订。修订双边税收协定的时候，应该以尊重我国经济发展现状为前提，考虑到我国已经从原有的资本输入国，变成了资本输入与资本输出并重的国家。在签订双边税收协定时，应该由侧重税收来源地管辖原则向税收来源地管辖和税收居民管辖并重的原则发

展。对于早期一些内容不够明确、条款不适应当下经济发展的协定，我国也应当及时予以更新和修改，提高各类税收协定的可操作性和适应性，以应对国际税收合作与税收争议处理中可能出现的各类新问题。

2. 继续完善税收合作网络

一方面，针对目前还未签订税收协定的国家，我国应继续积极完善双边税收协定网络，进一步扩大签订税收协定、开展税收合作的范围。税收协定能够进一步促进丝绸之路经济带税收制度的建设，共建税收信息共享机制、情报交换机制和征管合作机制。另一方面，可以与丝绸之路经济带沿线各国定期开展税务讲堂、研讨会、案例分析会等活动，通过开展活动提高对各国税收制度的熟悉度和认可度，增强在国际贸易往来中的主动性。同时，我国可以和沿线国家共同开展各类税收合作及制度方面的学术及应用研究。例如，联合沿线国家开展更系统更有针对性的致力于税收情报交换转型方向的研究。

3. 加快推进税收情报交换工作的合作

一方面，我国应进一步推动税收情报交换工作的深入开展，不断拓宽和丰富与别国情报交换的范围与内容，更好地应对快速变化的税收合作工作。另一方面，可以设立税收情报专项工作相关机构。如设立“一带一路”税收情报专项工作机构，实施税收情报价值最大化、管理税收协定、完善区域性学习平台、共享区域性税收情报以及培养区域性税收信息化人才等工作，将沿线各国税收政策、税收征管等信息汇总并实现共享，便于各级涉外税务部门及时掌握情况。此外，对于税收情报交换的具体条款，还应重视对拒绝提供税收情报情况的限制性内容，以有效应对在实际工作中被请求方以各种理由阻碍税收情报交换工作的情况。

4. 加强税收人才培养

税收人才是税收制度制定的关键，不管是税收情报内容的保密还是税收情报内容的共享与分析，以及自动税收情报交换应对等工作，均对税务信息化专业型人才有较大的需求。各国可以共同培养适应“一带一路”发展的专项人才，同时致力于开发“一带一路”专项税收情报交换系统，更能保障沿线各国税收情报工作的长远发展。

随着境外税收征管业务的增加，税收征管和服务的内容要从纯境内业务向境内、境外业务并重转变，同时要从人力、机构、制度上为加强境外税收业务管理提供条件。我国应大力培养涉外税收业务人才，成立相关的涉外税务管理机构，加强税务资料和情报信息的搜集和研究，为参与海外投资的企业提供优质服务，帮助企业解决在境外所面临的税务纠纷。

5. 坚持共赢原则开展合作

在国际经济往来中，片面强调东道国主权、拒绝接受国际最低待遇标准、过分限制投资者与国家间争端解决管辖范围的缔约模式，会影响对外直接投资（FDI）的流入。在国际税收合作工作中，中国需要审慎推敲投资协定的实体待遇和争端解决程序条款，合理保留东道国社会公共利益的正当规制权。“一带一路”投资主要还是在能源、基础设施建设行业，这些都是当前国际投资非商业风险高发的领域。而且沿线国家大都为发展中国家、转型经济体，法制不健全、法治化水平低，中国的海外投资迫切需要通过投资协定予以促进和保护。例如，中国在委内瑞拉、厄瓜多尔、利比亚、蒙古国、俄罗斯、朝鲜等国家的资源能源投资都遭遇了东道国政治风险，遭受了重大权益损失。但如果在这些地方选择传统的强调保护投资者利益的条约模式，也会增加冲突和摩擦，不利于良好投资环境的形成，更不符合“一带一路”区域共同发展的宗旨，长远来看，并不能真正保障投资者利益。因此，对于发展中国家、转型经济体、发达国家，中国应坚持寻找最大共识，选择兼顾两者利益的平衡式投资协定和税收协定。

（二）企业层面建议

国际经济贸易和投资活动是一个风险与机遇并存的过程，在这一过程中，企业应有效管控海外投资风险，合理降低海外经营的税收负担，妥善解决海外投资中的税务争议。

1. 熟悉东道国税法

丝绸之路经济带沿线国家众多，国与国之间各方面差别较大，各国的税收法律法规也各不相同。要掌握税收政策，以充分保障自己的相关权益，在参与国际贸易和投资的过程中，应聘请国际法律顾问，掌握跨国企业税收优惠政策，熟悉东道国税收法律，以捍卫自己应有的利益。

2. 建立税务风险内部控制系统

在投资决策前，企业要充分调查研究，认识到企业海外投资经营可能面临的税务风险；在投资决策阶段，企业应对税务风险进行评估，分析税务风险对企业的影响；在投资和经营过程中，应有相应的风险防范机制以应对税务风险，企业应该建立起完善的税收风险控制系统，有效地预判企业税收风险指数，控制税收问题给企业带来的资金风险，降低产生税收风险的可能性。

3. 注重企业内部税务人才培养

企业应提升派驻境外企业工作人员的专业素养，包括语言能力与境内外税制掌握能力；另外，也不能忽视管理层内部拥有税收人才的重要性，如果能将税收因素纳入企业战略决策目标之中，在一定程度上，很多的税收风险将迎刃而解。

结　论

随着“一带一路”的不断延伸，中国与丝绸之路经济带沿线各国的投资合作日益紧密，税收合作的重要性日益增强。在实际贸易往来中，随着经济合作的不断深入和扩大，产生摩擦和争议在所难免，我国税务机关和对外贸易投资企业在处理国际税收合作和协调方面也需要积累更多的实践经验。本报告从税收协定、税收情报交换、税收征管合作等多方面对我国目前在丝绸之路经济带中进行的国际税收合作工作进行了梳理，针对仍然存在的一些税收合作工作方面的问题，提出了重修税收协定内容、完善税收合作网络、加强税收人才培养等建议。税收作为国际经济往来的重要一环，与丝绸之路经济带沿线各国积极开展和进一步推进税收合作相关工作，必将为我国和丝绸之路经济带的发展提供更加强大的助力。

参考文献

陈丽娟：《关于服务“一带一路”战略的税收思考》，《税收经济研究》2019 年第 5 期。

曹明星、刘奇超：《“走出去”企业三种跨境所得的国际税收筹划方式——基于“一带一路”沿线国（地区）的观察》，《经济体制改革》2018 年第 1 期。

林江、曹越：《推进“一带一路”建设的财税协调机制探讨》，《税务研究》2019 年第 3 期。

龚辉文：《加强中国—东盟税收协调与合作的若干认识》，《税务研究》2019 年第 3 期。

中国国际税收研究会课题组：《服务“一带一路”战略税收政策及征管研究》，《国际税收》2019 年第 12 期。

文雷、张淑惠：《“丝绸之路经济带”的税收协调问题》，《税务研究》2018 年第 6 期。

申现杰、肖金成：《国际区域经济合作新形势与我国“一带一路”合作战略》，《宏观经济研究》2019 年第 11 期。

黄启操：《税收竞争力视角下企业投资“一带一路”的区域选择研究》，中原工学院硕士学位论文，2019。

马蔡琛、桂梓椋：《丝绸之路经济带沿线各国税收政策的国际协调》，《湖南财政经济学院学报》2019 年第 5 期。

赵文莉：《深化我国国际税收征管协作问题研究》，《经济师》2020 年第 1 期。

赵息、褚洪辉、陈妍庆：《“一带一路”视角下金砖五国贸易竞合关系研究及启示》，《经济体制改革》2018 年第 4 期。

朱敏：《“一带一路”沿线国家公司所得税政策及税务筹划》，《现代经济信息》2018 年第 1 期。

李香菊、王雄飞：《我国与中亚、东南亚国家进行国际税收协调的改革建议》，《经济研究参考》2017 年第 54 期。

李贞、魏泽晴：《国际公共产品的税收供给困境研究》，《新疆财经》2017 年第 4 期。

吴新生、梁琦：《贸易自由化与 FDI 区位选择——来自“一带一路”沿线国家的经验证据》，《东北大学学报》（社会科学版）2017 年第 6 期。

徐孝新、刘戒骄：《劳工标准影响中国对外直接投资的实证研究——基于“一带一路”沿线国家样本》，《暨南学报》（哲学社会科学版）2019 年第 4 期。

杨依婷：《中国与“一带一路”国家贸易潜力和贸易效率的实证分析》，《价格月刊》2019 年第 5 期。

B.10
2020年丝绸之路经济带民心相通发展报告

王景华　韩振丽*

摘　要： 2020年初以来，新冠肺炎疫情的暴发和大流行对世界各国经济发展造成了严重冲击，制约着共建“一带一路”推进，也阻碍着各国民心相通。同时，发达国家民众对“一带一路”倡议的赞同略显不足，也阻碍了民心相通发展。不仅如此，逆全球化、贸易保护主义等国际社会思潮也对各国各地区进行人文交流合作形成了严峻的挑战。为此，应在常态化抗疫中持续开展医疗卫生交流合作，打造健康丝绸之路；大力发展数字文化产业新模式和新业态，打造数字丝绸之路；以畅通国内旅游大循环为主体来引领和促进我国与沿线各国旅游的人文交流合作；在继续推进沿线各国各地区民间组织、企业和人民人文交流合作基础上，坚持以互惠互利的理念为指导，大力加强与发达国家的深入对话，促进相互了解和相互信任；借助媒体、智库及其他对外合作交流机制和平台等，对内引导和教育民众科学地和理性地看待网络信息和运用网络媒体，树立个人良好形象，对外讲好中国故事，分享中国经验，消除对中国善意的质疑，从而促进各国各地区人文交流合作高质量发展。

关键词： “一带一路”　人文交流合作　民心相通　丝绸之路经济带

---

* 王景华，哲学博士，陕西省社会科学院助理研究员；韩振丽，新疆社会科学院助理研究员，研究方向为马克思主义中国化。

从社会交往实践看，丝绸之路经济带建设是促进沿线各国各地区人民沟通多样、互动频繁、联系紧密，彼此相互了解和相互信任，进而形成广泛共识和合作的互联互通建设。而民心相通建设，就在于通过人文交流合作促进沿线各国各地区人民在社会发展理念、社会发展目标、社会发展战略、人民的心理情感和文化文明等方面的沟通、交流和互动中相互认知和相互了解，进而达成共识和共同行动。故而，民心相通就成为丝绸之路经济带建设的重要条件和动力。推动民心相通建设也成为共建丝绸之路经济带的重要环节。

2020 年，正值共建“一带一路”倡议提出 7 周年，在丝路精神和第二届“一带一路”国际合作高峰论坛“齐心开创共建‘一带一路’美好未来”精神引导下，伴随着“一带一路”建设迈入“聚焦重点、深耕细作”，朝着高质量发展方向前进的“工笔画”[①] 阶段，丝绸之路经济带民心相通建设不断走深走实，取得了丰硕成果。沿线国家和地区在文化、教育、卫生、友好城市、企业、民间组织等领域和群体之间的人文交流合作更加广泛深入，文化交流合作的形式日益多样，也取得了很大成效。尽管新冠肺炎疫情暴发对沿线各国各地区共建“一带一路”和持续开展人文交流合作造成了一定程度的冲击，阻碍了民心相通建设，但各国各地区开展抗议合作、相互支持相互帮助共同应对疫情及经济发展，又成为各国友好关系发展的助推剂。这既推动了多元多样的人文交流互动格局的形成，增进了各国人民之间的深厚友谊，促进了民心相通；也为各国继续推进抗疫合作、经济复苏，稳定全球产业链和供应链提供了动力，进而也提振了各国共建丝绸之路经济带的热情和信心。正因为如此，“一带一路”倡议作为中国提出的相关国家和地区共同发展的理念和主张，获得了相当高的国际认知度；“文明交流互鉴”作为中国提出的多元文化交往方案，对丝绸之路经济带沿线国家和地区发展的积极影响也获得了广泛赞许和高度认同。

① 《习近平在第二届“一带一路”国际合作高峰论坛开幕式上的主旨演讲》，新华网，2019 年 4 月 26 日。

一　丝绸之路经济带民心相通的总体思路和进展

（一）通过促进更高水平的对外开放，构建双循环相互促进的新发展格局，助力人文交流合作持续和深化

在第二届“一带一路”国际合作高峰论坛上，习近平主席发表的“齐心开创共建‘一带一路’美好未来”主旨演讲中在民心相通建设方面提出，“我们要积极架设不同文明互学互鉴的桥梁，深入开展教育、科学、文化、教育、体育旅游、卫生、考古等各领域人文合作，加强议会、政党、民间组织往来，密切妇女、青年、残疾人等群体交流，形成多元互动的人文交流格局”。[①] 为此，“中国将采取一系列重大改革开放措施，加强制度性、结构性安排，促进更高水平对外开放”。[②] 在2020年9月2日中央全面深化改革委员会第十五次会议的重要讲话中，习近平总书记进一步提出，中国“要加大形成以国内大循环为主体、国内国际双循环相互促进的新发展格局”，并将“推动更深层次改革实行更高层次开放，为构建新发展格局提供强大动力”[③]，进而在国内国际双循环促进“一带一路”建设中，促进民心相通。这就为共建“一带一路”推进人文交流合作提供了思想指导，进而也为推进民心相通建设指明了努力的方向。

在丝路精神和以上思想引导下，北京世界园艺博览会、亚洲文明对话大会、第二届中国进口博览会、“一带一路”国际合作高级别视频会议、2020年中国国际服务贸易交易会及相关的人文交流合作高峰论坛——中国文化产业高峰论坛、世界旅游合作与发展大会、跨国公司视角下服务贸易便利化高峰

① 《习近平在第二届“一带一路”国际合作高峰论坛开幕式上的主旨演讲》，新华网，2019年4月26日。

② 《五个“更”，习近平宣布下一步重大改革开放举措》，中央广播电视台，2019年4月26日。

③ 《习近平：推动更深层次改革实行更高水平对外开放，为构建新发展格局提供强大动力》，人民网，2020年9月2日。

论坛、国际教育服务贸易论坛等成功举办。2020 年 9 月 28 日，我国印发《中国（北京）、（湖南）、（安徽）自由贸易区总体实施方案》和《中国（浙江）自由贸易试验区扩展区方案》，[①] 在现有上海、广东、山东等 18 个自由贸易试验区（简称自贸试验区）基础上又增加了安徽、湖南、北京 3 个自贸试验区，并把浙江自贸试验区扩展宁波、杭州、金华三个片区，旨在通过促进深化改革和实施更高层次的对外开放，畅通国内国际双循环，推动加快形成以“一带一路”为中心的东西南北中和陆海协调统筹的差异化、多样化新发展格局。

在教育交流合作方面，到目前为止，我国与 188 个国家和地区、46 个重要国际组织形成和确立了教育交流合作关系，与 54 个国家形成和签订了高等教育学历学位互认意向和互认协议。[②] 其中，陕西自贸试验区就与 38 个国家（地区）151 所大学联合成立了丝绸之路大学联盟、丝绸之路职教联盟，[③] 搭建高等教育交流合作桥梁。与此相伴随的是，中国已经成为全球当前走出国门留学人数最多的国家，目前在他国的人员数大概有 140 万。对于来中国留学的人员，中国不仅设置了“丝绸之路”奖学金项目，而且打造了“留学中国”教育品牌，推动“一带一路”教育人文交流活动和人才培养，助力民心相通建设；来华留学人员数量也不断增加，中外合作联合办学也建立和设置了 2282 个机构和项目。

此外，在文化交流与文化产业发展方面，到目前为止，中国是文化创意产品进、出口数量最大的国家，出口增长率是世界平均水平的两倍，尤其是文化创意产品出口数量为世界第一。[④] 而这些领域的人文交流合作最为典型地体现在我国与哈萨克斯坦发展永久全面战略伙伴关系的文化交往实践中。中国和哈萨克斯坦不仅合作共同拍摄了关于冼星海与阿拉木图音乐家拜卡达莫夫结识并建立深厚友谊的影片《音乐家》，获得了国内外大众的广泛好评；而

① 《国务院印发北京、湖南、安徽自贸区总体方案》，《经济日报》2020 年 9 月 22 日。

② 魏梦佳、高敬：《教育部：打造“一带一路”教育行动升级版》，新华网，2020 年 9 月 6 日。

③ 李宜蒙：《陕西自贸区：古丝绸之路起点，今日“一带一路”开放高地》，光明网，2020 年 9 月 11 日。

④ 何安安：《聚焦后疫情时代：中国文化产业高峰论坛成功举办》，《新京报》2020 年 9 月 5 日。

且互派留学生到当地学习的人数不断增加，与此相伴随的学习和使用汉语的“汉语热”① 也在哈萨克斯坦悄然兴起，成为一种时尚；此外在哈萨克斯坦的 5 所孔子学院还共同举办了首届“丝路云端”② 中文夏令营活动，通过视频讲解中文、中国美食、戏曲等文化课程，吸引了哈萨克斯坦、俄罗斯、乌克兰等 14 个国家的 400 余名中文爱好者参与观看。这促进了沿线国家和地区人民在人文交流中互学互鉴，增进了彼此间的友谊，推动了民心相通向前发展。

（二）以构建人类命运共同体理念为指导，在共同应对新冠肺炎疫情的同时，创造新的合作模式和发掘新的合作领域，深化人文交流合作

新冠肺炎疫情的暴发对世界各国经济发展造成了严重冲击，也对“一带一路”建设产生了不利影响，阻碍了民心相通建设。尽管如此，沿线各国以构建人类命运共同体理念为指导，守望相助、共同应对疫情，这在一定程度上推动了沿线各国各地区在科技创新和卫生医疗方面人文交流合作的发展，增进了各国人民的相互了解和相互信任及彼此间的深厚友谊，极大地促进了民心相通。在疫情期间，中国和俄罗斯互赠抗疫物资、互派医疗专家组，携手共同抗疫，取得了丰硕成果。两国民众对合作抗疫成果认同度达到了 84.2%，并且对两国在多边合作抗疫中的立场和作用也广泛赞同。中国和哈萨克斯坦合作方面，一方面哈方政府、民间组织捐资捐物，驰援中国人民抗疫，给予了中国宝贵支持和帮助；另一方面中国政府和社会各界不仅援助大量抗疫物资，而且派遣援助医疗专家组赴哈，与哈方卫生部门分享抗疫经验、共同抗击疫情，在当地获得了广泛称赞。这不仅促进了中哈两国人民相互支持和相互信任基础上的民心相通，也增强了两国人民共建“一带一路”的热情。在这一热情的驱动下，两国共同推动“一带一路”合作持续走深走实，中国从哈方进口数量相比同期增长 1.8%，中国对哈方直接投资数量相比同期增长

---

① 张霄：《推动“一带一路”建设再上新台阶》，《人民日报》2020 年 9 月 8 日。

② 周翰博：《哈萨克斯坦首届“丝路云端”中文夏令营受欢迎》，《人民日报》2020 年 8 月 27 日。

136.4%，中欧班列货运量更是逆势增长，成为承载两国抗疫合作、提振经济的“钢铁驼队”。[①] 这更加增进了两国情谊。不仅如此，面对当前常态化防控，两国表示将深化医疗卫生领域和科技创新领域的人文交流合作，共同建设“健康丝绸之路”和“数字丝绸之路”，[②] 开展疫苗研发、中医药研究推广、网络教育、在线医疗等合作项目和互联网技术，深化人文交流合作，进一步促进两国民心相通。除此之外，中国与巴基斯坦、缅甸、意大利等国在共同应对疫情过程中，也开展了抗疫合作，在医疗物资、生活物资和医护人员方面相互驰援、共克时艰。为此，“一带一路”国际合作高级别视频会议把主题确定为“加强‘一带一路’国际合作、携手抗击新冠肺炎”，[③] 并倡导各国加强彼此公共卫生合作，推进各国互联互通，共同把“‘一带一路’打造成为合作之路、健康之路、复苏之路、增长之路，开辟‘一带一路’合作更加光明的未来”。[④] 2020年中国国际服务贸易交易会则倡议各国“共同营造开放包容的合作环境、共同激活创新引领的合作功能、共同开创互利共赢的合作局面”，[⑤] 以促进各国携手共同抗疫，共同推进全球服务贸易发展，促进各国经济快速复苏。这都为沿线各国继续同舟共济、团结合作来共同抗疫、恢复经济，共同推进“一带一路”建设提供了坚实的社会基础，也为各国进一步加强人文交流合作、促进民心相通提供了情感基础。

二　丝绸之路经济带民心相通存在的问题和面临的困难

（一）疫情冲击文化和旅游产业发展，导致其复苏缓慢和乏力，对民心相通建设形成了一定的阻碍

如前所述，虽然目前中国已经成为文化创意产品出口数量最大和进口数

---

① 张霄：《推动“一带一路”建设再上新台阶》，《人民日报》2020年9月8日。

② 张霄：《推动“一带一路”建设再上新台阶》，《人民日报》2020年9月8日。

③ 《“一带一路”国际合作高级别视频会议联合声明》，新华网，2010年6月19日。

④ 《王毅主持“一带一路”国际合作高级别视频会议》，新华网，2010年6月19日。

⑤ 《习近平在2020年中国国际服务贸易交易会全球服务贸易峰会上的致辞》，新华网，2020年9月4日。

量最大的国家，2019 年亚太地区旅游业投资总额已经接近 1200 亿美元，占世界旅游业总体投资额的 38%，极大地推动了世界旅游业的蓬勃发展；而且“十三五”旅游业发展规划预计，2020 年我国旅游市场发展规模将达到 67 亿人次之多，旅游业总投资规模也将达到 2 万亿元，旅游业总体收入金额也将近 7 万亿元。但新冠肺炎疫情暴发严重冲击了我国对外文化贸易，各类对外文化贸易活动大幅减少。2020 年上半年国际演艺活动数量比上年同期减少了 77%，观众人数减少了 75%。国际国内旅游市场总体趋于萎缩。这都无疑对丝绸之路经济带沿线各国和各地区广大民众开展广泛深入人文交流、彼此沟通互动形成了一定程度的限制和约束，阻碍了相互认识和对方文化生活、风土人情、宗教信仰、社会发展状况等的了解，进而也阻碍了民心相通的发展。

当然，疫情暴发在冲击全球经济发展现有秩序的同时，也促使全社会各行各业迅速转型，促使人们改变文化消费方式和内容。网络化、数字化、在线化的社交、教育、阅读、游戏、娱乐、购物等专门针对客户的个性化需求，面向客户端的网络数字文化产业蓬勃兴起，用户人数大幅度增加；同时以移动终端、网络终端、电视屏等为载体和平台的网络数字文化产业蓬勃发展，此外以融媒等形式呈现的线上文化产业新业态，成为文化产业发展的一个重要方向。这不仅促进了传统文化的现代化转型，加速推动了文化产业线上线下的融合发展趋势，而且助力推动了文化产业的高质量发展。这都为后疫情时代推动文化产业复苏发展提供了契机和基础，也为开展数字化人文交流合作、推动数字化的民心相通建设提供了新的形式和平台。在文化旅游方面，由于沿线各国和各地区的旅游资源保存完好，相关的旅游产品、旅游服务体系和人们出门旅游的需求依然存在，而且后疫情时代旅游业总体向好的基本趋势没有改变，故而旅游业依旧是后疫情时代最具有投资价值和发展潜力的领域。为此，在 2020 年 9 月 3 日举办的世界旅游合作与发展大会上旅游融资 21 个合作项目确定签约意向，总融资额将近 157. 1 亿元。这都为旅游业复苏发展提供了条件，也为继续开展旅游业领域的人文交流合作、促进民心相通提供了基础。尽管如此，当前新冠肺炎疫情正在全球流行，持续制约着世界各国经济复苏，影响着文化产业和旅游业的正常发展，故而与上半年发展状况相比，虽然目前全球文化产业和旅游业有所恢复，但总体上依旧复苏缓慢，发展乏力。

（二）与发达国家人文交流合作不够深入，沟通互动不够充分，导致发达国家民众对“一带一路”倡议的认同略显不足，阻碍了民心相通发展

从2013年9月“一带一路”倡议提出到2020年1月为止，中国与138个国家、30个国际组织签订了200份共建“一带一路”合作文件，[①] 共建“一带一路”的理念获得了国际相当高认知，“文明交流互鉴”的中国方案对于个人发展、国家发展和全球治理的积极意义也获得广泛赞同。民心相通建设获得了极大发展。对于“一带一路”倡议所带来的经贸发展、设施联通等国家发展繁荣的期待，发展中国家较为强烈。其中，在“政策沟通、民心相通、资金融通”方面是发达国家的两倍之多。[②] 而对于文明交流互鉴理念的积极影响，发展中国家的认可度也大大高于发达国家的认可度。这反映出发达国家民众对于“一带一路”倡议作为全球性公共产品的积极影响在认知、理解、信任、支持基础上的赞同度有待提高，也反映了文明交流互鉴方案有待进一步走向社会交往实践，落地生根。

从民心相通建设看，丝绸之路经济带倡导建设共商共建共享的命运共同体，它的一个重要社会目标就是通过人文交流合作，促进不同文明交流互鉴，进而促进沿线各国各地区民众在内心深处赞同“一带一路”倡议。发达国家民众对“一带一路”倡议的认同略有不足，反映了我们与发达国家民众关于“一带一路”倡议方面的人文交流还不够全面深入，人文交流的双向性、互动性还不够强，导致无法充分相互认识、相互理

① 《已同中国签订共建“一带一路”合作文件的国家一览》，中国一带一路网，2019年4月12日。

② 应妮：《智库报告显示：“一带一路”是海外认知度最高的中国理念和主张》，中国新闻网，2020年9月16日。

解、相互信任、形成共识。例如中国和俄罗斯对“一带一盟”对接合作的认识和理解不同，俄方期望带动俄经济“一片”整体发展，中国则认为主要是项目对接,[①] 结果双方合作的很多项目有待细化、具体化。为此，需要加强与发达国家之间的人文交流，促进与发达国家民众在相互尊重基础上的深入对话，进而增强彼此之间沟通交流的双向性、互动性，促进不同文明交流互鉴。

（三）人文交流合作面临严峻的外部挑战

当今世界正在历经百年未有之大变局，新冠肺炎疫情的全球流行加速了这一大变局演进，世界日益朝多极化、经济全球化、社会信息化、文化多样化深入发展，世界发展面临的不稳定性因素和不确定性因素日益增多，世界经济复苏缓慢，增长乏力。在这一背景下，人文交流合作也面临着一些严峻的外部挑战，阻碍着民心相通发展。例如新冠肺炎疫情暴发以来，在中国与沿线各国合作抗疫过程中，“一些西方国家对中国抗疫行动‘标签化’、‘污名化’”[②]，这些做法都阻碍了中国与沿线各国进行携手抗疫；在中国与欧洲国家守望相助、携手共同抗疫过程中，“欧洲也有人发出一些不实的指责之声”,[③] 个别盟友还“甩锅”，这也都从思想意识层面干扰合作抗疫的顺利推进。与此同时，逆全球化思潮、贸易保护主义、民粹主义、民族主义等社会思潮在国际社会甚嚣尘上，干扰全球化进程；个别国家对“一带一路”倡议及相关项目的歪曲，沿线国家（地区）对“一带一路”倡议的误解、质疑和担忧，也都制约各国各地区在深化对外开放基础上开展和持续推进广泛深入的人文交流与合作，进而阻碍民心相通发展。

---

① 李兴：《“一带一路”框架下的中俄“五通”合作：成就、问题与前景》，《北京教育学院学报》2020 年第 1 期。

② 殷新宇、屈佩：《2020 年中俄社会民调报告：民众对中俄关系充满信心》，《人民日报》2020 年 6 月 28 日。

③ 张明：《推动中欧关系发展需要正确的相互认知》，人民网，2020 年 9 月 14 日。

三 丝绸之路经济带民心相通的发展趋势和对策建议

现实地看，丝绸之路经济带民心相通建设是由沿线不同国家和地区人民作为不同文化主体有目的有意识地开展人文交流活动，进而相互认识、相互了解，形成共识、共同行动推进的。持续地开展人文交流合作，推动沿线各国各地区人民深入对话、交流、沟通，不断促进相互了解和相互信任，扩大、深化共识与合作，是促进民心相通不断发展的根本动力。基于此，针对当前丝绸之路经济带民心相通建设面临的困难和挑战，本报告提出以下几方面建议。

（一）在常态化抗疫中继续深入开展医疗卫生合作，打造健康丝绸之路

当前新冠肺炎疫情仍在全世界流行，人类需要继续共同应对这一威胁全人类生命健康的问题。要以构建人类健康共同体理念为指导，深化和加强沿线各国各地区共同抗击疫情合作，同时积极鼓励和支持各国各地区民间组织、企业和民众参与到这一应对疫情合作中来，继续相互驰援、守望相助、共克时艰；并充分发挥世界卫生组织的作用，推动医疗诊断、疫苗研发应用、中医药研究推广、在线医疗等合作项目，共同打造健康丝绸之路，促进民心相通建设。

（二）促进沿线各国各地区广泛开展交流合作，共同发展网络化、数字化文化产业新模式和新业态，打造数字丝绸之路

当前，沿线各国各地区不仅要继续共同应对疫情、合作抗疫，而且要着力推动本国经济发展复苏，并继续共建“一带一路”、推动相关合作项目的落地。就推动文化产业发展而言，要适应人们在疫情期间文化消费方式和消费内容转变的发展趋势和实际需要，促进沿线各国各地区广泛开展交流合作，共同推动网络化、数字化、在线化社交、音频、教育、阅读、游戏、娱

乐、购物等专门针对客户需求及面向客户端的网络化、数字化文化产业新模式和新业态发展，并以此为基础探索新的数字化内容IP，大力推动其商业化运作来共同发展数字化创意共生等新的生产方式，进而助力这些新模式和新业态的发展及相关领域的人文交流合作，从而不断创新“一带一路”民心相通的交流、对话合作模式和拓展新的领域，发掘人文交流新领域和新渠道，打造数字丝绸之路，促进民心相通发展。

（三）以畅通国内旅游业发展大循环为主体引领和促进我国与沿线各国旅游业的人文交流合作

随着我国经济总体上复苏，旅游业发展也逐步得到了一定程度的恢复。我国经济社会发展将要进入“十四五”新阶段，构建以国内大循环为主体、国内国际双循环相互促进的新发展格局，推动更深层次的改革，实施更高水平的开放。这为我国旅游业发展及与丝绸之路沿线其他国家（地区）持续开展深入广泛的旅游业发展交流、合作开辟了广阔空间。

从内容看，我国构建“以国内大循环为主体、国内国际双循环相互促进的新发展格局”,[①] 就是要通过坚持推进供给侧结构性改革战略方向，不断改善营商环境，充分发挥市场在资源配置中的决定作用，不断释放内需潜力，从而畅通以国内市场为主导的国民经济大循环；并以此为基础，坚持深化和扩大对外开放，“用中国内需大市场带动全球经济复苏”,[②] 进而形成国内循环与国际循环“相互促进、相互配合”[③] 和相互平衡、相互协调的新发展格局。故而，就推动丝绸之路经济带旅游业发展而言，需要通过逐步恢复国内旅游业发展，释放国内旅游消费潜力，畅通国内旅游业发展循环；并以国内旅游业循环为主体，坚持贯彻实施高水平对外开放和区域协调发展战

① 《习近平：推动更高层次改革实行更高水平对外开放，为构建新发展格局提供强大动力》，人民网，2020年9月2日。

② 韩洁、刘开雄、何欣荣：《以改革开放为动力，以新格局打造新优势》，中国新闻网，2020年9月3日。

③ 黄细嘉：《“双循环”背景下的文旅融合发展》，中国江西网，2020年9月24日。

略，以大力建设自由贸易试验区和其他交流合作机制为依托，引领和促进我国与沿线其他国家（地区）旅游业交流合作，从而带动沿线其他国家（地区）旅游业发展，进一步促进我国旅游业发展，并由此促进人文交流合作，促进民心相通。

（四）在继续推进沿线各国各地区人文交流合作基础上，秉持互惠互利的理念，大力加强与发达国家的深入对话，促进相互了解和相互信任

从社会交往实践看，由于民心相通是沿线各国家各地区人民之间开展人文交流合作而形成的共识和共同行动，故而它具有交互主体性的特征。为此，当前丝绸之路经济带民心相通建设，不仅要促进沿线各国各地区民众按照平等对话、自由交流的原则开展人文交流合作；而且要在此基础上围绕“一带一路”倡议及相关合作项目开展深入对话和交流。当然，在日常对外交往实践中，随着“一带一路”倡议的落地及其走深走实，沿线各国各地区也进行了广泛深入的人文交流合作，建立了形式多样的交流合作机制，民心相通建设也获得极大发展。故而，当前要推进民心相通建设，充分建立健全和继续拓宽现有对话、交流、合作机制和渠道，继续加强沿线各国各地区人文交流合作，深入开展关于“一带一路”合作的交流和对话。尤其要加强与发达国家民间组织、企业和民众在社会政策、社会制度、文化传统、风俗习惯、价值信念、宗教信仰、心理情感、社会发展实际状况等方面的人文交流，以及在社会发展的实际状况、社会发展规划、与“一带一路”相关的社会发展需要和潜在需求等方面的对话，促进我国民众与发达国家民间组织、企业、民众之间在相互尊重基础上，秉持互利互惠的原则，进行深入沟通和互动，进而促进彼此相互包容、相互了解和相互信任，并在此基础上对建设“一带一路”形成共识，进而深化彼此合作，增进民心相通。需要注意的是，在多元文化交往中，不仅要关注不同文化体系之间的“同”，看到“异中有同”，做到求同存异，而且尤其要关注不同文化体系之间的“异”，看到“同中有异”，并就不同文化体系之间存在的差异，选择相应的交流内

容、采取相应的对话方式，从而在求同中真正尊重多样、包容差异。

为此，要继续探索多国多地区联合开发的文化娱乐和文化教育等合作项目，并继续推进联合考古和遗产保护等，引导我国民间组织、企业和民众与发达国家民间组织、企业和民众持续开展多层次多领域的文化交流与合作。而且，要促进企业在跨国开展经贸活动中，继续走进当地经济和社会生活，在充分认识和了解当地文化生活、推动经贸发展的同时，加强与当地民众的对话交流、沟通与互动。此外，还要借助于这些平台和载体，在与其他国家民众开展人文交流合作中，大力促进我国民众了解其他国家（地区）社会制度、社会政策、文化传统、宗教信仰、风俗习惯、社会发展状况及社会发展潜在需求和实际需要等，并根据各国家各地区在这些方面存在的差异，制定相应的传播策略、采取相应的传播手段，进而秉持互惠互利的精神，推进与其他国家民间组织、企业和民众的深入交流、对话，促进相互了解和相互信任，形成共识和合作，从而推动民心相通。

（五）借助媒体、智库等平台，对内引导和教育民众科学理性地看待网络信息和运用网络媒体，树立个人良好形象，对外讲好中国故事，消除对中国善意的质疑

面对当前全球严峻的疫情形势和复杂的经济发展形势，针对沿线各国各地区人文交流合作存在严峻的外部挑战，一方面，要加强媒体对社会舆论和人们思想意识的引导，回应民众的价值期盼和价值关切。具体而言，要融合传统纸媒舆论场和思想意识场与网络数字媒体舆论场和思想意识场，畅通官方思想意识和舆论与民间思想意识和舆论，让民众听到更多的真实声音，了解真实情况，并引导民众科学合理地认识和评判这些信息，同时提高政府公信力。与此同时，还要加强民众教育，提升民众理性运用各种网络平台和自媒体的水平和能力，引导民众理性地辨别各种网络信息，并调整和规范自己在网络平台和自媒体的语言和行为，树立良好的形象。另一方面，要畅通在华外国人了解我国社会发展相关政策和措施、共建“一带一路”的积极意义和战略规划布局及落地情况的渠道，也要借助于沿线其他国家智库、媒体

及有影响力的人物、侨民、留学生等，实事求是地在当地宣传和介绍“一带一路”倡议的积极意义及相关合作项目取得的成果，传达中国政府、企业、民众对促进沿线各国各地区经贸发展的善意，消除沿线各国各地区民众对于中国善意的误解、疑虑和担忧。

国内合作篇

Domestic Cooperation Articles

B.11

2020年丝绸之路经济带国内西北段发展报告

张　涛*

摘　要： 自“一带一路”倡议实施以来，西北五省（区）积极融入“一带一路”，在新时代推进西部大开发形成新格局、黄河流域生态保护和高质量发展等重大战略机遇面前，发挥各自优势，丝绸之路经济带建设取得了新进展。2019年，丝绸之路经济带国内西北段开放新格局加快形成，贸易平台效应显现，人文交流实现常态化，发展环境不断优化。但西北地区城市群在丝绸之路经济带国内段建设中发挥的引领作用不充分，城市群之间合作开放不够深入，对外合作开放的平台载体作用发挥不足，“走出去”的外部环境不确定因素增加。需要支持西北地区高质量建设城市群，加快构建以国内大循环为

* 张涛，陕西省城市经济文化研究会常务副会长，研究方向为区域经济。

主体、国内国际双循环相互促进新发展格局，全面提升西北地区开放水平，支持西北地区建设产业发展联盟，加强生态领域合作，形成加快西北地区向西开放、东西双向互济、陆海内外联动的合力。

关键词： 丝绸之路经济带　国内段　西北五省（区）

自“一带一路”倡议实施以来，丝绸之路经济带国内西北段五省（区）紧抓西部大开发和“一带一路”建设新机遇，依托向西开放的前沿优势，以中心城市建设为引领，以城市群建设带动区域协调发展为目标，集聚发展要素，积极拓展对外开放的深度和广度，国内、国际市场不断拓展，开放型经济活力日益增强，丝绸之路经济带建设取得新进展。

一　西北五省（区）融入“一带一路”建设现状

（一）开放新格局加快形成

丝绸之路经济带国内西北段五省（区）发挥区位优势，紧紧围绕各自在“一带一路”建设中的目标定位要求，推动形成开发开放新格局。陕西省围绕打造“一带一路”五大中心，连续出台年度行动计划，构建与沿线国家的交流、沟通、磋商渠道和机制，推动西安国家中心城市建设，推动关中平原城市群高质量发展，推进西安—咸阳一体化发展。西安、宝鸡、延安三市入选国家物流枢纽承载城市名单。西安国际港务区建成了全国唯一具有国际、国内双代码的内陆港口。中欧班列（西安）集结中心纳入国家示范工程。甘肃省把准“向西开放的重要门户和次区域合作战略基地”的定位，围绕打造“五个制高点”，推动兰州新区加快聚集发展，先后建成武威保税物流中心和兰州新区综合保税区。兰州市、天水市先后获批建设跨境电子商务综合试验区。青海省紧紧围绕打造向西开放的战略通道、商贸物流枢纽、重要产业和人文交流基地的目标要求，加大对外交流力度，构建连接东西、贯通南北的立体交通通道，不断加强丝绸之路经济带沿线国家和地区的经贸往来。甘肃省与青海省携手推进兰州—西宁城市群。宁夏加快推进内陆开放型经济试验区建设，打造沿黄城市群，推动形成多元化市场布局。新疆坚持以丝绸之路经济带核心区建设统领开发开放工作，相关政策体系不断完善，经贸合作不断深化。同时，丝绸之路经济带国内西北段五省（区）积极参与共建西部陆海新通道，促进西部内陆地区形成更加开放的新格局。

（二）贸易平台效应显现

丝绸之路经济带国内西北段五省（区）坚持把加强贸易往来作为扩大开放的基础工作，挖掘自身优势，搭建对外合作开放平台，拓展贸易渠道，进出口贸易稳步推进。陕西积极建设境外经贸合作园区、中俄丝路创新园等园区，聚集效应日益显现。甘肃省加快推进兰州、嘉峪关、敦煌三大空港和兰州、天水、武威三大陆港建设和口岸平台建设，已经建成一批覆盖全省、连接沿海及中部省份、辐射“一带一路”沿线国家（地区）的临空产业园区和现代国际物流园区等平台载体。青海省先后设立了 3 个国家级和 7 个省级外贸转型升级示范基地。西宁综合保税区和西宁、海东两个跨境电子商务综合试验区已经获批。宁夏积极打造经贸合作平台，借助中阿博览会，不断加强与周边地区的合作，更加广泛对接国外经贸资源，银川综合保税区、石嘴山保税物流中心、银川公铁物流园的平台作用初显。新疆围绕“集货、建园、聚产业”打造乌鲁木齐国际陆港，加快霍尔果斯、喀什特殊经济开发区建设，加强各综合保税区、边境合作区等重点平台建设，外向型产业聚集水平不断提升。2019 年，陕西省进出口总值 3515.75 亿元，甘肃省进出口总值 379.9 亿元，青海省对外贸易进出口总值 37.2 亿元，其中与“一带一路”沿线国家（地区）实现贸易额同比增长 13.9%。宁夏外贸进出口总值 240.6 亿元，其中对“一带一路”沿线国家（地区）实现 69.2 亿元，比重达到 28.8%。新疆对外进出口总值 1640.9 亿元，增长 23.8%。

（三）人文交流实现常态化

丝绸之路经济带国内西北段五省（区）面向“一带一路”，着力推进民心相通，积极挖掘丰富的自然、历史、人文资源优势，一系列促进人文交流的活动已经实现了常态化。陕西已经成功举办5届丝绸之路国际文化艺术节，先后与联合国世界旅游组织、亚太旅游协会等国际机构合作，组织实施的“国风秦韵—陕西文化周”等一批文化交流项目在海外遍地开花。疫情期间，派遣联合工作组赴塔吉克斯坦助力抗疫任务。甘肃省成功举办4届丝绸之路（敦煌）国际文化博览会。持续实施“丝路花雨”“大梦敦煌”等精品项目西进工程。青海省与土库曼斯坦达成教育合作备忘录，实施互派留学生计划，对外开展藏医药文化交流，连续成功举办18届环青海湖国际公路自行车赛，引领带动了国际冰壶精英赛、国际高原攀岩大师赛等。宁夏已经成功举办了4届中国—阿拉伯国家博览会。新疆积极实施丝绸之路经济带教育、科技、文化行动，与60余个国家和地区开展对外文化交流，连续多年举办中国新疆国际民族舞蹈节等系列活动。

（四）发展环境不断优化

丝绸之路经济带国内西北段五省（区）深入推进放管服改革，坚持市场准入、简化项目投资、工程建设等环节和流程，在各级政务大厅推行“一窗通办”，围绕贯彻国务院出台的《优化营商环境条例》，实施一系列激发市场主体活力的举措。陕西省将持续优化营商环境作为实现追赶超越的重要保障，将2019年作为“营商环境深化年”。甘肃省出台打破垄断、开放重点领域吸引社会资本参与、清理不合理限制等九项措施。青海省聚焦投资审批改革领域难点问题，实施“审批破冰工程”。宁夏积极构建智能化政务服务体系，全面推行“一窗受理、集成服务”。新疆深化“证照分离”“多证合一”改革，完善企业注销“一网服务”，提高许可和注销便利化程度。

二　丝绸之路经济带国内西北段建设应重视的问题

（一）西北地区城市群发挥的引领作用不充分

西北地区城市群是丝绸之路经济带建设的重要载体，是实现跨区域经济协作发展、产业合作分工的重要支撑。当前，丝绸之路经济带国内西北段关中平原城市群、兰州—西宁城市群、天山北坡城市群、宁夏沿黄城市群、呼包鄂榆城市群等的内部协同创新发展机制、体制并没有真正建立，产业同质化、区域发展不平衡不充分的矛盾依然十分突出，城市群核心城市对毗邻城市的虹吸效应明显，城市群内部城市规模不均、城市数量不足、空间组织稀松，城市间经济发展差距逐渐拉大。

以关中平原城市群为例，核心城市西安与周边城市发展近10年的数据对比显示，2010～2019年十年中，西安常住人口增加了173.57万人，咸阳减少了53.86万人，铜川减少了4万人，渭南减少了0.8万人，运城增加了23.78万人，临汾增加了19.18万人，商洛增加了3.74万人，天水增加了10.64万人，平凉增加了5.73万人，庆阳增加了6.76万人。而作为关中平原城市群次核心城市的宝鸡市10年间常住人口仅增加了4.43万人。2019年西安GDP是咸阳的4.25倍，是宝鸡的4.19倍，是天水的14.73倍，是平凉的20.41倍，是庆阳的12.55倍，是铜川的26.28倍，是渭南的5.1倍，是运城的5.96倍，是临汾的6.42倍，是商洛的11.13倍。2019年，西安市进出口占陕西省总额的92.2%。

（二）西北地区城市群之间合作开放不够深入

西北地区跨省区合作机制还不完善，虽然西北五省（区）之间签署了系列合作协议，但推进分工协作发展的规划、举措缺乏深度，合作发展的步伐不大、进度不快。西北地区的城市群内部之间在开放合作、城市规划建设、民生和社会建设资源信息共享等方面存在行政壁垒、“信息

孤岛”现象，相关产业发展存在同质化竞争，产业间相互配套协作不够，与周边地区、城市群间的联合、联动、协作开放不足，开发开放平台不够多元。

地处内陆的西北地区的城市群与沿海开放地区的城市群不同，其城际经济联系不够紧密，城乡发展差距大且城乡融合水平低，城市带动乡村的作用不明显，城乡之间发展要素双向流动的制度没有真正建立，开放创新的平台、手段少，在一定程度上影响了城市群县域经济的发展，制约了城市群中小城市的发展，导致大城市吸附能力越来越强、小城市越来越弱。

（三）对外合作开放的平台载体作用发挥不足

西北五省（区）由于地区间发展差距较大，规划建设的陆港、空港、保税区在贸易便利化、综合服务体系建设方面存在不少差距，一些省（区）的口岸服务，涉及外事、海关、商检、金融、外汇等多部门协同的贸易便利化服务水平较低。西安作为目前西北地区唯一的国家级自贸试验区，全面执行自由贸易政策的试点经验难以在西北地区推广。西北五省（区）举办的一系列文化经贸节庆活动，缺乏统筹和创新，在组织方式和对外联系上没有形成合力，节庆活动的品牌效应没有充分发挥。一些对外合作的园区存在招商同质化竞争，中欧班列互相协作不足，争抢货源、线路的现象时有发生。

（四）“走出去”的外部环境不确定因素增加

近年来，由于中亚地区大多数国家基础设施薄弱，共建丝绸之路经济带的能力较弱，法治水平、营商环境、外汇储备、贸易便利化等软环境建设滞后，普遍存在人员、货物出入境手续繁杂、签证时间长、收费高等现象。一些国家的工作签证过于苛刻，办理签证难，导致企业在项目实施中因签证办理不及时工期延误的情况屡有发生。一些国家政局不稳定，政策连续性、稳定性不高，中资企业的合法权益受到威胁。加之，受疫情影响一些国家出现

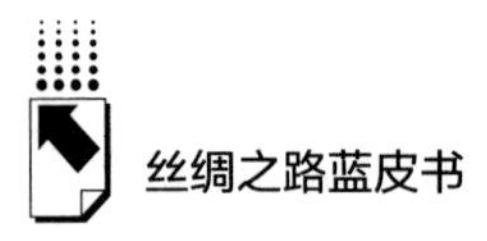

逆全球化浪潮。西北五省（区）普遍存在对国别研究不足，“走出去”的制约因素明显，一些外贸、外资企业面临国际订单减少、物流不畅等困难。

三 “十四五”期间支持西北五省（区）开发开放的建议

（一）支持西北地区高质量建设城市群

西北地区城市群关系着丝绸之路经济带国内西北段建设。高质量建设西北地区城市群是加快构建以国内大循环为主体、国内国际双循环相互促进新发展格局的重要引擎，是实施区域协调发展战略、破解区域发展不协调不充分的重要抓手。建设城市群首先要建好“群”，一要多层密织城市群的城市组织网。从一城独奏向城市群整体合奏转变，群策群力，统筹谋划具有国家中心城市、区域中心城市、中小城市和小城镇等多层级功能的城市群整体发展。二要增强关中平原城市群带动引领大西北的作用。处在内陆地区的关中平原城市群不同于沿海发达地区的城市群，其内部经济协作联系本身不够紧密，城市空间组织稀松，仅仅依靠西安市一个“单核”带动区域发展，其作用有限，也不利于突出的“城市病”问题的解决。要支持西安、咸阳两市共建城市群的核心，成立西安、咸阳“大党委”“大工委”，统筹推动西安—咸阳一体化，破除西安—咸阳一体化发展的空间和行政掣肘，聚力共建西安（咸阳）国际化大都市，形成功能互补、“双核”驱动、节点城市互为支撑的城市群带动模式。三要补齐交通基础设施短板，全方位构建西北地区对外开放大通道，要进一步推进完善城市群内部城际网络，以及各城市间城际铁路、高速公路、干线公路与城市轨道交通、地面公共交通的有效衔接，进一步缩减各城市间的时空距离。抢抓新时代推进西部大开发形成新格局、黄河流域生态保护和高质量发展等重大战略机遇，增强关中平原城市群与兰州—西宁城市群、宁夏沿黄城市群、呼包鄂榆城市群之间的联合、联动、协作发展，带动辐射西北的能力。

（二）支持西北地区全面提升开放水平

“十四五”期间，建议国家加大对西北五省（区）开放平台建设的政策、项目和资金支持力度。支持西安、咸阳“双核”建设关中平原城市群。支持陕西汉中发挥连接西北、西南的区位优势，将其打造成为西北地区连接西部陆海新通道的枢纽城市。在西北地区全面复制西安自贸试验区实践经验，支持青海、新疆等省区建设自贸试验区。支持西北地区跨境电商综合试验区建设。全面贯彻国务院出台的《关于加快推进政务服务“跨省通办”的指导意见》，支持西北地区开展“跨省通办”先行试点。

（三）支持西北地区建设产业发展联盟

统筹国内国外两个市场，以加快构建以国内大循环为主体、国内国际双循环相互促进新发展格局为目标，支持丝绸之路经济带国内西北段各省区建设产业联盟，“抱团”发展，加强西北地区向西开放、东西双向互济、陆海内外联动的合力。一是建设丝绸之路经济带国内西北段现代物流产业联盟，统筹推进航空、铁路、公路货运，避免无序竞争，合力建设西北地区多式联动现代物流体系，特别是建立西北五省（区）中欧班列联运机制，提升班列运行效益。二是建设西北五省（区）大数据产业联盟，建设西北地区公共信息分享平台、数字商业平台、物联网产品认证体系等。三是建设西北五省（区）会展商贸产业联盟，加强会展、商务领域的会商，创新办会机制、内容，整合相关合作交流的平台，形成对外开放交流合作的合力。四是建设西北五省（区）旅游产业联盟，联合设计精品旅游线路，开展对外旅游营销，做大做强丝绸之路文化旅游品牌。

（四）支持西北地区加强生态领域合作

西北地区是我国能源和生态安全的重要屏障。围绕黄河流域生态保护和高质量发展目标，全面加强西北地区省际生态领域合作，在水资源高效利用、荒漠化治理、旱作农业、湿地保护等领域开展省际合作，共抓大保护，协同推进大治理，大力发展节能环保、循环农业等绿色产业。支持关中—平原城市群建设秦岭国家中央公园、黄土高原生态文明示范区、渭河国家生态文明先行示范区。支持兰州—西宁城市群建设三江源、祁连山等国家公园。支持呼包鄂榆城市群建设乌素沙地综合治理示范区，加大红碱淖湿地保护力度。推动宁夏沿黄城市群和天山北坡城市群生态保护，加快形成绿色产业体系，将西北地区打造成为绿色丝绸之路经济带。

B.12

2020年新疆丝绸之路经济带核心区建设发展报告

王宏丽*

摘　要：2020年，中国经济在突如其来的新冠肺炎疫情影响中寻求突破和发展，新疆更是经历了两波疫情的严重影响，核心区建设迎来了严重的挑战。在国内大循环、国内国际双循环相互促进的新发展格局中，新疆丝绸之路经济带核心区建设要牢牢把握扩大内需这个战略基点，促进生产要素聚集，提升市场活跃程度，扩大资源流动性和开放性，以改革创新激发内涵型增长，打造新发展格局中无法替代的开放发展高地。

关键词：丝绸之路经济带　双循环新发展格局　新疆

2020年，中国经济在突如其来的新冠肺炎疫情影响中寻求突破和发展，“外防输入、内防反弹”“疫情防控常态化”“统筹推进疫情防控和经济社会发展”成为经济社会领域热词。新疆更是经历了两波疫情的严重影响，核心区建设亦是在艰难的考验中逐步实现恢复性增长与发展。

一　2019~2020年新疆丝绸之路经济带核心区建设总体进展

2020年，新疆丝绸之路经济带核心区步入7周年建设历程。“统筹推

* 王宏丽，新疆社会科学院经济研究所副所长、副研究员，研究方向为区域经济学。

进新冠肺炎疫情防控与丝绸之路经济带核心区建设”，成为 2020 年工作部署总基调。

（一）战略定位及实施方案

2020 年 4 月 16 日，新疆推进实施“一带一路”建设领导小组办公室印发《2020 年自治区推进丝绸之路经济带核心区建设工作要点》（以下简称《工作要点》）。《工作要点》核心内容延承了 2018 年 11 月自治区党委九届六次筹划的核心区建设总基调：抓好丝绸之路经济带核心区建设，着力推进“一港”“两区”“五大中心”“口岸经济带”建设。《工作要点》指出：2020 年，核心区建设以“一港、两区、五大中心、口岸经济带”为主线，强化保障措施 5 部分 17 项工作任务，以扩大对内对外开放为引领，扎实推进核心区建设走深走细走实，确保取得一批标志性、引领性、可视性成果。①

2020 年 4 月，新疆发布《中欧班列（乌鲁木齐）集结中心建设方案（2020～2024 年）》，围绕“集货、建园、聚产业”的总体发展思路，提出力争通过 5 年时间，全面建成现代化的中欧班列（乌鲁木齐）集结中心，形成以乌鲁木齐为枢纽中心，以阿拉山口、霍尔果斯为支点，成为丝绸之路经济带商贸物流中心和交通枢纽中心的主要支撑。八大重点任务分别为：加快重大基础设施建设、完善物流节点网络体系、创新优化班列组织模式、强化班列专业服务平台、拓展对外开放功能平台、提升通关便利化水平、加强与沿线国家合作、推进外向型产业发展。② 2020 年，乌鲁木齐国际陆港区建设围绕“推进班列集货提质、推动园区建设提速、加快产业集聚提效、推进平台功能提升”四大方面开展。

在应对新冠肺炎疫情方面，新疆扎实做好“六稳”工作、落实“六保”

---

① 《新疆印发〈工作要点〉部署推进 2020 年丝绸之路经济带核心区建设》，人民网，http：//xj. people. com. cn/n2/2020/0423/c186332 - 33970248. html，最后访问日期：2020 年 8 月 16 日。

② 《新疆发布〈中欧班列（乌鲁木齐）集结中心建设方案（2020～2024 年）〉多措并举提升乌鲁木齐交通枢纽能力》，http：//www. urumqi. gov. cn/sy/jrsf/443082. htm，最后访问日期：2020 年 7 月 16 日。

任务，力促外贸外资形势企稳向好。2020 年 2 月，乌鲁木齐海关出台《乌鲁木齐海关关于应对疫情影响　促进外贸增长的 15 项工作举措》；2020 年 3 月，乌鲁木齐海关出台《乌鲁木齐海关关于支持中欧班列发展的十二项措施》《乌鲁木齐海关关于支持新疆综合保税区发展的八项措施》。2020 年 8 月，乌昌海关出台支持乌鲁木齐国际陆港区中欧班列集结中心发展 8 项措施，确保疫情期间国际产业链供应链畅通。[①] 上述政策的出台，着力解决企业受疫情影响产生的滞报金等现实问题，提升贸易便利化水平和海关监管信息化水平，扩大海关便利措施惠及面，有效地支持外贸企业复工复产，促进外贸企业企稳向好，有力保障中欧班列和综合保税区的恢复发展。

2020 年 7 月 15 日，新疆维吾尔自治区人民政府办公厅下发《关于印发中国（乌鲁木齐）跨境电子商务综合试验区实施方案的通知》，提出建立完善跨境电子商务“两个平台”和跨境电子商务“六个体系”，推动跨境电子商务与产业融合发展和跨境电子商务国际合作，完善跨境电子商务人才培养机制，建设立足新疆、聚合周边、辐射亚欧的跨境电子商务中心。

2020 年 8 月 24 日，新疆维吾尔自治区人民政府办公厅下发《关于印发自治区进一步优化营商环境更好服务市场主体的实施方案的通知》，在持续提升投资建设便利度、进一步简化企业生产经营审批和条件、优化外贸外资企业经营环境、进一步降低就业创业门槛、提升涉企服务质量和效率、完善优化营商环境长效机制等六大方面制定了 20 条细则，更大力度地深化放管服改革优化营商环境。

（二）建设现状与成效[②]

深度融入“一带一路”、建设好丝绸之路经济带核心区，是新疆实施的

① 这 8 项措施包括：助推中欧班列快速通关、压减申报成本、优化进出口货物查检、支持集结中心建设、支持中欧班列枢纽港建设、支持集结中心拓展业务范围、提升中欧班列贸易便利化水平和营造良好营商环境。

② 本部分内容中相关的政府发展思路及做法引用自《政府工作报告》，新疆维吾尔自治区人民政府网站，file：///C：/Users/67429/Desktop/政府工作报告 2020 年 1 月 6 日 . pdf，最后访问日期：2020 年 8 月 28 日。

三大重点战略之一。

围绕以“一港、两区、五大中心、口岸经济带”为主线的丝绸之路经济带核心区建设，2020年新疆提出：在“一港”建设方面，“全力以赴推进中欧班列乌鲁木齐集结中心建设，统筹推进乌鲁木齐陆港区和综合保税区建设”，全面打造新疆丝绸之路经济带核心区建设的标志性工程。2020年上半年，陆港区已有34个重点建设项目开工建设，完成投资额12.28亿元；支持中欧班列恢复性增长，1～6月，开行中欧（中亚）班列410列（其中：中欧47列，中亚302列，返程61列），6月当月开行突破100列，达到106列，环比增长8.2%，自2014年以来已累计开行中欧班列3678列，开行线路增至21条，通达亚欧19个国家26个城市；推动和田—喀什—乌鲁木齐集拼集运班列常态化开行，自2019年9月开行以来，已累计开行26列，有力助推了南疆脱贫攻坚。①

在“两区”建设方面，新疆提出“着力提升霍尔果斯、喀什经济开发区建设水平，延续和优化优惠政策”。霍尔果斯经济开发区，是口岸功能不断提升发展的国家一类综合口岸，公路运输、铁路运输、管道运输和国际光缆全方位发展，新边民互市主体完成，进口肉类、进境水果指定监管场地、全疆首个进境动物指定隔离检疫场地通过验收，进口肉类占全疆进口量的70%以上，“一带一路”农副产品快速通关“绿色通道”开通，果蔬通关时间由原来2小时压缩至0.5小时，出口果蔬量居新疆首位，是第一批设置“一带一路”通道的全国6个陆路口岸之一。2020年，霍尔果斯口岸正式获批成为药品出口口岸、化妆品进出口口岸及中药材进出口口岸，功能性口岸数量进一步增加，在全疆的口岸地位进一步提升。喀什经济开发区始终肩负着新疆特别是南疆地区对外开放的发展重任，利用综合保税区和深圳产业园，力图在国家“陆海内外联动、东西双向互济”开放新格局建设中再谋新发展。霍尔果斯、喀什经济开

① 中华人民共和国国务院新闻办公室：《新疆举行2020年上半年丝绸之路经济带核心区建设进展情况发布会》，http://www.scio.gov.cn/xwfbh/gssxwfbh/xwfbh/xinjiang/Document/1683783/1683783.htm，最后访问日期：2020年8月28日。

发区2020年上半年都实现固定资产投资、一般公共预算收入、招商引资到位资金等多项指标的快速增长。

在“五大中心”建设方面，新疆提出，“支持乌鲁木齐、哈密、库尔勒、喀什等地建设国家物流枢纽，加快商贸物流中心建设，推进国家区域医疗中心建设，深化丝绸之路经济带创新驱动发展试验区建设”。新疆仍然以重大基础设施建设项目和重大经济社会项目为抓手，全力打造以乌鲁木齐为核心的交通枢纽中心、商贸物流中心、文化科教中心和区域金融中心，以及覆盖中亚的医疗服务中心。2019年，新疆实现进出口贸易总额2370.9万美元，同比增长18.5%。做好设施联通，增强根基建设。全力推进“五横七纵”高速、高等级公路网，七大国家级公路运输枢纽，4条东联内地和8条西出国际12条公路大通道建设。在设施联通建设上，每年都落实推进重大项目。在铁路交通上，不断刷新新疆铁路新线路及铁路里程纪录，铁路运营里程突破6000公里，兰新高速铁路开通五周年。有民航机场21个，运营新疆航空市场定期航班的航空公司29家。全疆14个地州市之间的高速公路全部联通。能源大通道建设上，“疆电外送”“西气东输”的三期、四期建设项目持续推进。与周边国家开展国际道路运输双边合作，开通国际道路运输线路107条，国际道路运输企业有近百家。新疆丝绸之路经济带创新驱动发展试验区聚集了130余家产学研机构，战略性新兴产业增加值同比增长了13%，高新技术制造业增加值增长了33%。以丝绸之路经济带创新驱动发展试验区和乌昌石国家自主创新示范区为载体，开展了20项科技创新试点，推动科技创新和经济社会发展深度融合。深化与“一带一路”沿线国家经贸合作，国际产能合作取得新成效。吸引和支持各类企业来疆投资兴业，落实区外招商引资项目3475个，引进区外到位资金3443.8亿元。①

在“口岸经济带”建设方面，新疆提出，“实施印发《新疆口岸经济发展

---

① 《政府工作报告》，新疆维吾尔自治区人民政府网站，file：///C：/Users/67429/Desktop/政府工作报告2020年1月6日.pdf，最后访问日期：2020年8月28日。

规划（2020～2030年）》，大力发展外向型经济，推进边境口岸经济带加快发展”。2019年，新疆口岸边境小额贸易进出口额为988亿元，同比增长21.2%；新疆口岸对7个上海合作组织成员国进出口额为2617.7亿元，同比增长10.6%；新疆口岸对欧亚经济联盟成员国进出口总值2186.5亿元，同比增长7.9%；新疆口岸出口纺织服装703.1亿元，相比增长8.6%。新疆口岸经济发展的主要表现是：新疆口岸边境小额贸易出口仍是民营企业占主导地位，进口仍是国有企业增长强势；主要边境小额贸易国家是哈萨克斯坦、吉尔吉斯共和国、俄罗斯联邦、塔吉克斯坦和巴基斯坦；霍尔果斯、都拉塔特、吐尔尕特口岸分列边境小额贸易的前三位；出口主要商品为服装及衣着附件、机电产品、鞋类、纺织纱线、织物及制品和文化用品。

二 2019～2020年新疆丝绸之路经济带“五通”建设进展

当前，在内外环境复杂多变、新冠肺炎疫情冲击影响、机遇与危机并存的2020年，以“一港、两区、五大中心、口岸经济带”为主线的核心区建设在恢复性发展中艰难前行，日渐迎来往昔的“正增长”。

（一）“政策沟通”进展

受新冠肺炎疫情的影响，人员、物资等阻滞，政府各层级间互访洽谈、国际性会议交流等暂缓进行。借助互联网、大数据、云平台等新兴互联网技术，“线上”——数字化、智慧化、平台化的兴起，“政策沟通”正在开启一个全新的交流模式。

（二）“设施联通”进展

2020年6月，交通运输部批复了《关于新疆维吾尔自治区开展交通运输高水平对外开放等交通强国建设试点工作的意见》，将在交通运输高水平对外开放、跨区域综合运输大通道建设、综合交通枢纽一体化发展、交通与

旅游等产业融合发展等方面开展试点工作。[①] 新疆即将迎来“设施联通”快速发展的新时期。

新疆继续加快推进铁路、公路、航空、管道、网络通信等设施联通建设，不断提升联通水平。2020 年上半年，铁路项目年度投资累计完成 64.4 亿元，完成年度投资计划的 46%，和田至若羌铁路等续建项目全部复工，阿克苏至阿拉尔铁路项目开工建设；公路项目完成投资 209 亿元，同比增长 12.9%，巴里坤至木垒高速公路、乌拉斯台至塔克什肯公路、老爷庙口岸至巴里坤公路、布伦口—红其拉甫公路（含阔热买勒达坂—卡拉苏口岸连接线）等口岸公路建设加快推进；于田、昭苏、塔什库尔干机场等新建项目以及乌鲁木齐、伊宁、阿克苏、喀什、吐鲁番机场等改扩建航空项目正在加紧推进；在网络通信方面，电信、联通公司分别开通了乌鲁木齐区域性国际出入口局，跨境光缆达到 19 条；在管道运输方面，正式启动“疆电外送”第三通道及“西气东输”四线的相关工作。[②]

（三）“贸易畅通”进展

2020 年 1 ~6 月，新疆外贸进出口总值 553.4 亿元，与上年同期相比下降 11.5%，与前 5 个月相比降幅收窄了 4.4 个百分点。其中，出口 334.5 亿元，下降 26%；进口 218.9 亿元，增长 26.1%；贸易顺差 115.6 亿元，收窄 58.5%。6 月当月进出口总值 112.7 亿元，同比增长 10.6%，其中出口 77.1 亿元，增长 14.8%；进口 35.6 亿元，增长 2.4%。[③]

2020 年，乌鲁木齐入选国家跨境电商进口试点城市，这对新疆加快推

① 新疆维吾尔自治区交通运输厅：《交通运输部关于新疆维吾尔自治区开展交通运输高水平对外开放等交通强国建设试点工作的意见》，http://jtyst.xinjiang.gov.cn/xjjtysj/ghjh/202007/9b128376a90a4dce8d2d4c3cfbca8df4.shtml，最后访问日期：2020 年 10 月 8 日。

② 中华人民共和国国务院新闻办公室：《新疆举行 2020 年上半年丝绸之路经济带核心区建设进展情况发布会》，http://www.scio.gov.cn/xwfbh/gssxwfbh/xwfbh/xinjiang/Document/1683783/1683783.htm，最后访问日期：2020 年 7 月 16 日。

③ 中华人民共和国乌鲁木齐海关统计数据，http://urumqi.customs.gov.cn/urumqi_customs/556675/556651/556655/index.html，最后访问日期：2020 年 9 月 13 日。

进跨境电商的创业创新以及促进外贸高质量发展是一个新契机。

2020 年，受新冠肺炎疫情的影响，航空、海运等传统运邮通道受阻，霍尔果斯口岸成为疫情期间国际邮包运输新渠道，实现出境邮包同期增长近 20 倍。

2020 年 5 月，中国—哈萨克斯坦—土库曼斯坦集装箱班列新线路开行，该班列自中国济南南站始发，从霍尔果斯出境后，途经哈萨克斯坦的阿腾科里和波拉沙克，最终抵达土库曼斯坦基普恰克。班列由 44 个 40 尺拼箱货集装箱组成，全程运行时间为 8 天。[①] 2020 年 6 月，中欧班列“中吉乌”公铁联运国际货运班列开通，始发于兰州、装载出口电器产品，先经铁路运输至喀什，再由公路运输从喀什的伊尔克什坦口岸出境至吉尔吉斯斯坦奥什，再通过铁路运送到乌兹别克斯坦首都塔什干。这趟“铁路—公路—铁路”多式联运方式的国际货运返程货物为进口棉纱，相比于中欧班列经哈萨克斯坦再到乌兹别克斯坦的线路而言，运输时间预计节约 5 天。[②] 当前，中亚五国均将中欧班列作为与中国贸易往来的主要物流方式。

（四）“资金融通”进展

“资金融通”建设，是新疆丝绸之路经济带核心区建设的重要内容，也是核心区建设成效的一个标志性指标。截至 2020 年 6 月底，新疆已与哈萨克斯坦、美国、南非等 103 个国家和地区开展了人民币跨境收付业务，收付累计额达 2411. 83 亿元，试点银行为新疆企业和境外银行办理各项融资业务余额 269. 7 亿元。2020 年 4 月，出版发行了哈萨克斯坦新税法中文译本。[③]

---

① 中华人民共和国驻土库曼斯坦大使馆经济商务处：《中国—哈萨克斯坦—土库曼斯坦集装箱班列新线路开行》，http：//tm. mofcom. gov. cn/article/jmxw/202005/20200502966340. shtml，最后访问日期：2020 年 7 月 16 日。

② 中华人民共和国乌鲁木齐海关：《“中吉乌”公铁联运国际货运班列开通》，http：//www. customs. gov. cn//urumqi_ customs/556645/556648/3168858/index. html，最后访问日期：2020 年 8 月 10 日。

③ 中华人民共和国国务院新闻办公室：《新疆举行 2020 年上半年丝绸之路经济带核心区建设进展情况发布会》，http：//www. scio. gov. cn/xwfbh/gssxwfbh/xwfbh/xinjiang/Document/1683783/1683783. htm，最后访问日期：2020 年 7 月 16 日。

（五）“民心相通”进展

席卷全球的新冠肺炎疫情，使各国民众深受影响。在哈萨克斯坦政府的邀请下，2020 年 4 月 9 日，新疆选派来自自治区人民医院、自治区中医医院、新疆医科大学第一附属医院、伊犁哈萨克自治州友谊医院、伊犁州疾病预防控制中心等医疗机构的 10 位专家，组成中国政府赴哈萨克斯坦抗疫医疗专家组，协助哈萨克斯坦开展疫情防控工作。[①]

在医疗服务中心方面，新疆 12 家医院加入上海合作组织医院合作联盟，与周边的国家建立了远程医疗服务平台，为外籍患者提供专业化、便捷化医疗服务。特别是针对疫情，选派 3 批医疗队分赴巴基斯坦、哈萨克斯坦和吉尔吉斯斯坦等国支援当地抗击疫情，进一步增进了友好交流、促进了民心相通。

“一带一路”倡议所倡导的健康丝绸之路在 2020 年用事实向世界展现国家间、政府间积极参与全球性公共卫生治理的必要性、重要性以及可能性。加强“一带一路”沿线国家（地区）间医疗卫生领域的合作，推进健康丝绸之路建设，正在走向现实。

在科技合作方面，中塔煤电能源清洁转化及高效综合利用联合实验室、中哈油气开发技术联合研究中心、中哈农业技术转移示范基地建设、中哈果蔬联合研究中心等一批国家“一带一路”科技创新行动计划加快推进。

三　2019~2020年新疆丝绸之路经济带核心区建设的困难与问题

2020 年，本是新疆凝心聚力、精耕细作丝绸之路经济带核心区“工笔画”的一年。新冠肺炎疫情的常态化趋势，成为百年未有之大变局的催化

---

① 中华人民共和国驻哈萨克斯坦共和国大使馆经济商务处：《中国政府医疗专家组赴哈萨克斯坦协助抗疫》，http：//kz. mofcom. gov. cn/article/todayheader/202004/20200402953877. shtml，最后访问日期：2020 年 7 月 16 日。

剂，外部发展环境恶化、竞争加剧、风险增多、压力增大。新疆丝绸之路经济带核心区建设也在内外多重因素叠加、相互交织、相互影响中面临着发展困难和问题。

（一）内外环境变化深刻影响核心区建设

当前世界面临经济发展滞缓、发展动力不足、逆全球化趋势走高、全球范围内经贸摩擦增多、全球市场不稳等不利因素。

全国区域发展空间格局调整弱化了核心区地位的区位优势。《关于新时代推进西部大开发形成新格局的指导意见》《西部陆海新通道总体规划》等国家重大发展战略，将推动中国形成深化陆海双向开放新的空间格局。同时，在以国内大循环为主体、国内国际双循环相互促进的新发展格局中，国内市场的再挖掘、再开拓，会突出国内消费需求、消费市场的重要性，这会相对弱化新疆丝绸之路经济带核心区的空间地理区位优势。

制度性优势逐渐弱化，加剧了核心区建设的竞争性。霍尔果斯经济开发区、喀什经济开发区等开放高地优惠性政策逐渐到期，中哈边境合作中心以往的制度优势逐步消失，发展再遇瓶颈。

（二）两波疫情冲击深度影响核心区建设

新疆经历了两波疫情，时间长达 90 余天，涉及的范围相对较广，对于发展至关重要的流动性受到较大的限制，在统筹疫情防控和经济发展方面，新疆经历了较为深刻的考验。

在全面防控疫情时期，人员流动、物资往来、生产活动等受到影响。但目前尚难以有较为全面的数据用以衡量经济社会所受影响的程度，在此仅分析这一时期的新疆进出口贸易情况及口岸建设方面的情况，以期考察对新疆丝绸之路经济带核心区建设的影响。

2020 年第一季度，新疆对外贸易进出口总值为 272.4 亿元，与上年同期相比下降 12.4%。2020 年第一季度，新疆对外贸易进出口总值同比下降明显，且每个月进出口贸易总值与上年同期相比均下降，其中，3 月下降程

度最大，同比下降 31. 0% 。这也是 2020 年新疆对外贸易进出口总值当月同比最大下降值。①

2020 年 1 ~ 8 月，新疆对外贸易进出口总值为 890. 9 亿元，同比增长 1. 1% 。新疆对外贸易进出口总值已经恢复至 2019 年同期水平，出口总值同比略为下降，进口总值同比仍保持增长态势，只是增长幅度下降较大，仍然呈现比较明显的贸易顺差格局。②

阿拉山口口岸进出境中欧班列数同样经历了大幅下降、逐步回升、全面增长的过程。2020 年 2 月 1 日至 20 日，阿拉山口日均进出境中欧班列 4 列，相较于上年同期日均 9 列的水平，降幅较大。3 月，日均进出境中欧班列达到 10. 9 列，恢复至上年同期水平。2020 年第一季度，新疆口岸进出境中欧班列 1482 列，同比增长 7. 39% 。③

疫情对新疆丝绸之路经济带核心区建设的影响，还体现在新疆边境口岸的开放方面。2020 年 9 月 8 日，吐尔尕特口岸恢复货运通关，结束了自 2 月 5 日吉国单方面停止货运通关而出现的 216 天货运不通的情况。④ 同时，根据境外疫情形势的变化，新疆与哈萨克斯坦开通的 5 个陆路口岸中,⑤ 仅有霍尔果斯和阿拉山口始终保持通关状态。

（三）周边国家各种因素降低其经济开放活力

新冠肺炎疫情对周边国家经济亦造成严重影响，为应对疫情各国均采取了限制性措施，生产服务供给下降，出口需求降低，出口价格下跌，货币贬

---

① 中华人民共和国乌鲁木齐海关统计数据，http：//urumqi. customs. gov. cn/urumqi_ customs/556675/556651/556655/index. html，最后访问日期：2020 年 9 月 13 日。

② 同上。

③ 《一季度新疆口岸进出境中欧班列同比增长 7. 39%》，阿图什市人民政府官网，http：//www. xjats. gov. cn/P/C/25757. htm，最后访问日期：2020 年 7 月 20 日。

④ 中华人民共和国乌鲁木齐海关：《吐尔尕特海关恢复货运通关》，http：//gjs. customs. gov. cn/urumqi_ customs/556645/556647/3288815/index. html，最后访问日期：2020 年 9 月 20 日。

⑤ 与哈萨克斯坦相连且开放的 5 个中国口岸分别是：霍尔果斯口岸、阿拉山口口岸、都拉塔口岸、巴克图口岸和吉木乃口岸。另外阿黑土别克口岸和木扎尔特口岸也属于中国和哈萨克斯坦接壤的口岸，但一直没有开放。

值，经济环境恶化。

作为我国非常重要的进出口贸易国之一的哈萨克斯坦，2020 年饱受新冠肺炎疫情的影响，油价下跌、隔离和本币贬值已经成为哈萨克斯坦的常态。[①] 中亚人口数量最多的国家乌兹别克斯坦，确诊病例数仅次于哈萨克斯坦。吉尔吉斯斯坦也决定临时限制中国、伊朗、日本、韩国、意大利等五国公民入境，与乌兹别克斯坦、哈萨克斯坦定期客运航班取消，2020 年 1 ~ 8 月，对外贸易总额为 34. 97 亿美元，同比下降 22. 1%，其中，出口 12. 64 亿美元，同比增长 3. 5%；进口 22. 33 亿美元，同比下降 31. 6%。[②] 2020 年前三季度，吉尔吉斯斯坦 GDP 总额为 4002. 21 亿索姆，约合 50. 41 亿美元，同比下降 6%。[③] 土库曼斯坦采取了一系列传统限制措施预防传播风险：暂停国际航班、国内外客运火车和长途汽车，清真寺暂闭，餐饮场所、贸易市场停止营业，暂停各项体育赛事等。

但是，也要看到，2019 年 9 月世界银行发布的《2020 年全球营商环境报告》显示，全球 190 个经济体中，中亚五国及中国的排名基本都有不同程度的提升。哈萨克斯坦营商便利度最高，并且在持续稳定提升，其世界排名在 2011 年、2015 年、2017 年、2018 年和 2019 年分别为 47 位、41 位、36 位、28 位和 25 位。乌兹别克斯坦营商便利度排名在上述五年中分别为 166 位、87 位、74 位、76 位和 69 位。吉尔吉斯斯坦营商便利度排名在上述五年中分别为 70 位、67 位、77 位、70 位和 80 位。塔吉克斯坦营商便利度排名在上述五年中分别为 147 位、132 位、123 位、126 位和 106 位。土库曼斯坦数据缺失。中国营商便利度排名在上述五年中分别为 91 位、84 位、78

① 中华人民共和国商务部：《新冠肺炎疫情对哈萨克斯坦经济影响巨大》，http：//www. mofcom. gov. cn/article/i/jyjl/e/202006/20200602978686. shtml，最后访问日期：2020 年 8 月 10 日。

② 中华人民共和国驻吉尔吉斯斯坦共和国大使馆经济商务处：《2020 年 1 ~ 8 月吉尔吉斯斯坦对外贸易下降 22. 1%》，http：//kg. mofcom. gov. cn/article/jmxw/202010/20201003007687. shtml，最后访问日期：2020 年 10 月 15 日。

③ 中华人民共和国驻吉尔吉斯斯坦共和国大使馆经济商务处：《2020 年前三季度吉尔吉斯斯坦经济下降 6%》，http：//kg. mofcom. gov. cn/article/jmxw/202010/20201003007686. shtml，最后访问日期：2020 年 10 月 15 日。

位、46位和31位。由此可见，哈萨克斯坦、中国、乌兹别克斯坦、塔吉克斯坦的营商便利度都在提升中，仅吉尔吉斯斯坦的营商便利度在波动中下降10名。整体而言，营商便利程度提高，意味着企业在进行贸易投资等时更加简洁和便利，即中亚国家整体市场环境呈现优化趋势，这对迈出国门发展外向型经济的中国企业而言，是个有利因素，对推动丝绸之路经济带建设有利。

四　新疆丝绸之路经济带核心区建设的趋势分析与对策建议

面对新冠肺炎疫情的严重冲击，统筹推进疫情防控和经济社会发展，力促经济稳步复苏，“牢牢把握扩大内需这个战略基点”，新疆丝绸之路经济带核心区建设，要在正视困难、改革创新中大步前行。

（一）趋势分析

新冠肺炎疫情对市场环境造成了实质性影响，企业的生产、经营、销售都面临前所未有的不确定性，生产成本的增加、生产经营销售等正常秩序的破坏、产品市场的萎缩、大众消费更谨慎、营销模式的变革、曾经习以为常的生产生活方式的悄然变化，都为未来经济的发展带来了不确定性。新疆企业外向型、国际化发展步伐受到掣肘，对新疆企业及产品都是巨大考验。

因此，丝绸之路经济带核心区建设面临着前所未有的风险与挑战。但是，任何时期都是风险与机遇并存，如果应对得法、施策有力，利用好新的发展契机，下大力气增强各类发展要素集聚性、规模性和流动性，切实营造优良的营商环境，发展好实体经济，加大创新力度，利用好无接触经济、带货经济、网上娱乐消费等新的发展模式和消费模式，提高政府效能、增强核心区的核心竞争力、形成无法替代的发展高地，新疆丝绸之路经济带核心区建设会在全国人民的大力支持下，化解不利、变挑战为机遇。

（二）对策建议

面对更加复杂、更具不确定性的外部发展环境，面对更具竞争性的国内省域空间发展格局，面对日益弱化的综合性发展优势，新疆丝绸之路经济带核心区建设要进一步增强危机意识和机遇意识，以更加坚定的信心、更加开放的理念、更加有为的魄力、更加务实的行动，书写好高质量发展的时代答卷，开启丝绸之路经济带核心区建设新征程。

1. 在以国内大循环为主体、国内国际双循环相互促进的新发展格局中找准定位

在国内大循环为主体、国内国际双循环相互促进的新发展格局中，新疆丝绸之路经济带核心区建设要牢牢把握扩大内需这个战略基点，通畅生产、分配、流通、消费的各个环节，深刻认识、着力深挖内需潜力，定位大规模市场优势。第一，在改善民生中扩大内需，在满足内需中发展经济。改善民生的根本点在于促进充分就业、提升收入水平，奠定挖掘消费需求和消费能力的坚实基础。第二，增加有效投资，吸引资金投入实体经济，以投资促消费，以提高供给质量挖掘消费潜力。第三，推动土地、资本、劳动力、技术等经济发展要素更加自由更加高效地流动，充分发挥市场配置资源的决定性作用，激发市场活力与竞争力。第四，紧抓消费转型升级新趋势，促进无接触经济，带货经济，云上经济，网上教育、办公、医疗、娱乐、消费等新的消费模式和消费增长点，推动消费供给无缝对接，提振消费市场。第五，进一步提升对内对外开放的广度和深度，建设更高水平的现代化经济体系和更高质量的外向型经济体系，走高质量发展之路。

2. 以改革创新激发核心区内生增长动力

新疆丝绸之路经济带核心区建设的关键是激发内涵型经济增长，切实增强内生发展动力。唯有改革创新，才能直面发展中的政策充分利用问题、政策自我创新问题。即将进入“十四五”发展新时期，在全国展开的如火如荼的人才抢夺，对新疆没有形成紧迫感和压力感，在人才引进问题上突破创新成效不显著。人力资源是一切经济发展要素的基础，下大力气快速形成人

口聚集高地是当前迫切需要解决的突出问题。

要加快转变政府职能，持续深化放管服改革，在思想上切实树立服务型政府理念，为创新创业创造厚植根基。要激发大数据、数字经济的力量，切实打造智能化政府、数字化政府，丰富驱动改革创新手段，提升驱动改革创新水平。打造依法、透明、公开、公正的政府行政，推进数字化、便利化服务进程，优化市场环境、营商环境，建立和谐紧密的政府与企业、群众关系。

3. 以充分吸引生产要素聚集激发市场活力

激发市场活力，是丝绸之路经济带核心区建设的当务之急。第一，必须不断提升优质生产要素集中集聚能力，促进土地、资本、技术、劳动、知识、管理、数据等各类经济发展要素自由流动，降低各类交易成本，优化市场环境，提升经济发展效率。第二，必须激发制度诱因对经济增长的推动作用，发挥政策、规章、规则、法律等激发投资、技术、资本、人力资源等各类生产要素对经济增长和社会发展的倍数推动作用，以改革创新激发内涵型增长。第三，必须激发实体经济发展活力，以制度化、便利化优化营商环境，以延伸全产业链，提升企业聚集度、产业聚集度，打造现代产业高地。

B.13
2020年甘肃丝绸之路经济带建设发展报告

李志鹏*

摘　要：　甘肃地处丝绸之路经济带黄金路段，拥有独特的资源禀赋和重要的地理区位优势，然而在融入丝绸之路经济带建设的过程中，也存在着产业结构欠合理、承接产业转移缓慢、资源过度开发和环境污染等方面的问题，制约了经济社会快速发展。鉴于此，本报告对2019~2020年以来，甘肃省融入丝绸之路经济带建设现状进行概括总结，同时展望甘肃在打造丝绸之路经济带“五个制高点”方面的目标，并提出对策建议。

关键词：　甘肃　“一带一路”　丝绸之路经济带

2019年国家主席习近平在考察甘肃时曾指出，积极融入“一带一路”建设是甘肃发展最大的历史机遇。甘肃必须认真贯彻国家有关规划和部署，紧紧把握“五通”目标，合力打造文化、通道、信息、技术、生态五个制高点，着力推进丝绸之路经济带黄金通道建设，加快地方经济社会发展，有力服务国家开放和发展大局。

* 李志鹏，甘肃省社会科学院丝绸之路研究所副研究员，研究方向为区域经济史、中国西部跨界民族问题。

一　2019~2020年甘肃融入和服务“一带一路”建设情况

1. 政策保障方面

为有力推进“一带一路”项目建设和实施，甘肃省专门成立推进“一带一路”建设工作领导小组，并由省委、省政府主要领导担任双组长，5名省级领导干部担任副组长，专题研究谋划“一带一路”建设工作。先后出台了《新时代甘肃融入“一带一路”抢占“五个制高点”规划》《甘肃省参与国家“一带一路”建设战略规划实施方案》，深入落实文化、枢纽、技术、信息、生态等方面的具体政策和支撑项目。在继续巩固做好东连的基础上，向西为主，深耕南向，促进北拓，加强同丝绸之路经济带沿线省份和沿途国家开展多领域合作，加快构建陆海联动、多元开放、协同并进、融合创新的区域发展新格局。

2. 文化发展方面

自2016年以来连续成功举办3届丝绸之路（敦煌）国际文化博览会（简称敦煌文博会），2019年顺应文化旅游融合发展趋势，举办第四届敦煌文博会同期联合举办第九届敦煌行·丝绸之路国际文化旅游节。发起成立“一带一路”高校联盟，盟员单位总数达到173所，涵盖27个国家和地区，并设立丝绸之路奖学金，每年安排专项资金500万元，招收沿线国家学生来甘肃留学。加强中医药文化交流，成功举办第二届中国中医药产业博览会，截至目前已建立15家海外岐黄中心或中医学院，累计海外注册中药产品240余种。加强友好城市合作，在沿线18个国家建立了27对友城。

3. 枢纽建设方面

大力发展口岸经济，推进兰州、天水、武威三大国际陆港开工建设，兰州空运口岸、敦煌空运口岸、兰州铁路口岸获批对外开放，兰州新区综合保税区获批筹建进口肉类查验场，投入运营进口水果、冰鲜产品指定口岸，建成甘肃武威保税物流中心进口肉类、木材指定口岸。兰州国际港务区多式联运综合体等重点项目加快推进，国际货运班列稳定运行，2019 年前 10 个月共发运 253 列，累计发运 959 列，2020 年新开通兰州至新加坡国际货运航线 1 条、累计开通 6 条。推进国际陆海贸易新通道合作共建，与重庆、广西、贵州、云南、宁夏、青海、新疆等省（区、市）签署框架协议，在探索共建综合运营平台、提升通关便利化水平、加强基础设施互联互通等方面开展务实合作。① 继续加强同中亚、中东欧、非洲国家的交流，深化同港澳台地区的友好合作。加快推进国际空港物流园区建设，努力打造中川、敦煌、嘉峪关三大国际空港物流园项目；加快实施兰州中川临空物流园区建设，开通国际货运航班，拓展航空货运渠道。② 截至 2019 年已正式开通国内外 149 条航线，同欧洲、中亚、西亚、东南亚等地区和圣彼得堡、莫斯科、大阪、迪拜、香港等城市保持了联通。充分利用甘肃建设陆上丝绸之路“黄金通道”的格局效应。此外，借助兰州新区综合保税区，开拓与沿线国家的国际航空快件业务运输，让甘肃境内的企业能够融入国际市场，也将国外的知名企业吸引到甘肃省投资发展，使甘肃更快地融入经济全球化的浪潮中去。

4. 技术合作方面

依照《新时代甘肃融入“一带一路”建设打造文化制高点实施方案》的发展目标，继续落实好“一带一路”科技创新行动计划，加快推进甘肃丝绸之路科技走廊建设，当前科技部认定甘肃国际合作基地共 18 家。同时，推进丝绸之路国际知识产权港项目建设，成立兰州知识产权法庭，建设和打造知识产权交易、管理、服务“一站式”平台。

5. 信息建设方面

加快建设丝绸之路信息港，完善信息基础设施，实施“互联网 +”行动，以大数据、应用平台、产业园等为支撑，国际通信枢纽、区域信息汇集中心建设等有序推进，丝绸之路信息港股份有限公司已成立运营。积极打造跨境电子商务综合试验区，“一带一路”特色农产品多语言电子商务平台上

① 甘肃省政务信息网，http：//www. gansu. gov. cn/col/col10/index. html。

② 《甘肃省“十三五”开放型经济发展规划》。

线运营，兰州丝路跨境电商产业园建成投运，兰州新区跨境电商产业园启动建设，跨境电商零售进口首单业务完成通关放行。

6. 生态合作方面

加强同“一带一路”沿线国家和地区的生态环保合作，支持省内太阳能、水利、治沙等领域研究机构和高等院校积极开展国家合作和交流，为丝绸之路沿线国家和地区培训可再生能源、荒漠化防治、雨水积蓄利用等方面人才，扩大国际影响力。

7. 经贸金融合作方面

实施稳外贸专项行动计划，加强对 45 家重点外贸企业的分类指导和“一对一”联系。积极应对美国制造的经贸摩擦，加强与“一带一路”沿线市场的经贸合作，目前甘肃在泰国、缅甸、尼泊尔、阿联酋等地已建或在建各类营销网络 84 个。深化国际产能合作，加快实施重点对外投资项目，金川集团印度尼西亚红土镍矿冶炼项目顺利投产，白银公司与首钢集团在秘鲁合作的年产 1360 万吨多金属尾矿综合利用项目开展二期建设。引导企业用足、用好直接投资人民币结算、跨境双向人民币资金池等政策，推动有条件的项目使用人民币结算，2019 年前 10 个月全省跨境人民币收付总额增长 4.2%，经贸合作成绩显现。

除此之外，仅 2019 年 1 ~ 10 月，甘肃与“一带一路”沿线国家（地区）进出口贸易总值 164 亿元，占全省进出口总值的 54.4%。在政策推进方面，2019 年 12 月正式颁布甘肃融入“一带一路”打造五个制高点战略规划实施方案。在文化合作方面，推出专题纪录片《莫高窟与吴哥窟的对话》，打造“一带一路”文化交流的靓丽名片。对外交流方面，2019 年中川国际机场旅客吞吐量突破 1500 万人次，开拓中巴经济走廊兰州至巴基斯坦拉合尔的定期航线。兰州陆港型物流枢纽项目被列为首批国家级物流枢纽。敦煌航空口岸成为全国第二个在县级市开放的航空口岸，开拓敦煌直飞东南亚的国际航线。国际货运班列发运数增长至 50% 以上，新开通“金张掖”号中欧货运班列。丝绸之路国际知识产权港开展各类知识产权服务 9500 余项。兰州新区成为国家外贸转型升级项目基地，与海南、浙江、重庆、广西、内蒙古签署了专项合作协议。积极举办和承办中国绿公司年会、非公经济论坛、甘肃陇商大会、兰洽会等大型节会和系列招商活动，招商引资项目落地资金增长20%以上，与正大、新希望、太平船务、益海嘉里、圣农等国内外知名企业签署了合作项目。2019年12月以来，受新冠肺炎疫情影响，丝绸之路沿线各国经济社会发展受到极大的冲击和考验。在此国际、国内大环境影响下，甘肃“一带一路”建设工作排除不利因素干扰，复工复产、稳步推进，发展成绩逐步显现。

二　甘肃融入丝绸之路经济带建设的优势和劣势

推进实施丝绸之路经济带建设的宏伟蓝图，不仅为沿线各国人民合作发展提供了良好的历史机遇，更为甘肃实现改革开放和经济社会转型跨越式发展提供了契机。结合近年来甘肃融入丝绸之路经济带建设的实施情况，客观对比甘肃融入丝绸之路经济带建设的相对优势和劣势，进而为扩大对外开放和发展外向型经济拓展思路。

1. 相对优势

甘肃位于中国西北地理版图区划的核心位置，同周边的青海、宁夏、新疆、内蒙古相毗邻，在保障国家生态安全、边疆稳固和促进民族团结繁荣发展等方面，都具有特殊的战略地位。追溯历史，甘肃是中国古代历史上最早进行经济开发、农业屯田和东西方文化交流的地区之一，是中华民族悠久历史文化的重要渊源地，也是陆上丝绸之路的黄金通道。甘肃地域面积辽阔、自然环境多样、资源种类富集，不仅仅有适于农、林、牧、渔等农业发展的优越土地资源和气候资源，更有在国内占据重要地位的能源资源、矿产资源和生物资源。甘肃独特的地理区位优势、丰富的矿产资源禀赋、完善的交通基础设施网络、优越的投资环境以及相对优厚的政策保障，为在甘肃发展中外经济文化交流与合作、促进民族团结与合作发展等奠定了优越的条件，也是甘肃融入丝绸之路经济带建设的重要基础。此外，西陇海—兰新经济带的建设，也为甘肃参与丝绸之路经济带建设奠定了坚实的发展基础。

2. 相对劣势

甘肃产业结构欠合理，承接产业转移缓慢。同时，对外开放程度较低，限制了产业的快速发展。具体来看，首先产业模式固化，需要调整结构。甘肃省将近50%的劳动人口都聚集在第一产业。据统计，甘肃省第一产业对整体经济的贡献率在10%以上，这表明甘肃省农业现代化程度较低、农业生产规模小。在第二产业上，甘肃省产业结构单一，机械制造、电力、有色金属、煤炭、石油化工等重工业整体占比较高。长期以来，重工业在甘肃省工业生产总值中所占比重过高的结构性弊端并未得到改善，造成重工业产能结构过剩。此外，资源性城市产业转型升级缓慢和生态环境破坏问题严重，制约了当地经济社会的长远发展。其次，出口贸易对经济贡献度需大力提升。2018年中国对外开放指数报告显示，2018年甘肃省的出口额仅为395亿元，仅占到全国总进出口额的0.1%，这表明甘肃省的出口贸易对经济贡献度还很微小，未来需要大力实施对外开放战略，提升对丝绸之路经济带沿线国家的贸易进出口水平，努力提升外贸进出口对甘肃经济发展的贡献度。

三　甘肃融入丝绸之路经济带建设的发展目标

为积极融入丝绸之路经济带建设，打造丝绸之路黄金路段，2019年11月27日，甘肃省人民政府正式发布了《新时代甘肃融入“一带一路”建设打造文化制高点实施方案》《新时代甘肃融入“一带一路”建设打造枢纽制高点实施方案》《新时代甘肃融入“一带一路”建设打造技术制高点实施方案》《新时代甘肃融入“一带一路”建设打造信息制高点实施方案》《新时代甘肃融入“一带一路”建设打造生态制高点实施方案》等五个实施方案通知。各方案的主要内容如下。

1.《新时代甘肃融入“一带一路”建设打造文化制高点实施方案》

将甘肃建设成文化遗产研究保护传承弘扬创新利用的新高地、丝路精神和时代精神融合的新典范、服务共建“一带一路”民心相通的新样板，使敦煌文化、长城文化、黄河文化、始祖文化、红色文化、民族民俗文化，成为“一带一路”文化的重要标志，不断提升“交响丝路·如意甘肃”的国际知名度和影响力，促进文化旅游产业从资源依赖型向创新开发型转变，从观光消费型向综合效益型转变，从高速发展向高质量发展转变，力争到2025年，全省文化旅游综合收入达到9000亿元，平均增长20%以上，人均文化旅游消费达到1300元以上，使文化旅游产业成为推动甘肃绿色发展崛起的支柱产业。

2.《新时代甘肃融入“一带一路”建设打造枢纽制高点实施方案》

到2020年枢纽制高点重点项目建设取得实质性进展，与西部陆海新通道有效衔接，争取一批互联互通、基础设施建设项目列入“国家‘十四五’发展规划”，以兰州为中心的国际陆港和国际空港功能更加完备，通道物流产业增加值占全省GDP比重达到3%；到2025年，枢纽经济新功能显著增强，全省交通物流体系、跨境贸易体系、对外开放平台体系更加完善，基本建成向西开放为主、融入“一带一路”的大通道、大平台，通道物流产业增加值占全省GDP比重提高到5%；到2035年形成与国家现代化进程同步，全面开放的新格局。国际化、立体化、现代化的综合枢纽体系日趋完善，枢纽经济成为更高层次开放、更高质量发展的重要支撑通道，物流产业增加值占全省GDP比重达到8%。

3.《新时代甘肃融入“一带一路”建设打造技术制高点实施方案》

到2020年科技体制改革全面推进，科技创新环境全面优化，自主创新能力大幅提升，支撑盈利能力显著增强，科技创新质量实现新跨越，创新人才规模与质量大幅提升，科技进步对经济增长的贡献率达到53%；到2025年科技创新体系更加完善，区域创新发展功能更加集聚，开放创新合作水平显著提高，建成兰州综合性国家科学中心，形成西部高端引领型产业研发集聚区、创新驱动发展示范区、协同创新核心支撑区，科技进步对经济增长的贡献率达到58%；到2035年科技创新中心核心功能更加强化，创新优势和区位优势凸显，国内外创新要素资源集聚，创新服务功能和创新创业环境进一步优化，创新开放合作体系更加完善，科技进步对经济增长的贡献率达到62%。

4.《新时代甘肃融入“一带一路”建设打造信息制高点实施方案》

到2020年信息制高点基础设施能聚初具雏形，以兰州市5G商用网和丝绸之路信息港云计算、大数据中心集群为重点的标志性工程全面启动，初步具备区域性信息通信重要节点枢纽的基础条件，引进和培育一批与丝绸之路信息港建设相关的互联网、大数据、人工智能、物联网、区块链、网络空间安全、企业商贸物流、人文交流、生态环保等领域初步建成重大综合服务平台，并提供服务；到2025年信息制高点动能初步显现，全面建成高速移动、安全泛载的新一代信息基础设施联网，审计出口带宽总量达到10000G以上，建成全省大型绿色云计算数据中心集群，各领域信息共享机制日益完善，数据集会态势显现，开放型营商环境初步形成，科技成果转化能力、产业创新能力明显提升，数据信息产业成为经济社会发展的绿色新引擎，业务收入突破1200亿元，基本建成丝绸之路信息港。

5.《新时代甘肃融入“一带一路”建设打造生态制高点实施方案》

2020年全面启动生态制高点建设，生态环境持续改善，环境风险应急预警体系和生态产业体系初步建成，生态文明示范区建设有序推进，生态文明制度体系更加完善，生态环境保护能力与水平同全面建成小康社会目标相适应；到2025年生态系统服务功能逐步提升，生态环境风险隐患明显降低，以清洁生产、高效生产、低碳生产为主导的生态产业体系进一步完善，生态产业快速发展，生态环境明显改善，经济社会和自然环境统筹协调发展，生态产业和生态环境对“一带一路”建设的支撑服务功能明显增强；到2035年，生态产业快速发展，生态环境质量优良，经济社会和生态系统服务功能显著增强，生态产业发展与“一带一路”建设深度融合，生态环境高水平保护和经济社会高质量发展相协同，生态环境质量实现根本好转，生态制高点的优势更加凸显。

四　甘肃融入丝绸之路经济带建设的对策建议

甘肃要抓住丝绸之路经济带建设的历史契机，缩小与东部发达省份的发展差距，需要积极融入丝绸之路经济带建设的整体框架中来，实现经济增长和产业结构优化。具体而言：一是强化传统产业，壮大优势产业，积极推进丝绸之路经济带建设；二是深化区域经济协作，以对外开放谋划全局发展；三是改善营商环境，以兰州新区为桥梁，积极融入丝绸之路经济带建设；四是转变发展思路，西北五省（区）应该合力推进丝绸之路经济带建设。

（一）强化传统产业，壮大优势产业，积极推进丝绸之路经济带建设

甘肃省需要强化传统产业，壮大优势产业，优化产业结构，扭转传统产业转型升级缓慢的劣势。需要充分利用地缘优势，主动对接丝绸之路经济带沿线国家。譬如，甘肃省要发挥好在装备制造业方面的产业优势，积极同中亚国家进行项目合作，消耗过剩产能，延伸相关领域的利润空间，实现项目共建和利益共享；此外，努力壮大优势产业，甘肃要充分发挥好资源大省的优势，重点对中药材产业及旅游产业大力扶持。政府要出台支持中药材产业发展的政策，通过推广新型种植模式，实现中药材种植质量标准化、深加工规模化，提升产业链水平，出口丝绸之路经济带沿线国家，实现中药材产业发展。在文化旅游产业方面，甘肃省旅游资源富集，发展潜力巨大，要继续大力发展文化旅游产业、大健康产业、绿色生态产业，打造丝绸之路经济带“文化、枢纽、技术、信息、生态”五个制高点。

（二）深化区域经济协作，以对外开放谋划全局发展

深化区域经济协作，打造全方位互联互通，以向西开放谋划全局发展，要加快拓展开放空间，做好对外开放“南向”“西进”“北拓”布局。务实推动全面合作，进一步深化与沿线国家在教育、科技、文化、旅游、体育、卫生等领域的合作。要研究解决重点问题，处理好“走出去”和“引进来”、平台打造和项目建设、基础设施建设和要素保障、体制机制完善和智力支撑、产品结构优化和对外贸易、把握机遇和防范风险等关系，以改革创

新精神破解难题。[①] 加大转型跨越发展战略的实施力度，推进丝绸之路经济带项目建设；坚持把中央支持甘肃加快发展的各项精神和甘肃脱贫攻坚和经济社会发展实际紧密结合起来，深化省情认识，不断完善和开拓发展思路，充分利用好自身的比较优势，培育优势产业项目，实现产业集聚和辐射效益，推进甘肃丝绸之路经济带黄金路段建设和打造“文化、信息、生态、枢纽、技术”五个制高点，形成多行业集群发展和共建、共享、共赢的崭新格局。

（三）改善营商环境，以兰州新区为桥梁，积极融入丝绸之路经济带建设

当前在“一带一路”和经济全球化带动下，开始出现我国东南沿海城市部分劳动密集型产业向人工成本低廉的东南亚国家转移的趋势，然而我国西部省份在资源消耗型产业和劳动密集型产业项目的发展方面，仍然具有明显的区域优势。借助建设丝绸之路经济带的历史机遇，甘肃省的外贸加工市场潜力巨大。因此，甘肃省要在丝绸之路经济带中把握机遇，兰州新区的发展至关重要，作为甘肃省对外开放的窗口，兰州新区应该打造丝绸之路黄金段的制造业物流业基地。尤其在提升对外开放的程度上，应该努力作为。首先，政府在基础设施建设、项目支持、企业融资、政务公共服务、招商引资、创业扶持等方面要推出更加有力的保障政策，努力推进物流园区建设，开通更多的国际航线，形成高效的物流网络，打造丝绸之路经济带上的大型产品集散加工基地和重要的物流通道；其次，积极建设兰州国际港务区，推进加工贸易快速发展，打造丝绸之路经济带上的中转站和贸易集散中心，甘肃要抓住机遇，迎头赶上，推进中欧班列和兰州国际港务区建设，将全国各地运往丝绸之路经济带沿线国家的半成品在兰州新区产业园区组装生产后再出口，积极推进丝绸之路经济带建设。

---

① 陈多：《甘肃省推进“一带一路”建设工作领导小组会议在兰州召开》，《甘肃日报》2019年6月19日。

（四）转变发展思路，西北五省区应该合力构建丝绸之路经济带联动机制

近年来，我国西北五省区（陕西、甘肃、宁夏、青海、新疆），各自在推进丝绸之路经济带建设中都成绩凸显。尤其在规划编制、项目推进、政策保障等层面出台和实施了一系列的重要举措和长远规划。然而局限于行业属性差异和地区间协作的不统一，西北五省区在推进丝绸之路经济带建设的过程中“各自为政”，表现在技术、信息、市场、资源等方面没有实现互动和联通，政策制定与项目推进中更没有协作发展。因而不能最大化发挥产业的规模效益和发展的联动效益。鉴于此，应该转变发展思路，西北五省区合力构建丝绸之路经济带联动机制，在共建丝绸之路经济带过程中加强经贸合作与人文交流，促进互利互信与互联互通，促进地区间的合作交流，即实现“五通”（政策沟通、贸易畅通、资金融通、设施联通、民心相通），进而共享丝绸之路经济带建设的成果和红利。

参考文献

王琦、包晓霞、许振明主编《甘肃社会发展分析与预测》，社会科学文献出版社，2019。

刘晓雷：《中国西北陆港建设对丝绸之路经济带区域贸易的影响研究》，华东师范大学出版社，2016。

李毅：《经济新常态下兰州新区的建设问题》，《开发研究》2018 年第 2 期。

古丽米热·赛买提、奥布力·塔力普：《西北五省产业转移综合承接能力评价研究》，《特区经济》2019 年第 10 期。

汤永川、张雪、黄江杰：《“一带一路”六大经济走廊优势产业及制造业国际合作现状分析》，《中国工程科学》2019 年第 7 期。

B.14

2020年青海丝绸之路经济带建设发展报告

孙发平　杨　军　刘　畅　杨慧青*

摘　要： 2020年，青海坚持新发展理念，坚持高质量发展，以供给侧结构性改革为主线，主动服务和融入国家重大战略，在有效抗击新冠肺炎疫情的同时，确保“一带一路”各项工作稳步推进，建设取得了新进展。但同时，鉴于青海外贸发展韧性不足，基础设施有待完善，以及受疫情影响对外发展进度放缓，需进一步聚焦重点、多措并举，不断提升融入“一带一路”水平。

关键词： 青海　丝绸之路经济带　“一优两高”

2019~2020年，青海省在“一优两高”战略部署引领下，全力推动“一带一路”建设，丝绸之路经济带建设取得了明显成效。政策沟通范围不断拓宽，设施联通水平日益提升，经贸交流和投资合作持续突破，资金融通能力明显增强，人文交流往来更加密切，外向型经济空间进一步扩大。2020年，面对新冠肺炎疫情对全球经济的影响，青海仍需聚焦重点，找准方向，加快融入以国内大循环为主体、国内国际双循环相互促进的新发展格局，推动全省开放型经济向更高层次发展。

---

* 孙发平，青海省社会科学院副院长、研究员，研究方向为区域经济学；杨军，青海省社会科学院经济研究所副研究员，研究方向为区域经济史；刘畅，青海省社会科学院助理研究员，研究方向为区域经济协调发展；杨慧青，青海经济研究院经济师，研究方向为经济体制改革。

一 2019~2020年“一带一路”建设进展

2019～2020年，青海省全面落实“一带一路”建设年度重点工作分工方案，进一步加强“五通”建设，采取有效措施，积极应对新冠肺炎疫情对全省经济，尤其是对外向型经济的影响，实现丝绸之路经济带建设稳步推进。

（一）积极开展政策沟通

以重大平台及通道建设为依托，不断优化政策环境，创新融入机制，加大了与沿线国家和地区及青海周边地区的政策沟通和联动。在政策层面提供有效支持，营造良好环境。积极推进放管服改革，发改、税务、海关、外汇管理等部门通过召开涉外政策解读会、深入重点企业走访调研、现场办公等形式，为青海“走出去”企业提供服务便利和政策支持。为进一步适应青海省对外开放形式，西宁海关于2019年11月出台了四方面12条优化口岸营商环境举措，助力支持青海省深度融入“一带一路”建设，促进开放型经济高质量发展，并于2020年4月公布了《西宁海关支持西宁综合保税区发展七项措施》《西宁海关支持青海省中欧班列发展十项措施》，及时有效解决了西宁综合保税区建设和验收工作中遇到的困难和问题，指导企业用足用好综合保税区优惠政策，口岸建设不断完善，为西宁保税物流区封关运营与中欧班列常态化运行奠定了良好的基础。

2019年12月，青海与尼泊尔签订了合作谅解备忘录及框架协议，标志着青海同尼泊尔在文化艺术、外贸合作、旅游、贸易等方面的合作进一步深化，对推动青海向南开放，加深青海与尼泊尔多方面的联系起到了积极的促进作用。

（二）全力促进设施联通

1. 铁路交通网络日益完善

格尔木至敦煌铁路、格尔木至库尔勒铁路分别于2019年12月18日、

2020 年 6 月 30 日建成通车，格敦铁路与格库铁路交会形成西北通往中亚地区的第二条国际大通道，进一步延伸青海西向、南向的发展格局；2020 年 9 月 28 日，西成铁路开工建设，线路全长 836.5 公里，预计 2027 年建成投运；格尔木至成都、西宁至玉树至昌都铁路前期工作有序开展。截至 2020 年 9 月，青海省内铁路运营总里程数已达 2763 公里，实现跨越式增长。2020 年共开行铁海联运班列和中欧班列 9 列，疫情期间重庆在西部陆海新通道上开行的首列市外复工复产专列——青海铁路箱下海出境专列发出；8 月，青海首趟农产品进口中欧班列从俄罗斯抵达西宁，标志着青海省中欧班列基本实现常态化运营。

2. 空中走廊建设加快推动

2019 年，青海机场公司充分发挥区位优势，与新疆、西藏、内蒙古达成建设中心航线网络合作意向，新开库尔勒、哈密等 13 个航点，新进驻青岛、桂林、九元、上海 4 家航空公司，全年运行航线数量达 124 条，通达国内外 78 个城市，驻场运力提升至 12 架次。并与民航西藏自治区管理局、新疆机场集团、中国铁路青藏集团公司、青海省邮政分公司签订战略合作协议，全力推进综合交通运输体系发展，民航运输增幅稳居省内交通运输体系第一。青海民航年旅客吞吐量增速 13.7%，位列西北各省区第二位，货邮吞吐量增速 27.1%，位居全国第二位。2020 年，西宁机场三期扩建、玉树机场改扩建工程全面开工建设，祁连、德令哈、果洛机场基础设施建设工程全面决胜收官，青海湖机场预计于 2020 年底开工建设。

3. 公路网络建设继续完善

为进一步打通和消除青海省境内国家公路网存在的“断头路、瓶颈路”，拓展省际通道，尽快实现青海在高速公路路网建设方面的立体互联，2020 年底前，青海省将完成包括国道 G569 线曼德拉至大通公路宁缠垭口至克图段（仙米至克图段）、国道 G569 线曼德拉至大通公路克图至大通段、国道 G215 线涩北至察尔汗段公路、国道 G215 线察尔汗至格尔木段、国道 G573 泽库至兴海公路南巴滩至河卡山段公路、国道 G572 线塘格木至切吉段公路、省道 S312 线玛多至色吾沟公路改建工程尕日阿强咯曲至色沟段、省道 S306 线官亭至哈城公路官亭（峡口）至大河家段、省道 S218 线河南至鄂尔哈斯桥（青甘界）公路在内的 9 条公路的建成通车任务。与此同时，加快推进曹家堡综合交通枢纽和格尔木综合客运枢纽建设。以高速公路和普通国省干线为骨架、农村公路为脉络的公路网络基本形成，向北、向西运输的省际运输大通道基本建成，运输服务能力显著提升。

4. 能源输送通道建设稳步推进

近年来，青海以清洁能源示范省建设为主线，打造国家重要的新型能源产业基地，充分发挥资源优势、区位优势，凭借丰富的水电、光照、风力和荒漠化土地资源，基地式、规模化大力开发新能源，清洁能源发电量占比达到 88%。2020 年 7 月 15 日，国家电网有限公司青海—河南 ±800 千伏特高压直流输电工程（以下简称“青海—河南工程”）启动送电，，该工程起于青海省海南藏族自治州，途经青、甘、陕、豫，线路全长 1587 公里，输送容量 800 万千瓦，是支撑青海新能源大规模外送建设的特高压直流工程，也是推动革命老区脱贫攻坚和振兴发展的国家重点工程。截至 8 月 21 日，已向河南输送“绿电”10 亿千瓦时，日均送电量超过 0.2 亿千瓦时。9 月成功举办“一带一路”清洁能源发展论坛，着力打造清洁能源输出大省，力争在“一带一路”沿线地区和国家掀起能源革命。

（三）深入推进贸易畅通

1. 与“一带一路”沿线国家贸易持续增长

2019 年，青海省对外贸易进出口总值实现 37.2 亿元（下同），其中与“一带一路”沿线国家（地区）实现贸易额 14.4 亿元，同比增长 13.9%，占青海省进出口总值的 38.7%，比重较 2018 年提升 12.4 个百分点。其中，与日本贸易总值 5.9 亿元，占青海省进出口总值的 15.9%，同比增长 20.3%。与哈萨克斯坦进出口总值 5.5 亿元，同比增长 1865.6%，占青海省进出口总值的 14.8%。合同使用外商直接投资额 7916.81 万美元，比上年增长 72.5%；实际使用外商直接投资额 6772.14 万美元，增长 14.2 倍。2020 年前两月，青海出台了多项举措支持外贸企业复工复产，对稳定青海

外贸和保持与“一带一路”相关国家贸易增长起到促进作用，对“一带一路”相关国家和地区贸易进出口总值为12055.3万元人民币，比上年同期增长9%。国有企业是青海与“一带一路”相关国家和地区贸易的主力军，进出口总值实现8441.1万元，增长7倍，占同期青海对“一带一路”相关国家和地区进出口总值的70%。

2. 外贸结构不断优化

2019年以来，冬虫夏草、菊粉、沙棘提取物等特色农产品出口回稳向好，锂电池隔膜生产设备进口大幅增加。西宁市进出口总额占全省比重由2013年的85%下降到2019年的65%，海东、海西等地区进出口总额实现快速增长。受疫情影响，2020年上半年青海省对外贸易出现明显波动，疫情防控常态化背景下，为进一步推动青海对外贸易稳定发展，外贸结构优化转型，《青海省贯彻落实国务院办公厅关于支持外贸稳定增长若干意见的措施》出台，着力培育外贸新增长点，增强青海省对外贸易发展优势。大力实施“千万美元潜力企业培育计划”和“出口自主品牌培育计划”，在稳定优势产品出口的基础上，着力推进出口产品结构优化升级，持续扩大进出口规模。

3. 外贸便利化服务水平不断提升

加大外贸企业扶持力度。采取了“一企一策”的方式，有色金属、盐湖化工、农产品、藏毯等领域骨干企业进出口总量保持稳定增长。充分利用引进的贸融通综合服务公司，以西宁为中心，辐射海东、海西等地区，落实跨境电商进口监管政策，培育和引进相结合，积极推进省内跨境电商平台、境内服务商建设工作。西宁和海东两地跨境电子商务综合试验区分别于2019年12月、2020年5月批复，标志着青海在培育新型外贸业态，深化对外开放，进一步提升对外贸易便利化水平方面取得新进展。持续开展综合保税区建设。强化曹家堡保税物流中心（B型）开发利用，力争建成西宁综合保税区，加快申建航空货运海关监管场所，填补青海没有海关特殊监管区域的空白，促进外向型经济发展。2019年12月，国务院正式批复设立西宁综合保税区，改变了青海省没有海关特殊监管区和高水平对外开放平台的现状。2020 年 4 月，西宁综合保税区建设工作启动，完善功能配套，优化产业布局，全面落实政策，计划一年内建成，并投入封关运行。

（四）务实推动资金融通

在对外投资、助力本土企业国际化发展方面，针对青海省“走出去”企业规模小、水平低等实际问题，着力加强政策引导和支持，不断提升“走出去”企业质量，充分发挥水电、光伏、铁路公路等特色产业优势，取得了青海本土企业在水电、高速公路、输变电、铁路等领域取得海外市场项目的“零突破”，对企业在海外市场开展投资合作交流给予政策支持，拓宽发展领域。2020 年在尼泊尔境内设立首家青海省的境外机构，标志着青海境外经贸合作网络布局进一步优化，为青海省深化与“一带一路”沿线国家（地区）加强经贸合作打下了良好基础。

对外投资合作迈上新台阶。重点针对优质农牧产业发展无序、优良品种匮乏、栽培技术落后、深加工能力不足、品牌建设滞后等一系列突出问题，加大资金扶持力度，发挥外经贸发展专项资金的支持引导作用，解决企业融资困难，增强产业发展活力。打造农牧产业外向型发展平台，组织省内生产销售企业参加重点展会，加大品牌宣传力度，帮助企业开拓国际市场。加强农牧产业品牌标准建设，着力推进“双育计划”，支持引导外向型企业创建自主出口品牌，提高产品品质，树立和打造品牌形象，推动形成和发展产业链，规范农牧产品生产加工产业发展，助推青海农牧产业外向型发展。

在招商引资方面，坚持招大引强和招新引高相结合，挖掘投资意向，实施精准招商。注重引导外来资金投向新一代信息技术、新材料、新能源、盐湖资源循环利用、生物医药等高新技术产业，争取在引进“一带一路”国家（地区）资金方面取得突破。面对当前国内外日趋复杂严峻的经济形势，青海省全力贯彻党中央、国务院关于做好“六稳”工作、落实“六保”任务重大决策，坚决稳住利用外资基本盘，力争保住现有外资市场主体。2020 年 1 ~6 月，全省实际利用外资额 0.9 亿元，同比增长 20 倍，增幅居全国第一，利用外资取得新突破。贯彻落实《外商投资法》及配套法律法规，实

行准入前国民待遇加负面清单管理制度，加快落实引进外资改革红利。出台《进一步做好利用外资工作20条措施》，印发《青海外商投资指引》，营造公平、公正、透明和可预期的营商环境，不断健全外商投资服务机制；加强市场主体纾困解难，实行外资企业专人跟踪服务机制，下沉至企业一线，帮助解决企业复工复产中的“堵点”“难点”问题，增强企业投资信心。通过协调龙头企业辐射带动小微企业，寻找合适上下游产业、打通销售渠道，辐射带动一批具有投资潜力的外资小微企业进行再投资，进一步促增量、保存量；紧跟外资项目落实落地。进一步提升引资质效，加快发展外资新业态新模式，加强与亚洲硅业、德青新化工有限公司、华润风电等外资企业的衔接沟通，全程跟踪服务外资项目，建立外资项目投资工作台账，帮助投资者降低交易成本，提高项目履约率。严格落实外商投资信息报告制度，加强与市场监管部门的工作衔接，优化系统对接，加强动态管理。了解企业资金到位情况，对外资项目落地中遇到的结汇等困难，及时协调外汇、银行等部门帮助解决，确保项目如期落地。

（五）持续深化民心相通

1. 持续深化对外文化交流合作

推动青海与“一带一路”沿线国家（地区）的友好关系持续走深，全面总结2019年国际友城交流成果，制定2020年外事活动及外宣工作计划、国际友城及友好关系交流合作计划，发送51封“2020年丝绸之路沿线国际友城峰会”预邀请函，为第十一届“丝绸之路沿线国际友城峰会”提质增效奠定基础。积极与“一带一路”沿线国家（地区）广泛开展科教文卫、旅游等合作交流，省会西宁缔结国际友好城市和友好关系数由2013年的13对增加至2020年的37对。充分发挥文化旅游产业交流平台作用。继续开展“一带一路”国家（地区）旅游宣传推广活动，于尼泊尔、斯里兰卡、南非等国开办中国青海民族文化艺术展，提升青海旅游在“一带一路”沿线国家和地区的知名度和美誉度。

2. 着力加强医疗交流合作

新冠肺炎疫情暴发初期，及时回应太平洋—中国友好协会、日本北海道日中友协、英国普雷斯顿市等发来的关切和慰问信，通报疫情防控工作成效。全球新冠肺炎疫情影响周期不断延长，与青海贸易往来密切的友城仍存在疫情不断扩大的严峻形势，截至 2020 年 9 月，青海共向韩国忠清南道、布隆迪、尼泊尔珀勒德布尔市捐赠三批抗疫物资，在助力友城抗击新冠肺炎疫情的同时，促进青海与国际友城间的友好交流，推动友城间在医疗卫生领域交流合作。

3. 深化生态文明建设交流合作

积极宣传展示青海省生态文明先行示范区建设成果，成功举办青海生态（产业）博览会暨藏毯展、“一带一路”清洁能源发展论坛，在搭建互联互动、共话合作的对接平台，提供展览展示、交流交易的窗口，创造互学互鉴、合作共赢的发展商机方面取得良好成效。通过举办大规模、高规格清洁能源论坛展会，进一步展示了青海省清洁能源、绿色有机农畜等各类生态产品最新成果，展示了青海清洁能源产品的竞争力与青海在产业生态化方面作出的卓越贡献，生态产品逐渐成为青海加工产品的新名片。

二　存在的问题

新冠肺炎疫情导致“逆全球化”倾向加剧，国际关系和全球经济的大环境受到明显影响，这些情况都对青海省“一带一路”建设带来新挑战。虽然近年来青海融入“一带一路”取得了显著成效，但短板和不足也十分突出，特别是面对疫情冲击，青海与先进省份和周边省区相比在开放发展方面体现显著差距。

1. 对外贸易竞争力亟待提升

一是对外贸易总体规模小，2016 年以来青海省进出口总额连年下降，在 2018 年出现小幅回升后，2019 年重回下降趋势。进出口总量小、波动大、特色优势产品国际市场竞争力不强，且尚未建立长期稳定贸易伙伴关

系。出口企业以民营企业为主，规模小，竞争力不足，市场开拓能力弱，支撑外经贸发展的产业集群程度低，企业抵抗风险能力不足；综合利用外资能力不强，吸收外资单一的状况还没有得到根本改观，利用外资的渠道有待进一步拓宽。

2. 配套设施仍然存在短板

一方面，青海深居内陆，受自然、历史、基础条件等因素的影响，在建设出省通道、构建高效快捷的现代综合交通运输体系方面呈现覆盖面不足、立体交通网络单一的特点，严重制约向西、向南、向东开发开放进程。另一方面，综合保税区、跨境电子商务综合示范区目前还在建设阶段，尚未充分发挥保税监管场所作为对外贸易发展重要载体的作用，中欧班列装运货物出入境的运输成本仍然较高，导致青海出口产品较沿海地区同类产品缺乏价格竞争力，国际陆港建设步伐有待加速。

3. 内外合作面临困难较多

从合作模式看，青海参与国际合作的层次较低，方式单一，科技引领和集聚效应不强。在“引进来”方面，由于青海生态保护要求高、运输成本高、产业协作配套能力不足等原因，吸引外资能力不强。在“走出去”方面，青海出口产品附加值低、种类单一，且外贸企业存在合规意识不强，难以持续稳定发展的问题。一方面，因为青海对外开放程度尚低，参与国际产业分工的竞争力较弱，另一方面，政策扶植力度有待加大，外事交流活动内容有待丰富，未能从宏观层面缓解企业向外发展存在的信息不对称问题，为外贸企业营造良好的投资建设环境。

4. 人才缺口制约外向发展

新冠肺炎疫情暴发以来，青海省“一带一路”建设工作遇到巨大阻力，持续深化民心相通面临艰巨挑战。疫情防控常态化背景下，人才建设在深化民心相通方面的引力作用日益凸显。受人才培养规模等因素的影响，非通用语种人才培养难以有效开展，省内高校缺乏师资，内部培养先天条件欠缺，就业出路不宽、需求较小，规模引进相关人才难度较大。受多方面因素影响，涉及管理、技术、经贸的复合型人才缺口明显，与推进“一带一路”

建设高质量发展对相关人才需求的矛盾突出。

5. 尚未形成协调一致的工作合力

由于思想认识上还存在局限，企业、部门和地区都欠缺参与“一带一路”的主动性，区域壁垒尚未打破，部门、地区间缺少常态化的协调配合机制。就政府层面而言，受绩效理念和管理水平的制约，对“一带一路”的建设较为分散，专项资金的使用效益有待进一步提高。就社会层面而言，由于对“一带一路”沿线国家和地区投资环境认识不充分、投资收益周期长、投资门槛高，社会投资大多表现被动。

三　青海丝绸之路经济带建设的趋势分析与对策建议

当前是青海省深度融入“一带一路”倡议的重要时期，疫情对青海省对外发展还存在消极影响，在减小疫情影响、稳定经济增长的内在需求支撑下，在疫情危机中寻求变革是青海“一带一路”发展近期亟待解决的问题。因此，要进一步加强与“一带一路”沿线国家和地区在对外经贸、产业投资、基础设施、人文交流等多领域全方位的合作，提升青海参与国际分工合作的竞争力，促进青海对外贸易提升韧性，打开新时代对外开放新格局。

（一）融合区域合作战略，持续加快融入步伐

依据青海省产业优势和“一带一路”建设需求，深度对接新时代西部大开发战略等国家层面区域发展战略，促进区域协同发展。积极承接中东部产业转移，在“一带一路”建设大框架下，逐步形成区域大合作格局，加强与陕、甘、宁、新、藏等周别地区的协调合作，实现新能源、大数据等产业向西部转移，联合国家级承接产业转移示范区，与甘肃共同打造我国面向中西亚的出口加工和贸易基地。深度融入长江经济带、黄河流域生态保护和高质量发展战略、兰西城市群建设，加快重大基础设施共建和产业链分工合作，共同培育和打造具有区域比较优势和核心竞争力的制造业和现代服务业。构建向西开放协同发展机制，推进青新藏（格尔木）陆港商旅物流中

心建设，以区域联合发展为引领、先进制造业与现代服务业为主体，实现错位发展、协同发展。

（二）持续推进基础设施建设，实现交通立体化联网

以贯通向西、向南、向北的三条通道为抓手，借力西部陆海新通道建设，谋划实施一批基础设施重点项目，构建青海与“一带一路”节点城市空间对接的综合交通立体通道和能源信息管网。一是持续以“1288”铁路网络布局为基础，完善铁路网络。建设完成格库、格敦、西成、格成、西昌铁路网，加强对新疆、河西走廊以及西南地区的铁网辐射。充分发挥铁路运输优势，提升对五大节点城市的辐射联动作用，促进青海开发开放。二是提升完善公路网络化程度。在建设高速运输通道的同时，加快普通国省道提质改造，持续提升与周边省区的通达能力。三是完善空中交通网络，扩大航空货运能力。持续增开与广州、上海、南京、杭州、厦门、济南等海上丝绸之路重要节点城市的航线，逐步增强与东南亚、南亚等的经济合作的空中丝路，提高西宁至乌鲁木齐、拉萨航线密度，实现青、新、藏三地支线机场的联通，扩大向西、向北开放通道。充分发挥机场三期货运承载作用，增强货运集聚能力，带动区域货运市场发展。

（三）不断优化外贸结构，提升对外贸易水平

努力扩大进口。探索实施进口商品分类管理，推进进口检验检疫直通放行制度，重点结合全省110个“双百”重点项目、100个重大技术进步项目以及50个技术创新项目建设，提供优先、便捷的通关服务，扩大先进技术和设备进口，提升青海装备制造业水平。依托西宁市和海东市跨境电子商务综合试验区建设，加快推进国际商城、进口馆等多种形式的进口贸易展示销售平台建设；稳定和扩大出口规模。充分发挥国家级出口基地的示范带动作用，积极开展省级出口基地认定工作，推进出口工业品、食品、农产品质量安全示范区建设。充分利用已搭建的外贸平台，深入了解外贸需求，聚焦特色优势产业做专做深做实。巩固和扩大藏毯、硅铁、穆斯林服饰及用品、枸

杞等传统优势产品出口；扩大铝及镁合金、化成箔等新材料出口；培育锂电池、蓝宝石等高科技、高附加值产品出口；加快发展以民族文化、藏医药、旅游、运输等为主要内容的服务贸易，积极推动文化旅游经贸融合发展。继续推进向东开放，主动承接产业转移，进一步巩固和壮大青海省出口型产业基础和产业规模；发挥“走出去”的贸易示范和促进作用。积极融入国家丝绸之路经济带建设，扩大向西开放，鼓励和支持青海省电力、建筑安装、特色纺织、农畜产品加工、新能源、新材料、盐湖化工等行业到境外开展投资建设，带动省内先进的装备制造、先进技术、优势原材料的出口，以贸易带动投资，以投资促进贸易。

（四）拓宽人文交流合作路径，深化丝路民心相通

以文化交流为引领，开展多种形式的人文互学互鉴活动，深化与“一带一路”沿线国家（地区），特别是西亚、南亚国家的人文合作。加大城市交流互动力度，在办好“大美青海”系列活动的同时，积极推动文化旅游宣传工作。新冠肺炎疫情暴发以来，文化旅游领域的推介活动受到明显影响，疫情防控常态化背景下，应当探索线上线下融合宣传模式，保持文化交流活动的延续性，扩大青海相关传播活动的知名度与影响力。在教育方面，以青海本地高校为依托，鼓励高校设立“一带一路”沿线国家语言文化、国际贸易、现代物流相关专业，推进语言互通和贸易畅通。

（五）强化保障措施，助推开放发展走深走实

进一步加强组织机构建设，加强政府各部门统筹协调，优化营商环境。一是争取国家政策，对重点扶持和鼓励的对外投资企业在项目统筹、资金安排、政策保障等方面给予倾斜，贯彻落实出口退税、税收抵免、税收减免等优惠政策，发挥政策制度的最大效益。二是完善金融服务体系，推动融资平台市场化转型，逐步增强内生发展动力，搭建开放型金融创新服务平台，提供多元化金融服务。建立健全进出口企业信用评级制度，构建政策性融资担保体系，提升银行担保合作水平。三是人才培养与引进双管齐下，建设适应

"一带一路"发展需求的高素质人才队伍。创新人才引进机制，畅通与"一带一路"沿线国家和地区间的人才流通渠道，最大限度激发人才活力，吸引优秀人才投入青海"一带一路"建设。强化人才培养和供给，在不断增加本地人才培养投入的同时，实施人才外送学习，填补青海"一带一路"建设相关人才缺口。

B.15
2020年宁夏丝绸之路经济带建设发展报告

尚亚龙*

摘　要：　2020年以来，聚焦高质量发展，围绕“开放”主题,宁夏在探索内陆地区开放发展新模式，主动融入丝绸之路经济带建设中取得了显著的成效。2020年6月，习近平总书记来宁视察之际，在听取宁夏回族自治区党委和政府工作汇报时强调：要抓住共建“一带一路”重大机遇，坚持对内开放和对外开放相结合，培育开放型经济主体，营造开放型经济环境，以更高水平开放促进高质量发展。为宁夏进一步融入“一带一路”倡议定准了基调，也为宁夏推动高质量发展指明了方向。为贯彻习近平总书记来宁视察讲话精神，宁夏正在加紧部署并开展包括完善开放载体、畅通开放渠道、发展开放经济、优化开放环境在内的各项具体工作。

关键词：　内陆开放　双循环　宁夏　丝绸之路经济带

一　2019~2020年宁夏丝绸之路经济带建设总体进展

（一）战略定位及实施方案

2020 年 1 月，宁夏回族自治区主席咸辉在宁夏回族自治区第十二届人

* 尚亚龙，宁夏社会科学院综合经济研究所助理研究员，研究方向为区域经济学、农村经济学。

民代表大会第三次会议上所作的政府工作报告中明确指出：聚焦融入“一带一路”，着力构建全面开放新格局。主动服务和融入“一带一路”，加快建设内陆开放型经济试验区，以全方位开放助力高质量发展。①

2020 年 3 月，宁夏印发了《自治区推进“一带一路”和内陆开放型经济试验区建设2020 年工作计划》，从完善开放载体、畅通开放渠道、发展开放经济、优化开放环境四个方面提出了21 项具体工作。完善开放载体方面，重点推进复制推广自贸区经验，完善跨境电商扶持政策、构建跨境电商服务平台、发展临空经济、引导企业在“一带一路”沿线国家的投资开发等方面的工作；畅通开放渠道方面，重点推进提升航空口岸通达能力、强化国际物流运行效益、连通陆海贸易新通道等方面的工作；发展开放经济方面，为减缓疫情对经济影响，重点推进稳定外贸政策、发展跨境电商、降低企业成本、优化外贸结构等方面的工作，同时提出要强化同东中部地区的协同合作；优化开放环境方面，重点推进扩大开放领域、提升贸易便利化水平、落实国务院意见、促进保税区发展等方面的工作。同时，对人才培养工作与人才制度建设也给予了一定程度的重视，并提出要通过加大对“一带一路”及试验区建设的效能目标管理考核力度，推动“一带一路”建设取得更大实效。

（二）建设现状与成效

近一年来，围绕深化改革和扩大开放，宁夏在用好开放平台、优化营商环境、拓宽开放通道、发展开放型经济等4 个方面积极采取措施，大幅提升了宁夏参与丝绸之路经济带建设的能力，同时也加快了宁夏向高质量发展迈进的步伐。

聚焦经贸合作，用好开放平台。2019 年 9 月，宁夏举办第四届中国—阿拉伯国家博览会（以下简称中阿博览会），刷新了参会人数纪录，打破了签约项目数量纪录。然而其更重要的意义在于宁夏坚持运用这一开放平台，在稳步推动宁夏内陆开放型经济发展的同时，深化了我国与“一带一路”

---

① 《2020 年宁夏回族自治区政府工作报告》，《宁夏日报》2020 年 1 月 20 日。

沿线国家的经贸合作关系。

深化政务改革，优化营商环境。继2019年上半年宁夏出台2019年优化营商环境“1+16”政策文件[①]之后，8月，又发布了《2019年全区政务服务改革工作要点》，聚焦企业和群众办事难题，推进了“互联网+政务服务”“不见面、马上办”改革，使宁夏的网上政务服务能力又提升了一个档次。2019年11月，国务院对宁夏“深入推进工程建设项目审批制度改革 激发投资活力”以及宁东基地“聚焦重点降成本促进实体经济发展”予以通报表扬。

推进高铁建设，拓宽开放通道。截至2020年9月，银西高铁陕西段（西安北站至宁县站区间）开始试车，中兰（中卫—兰州）高铁加紧建设，其宁夏段预计2021年5月建成。此外，中卫—中亚、石嘴山—俄罗斯等国际货运班列常态化运行。银川河东国际机场旅客吞吐量突破1000万人次，跨入千万量级大型机场行列。[②]

复制先进经验，发展开放型经济。截至2020年，宁夏已复制自贸区改革试点经验154项，并获批中国（银川）跨境电子商务综合试验区。[③] 宁夏商务部门切实致力于“稳外贸、稳外资”工作，通过出台加大财税金融支持、争取出口退税等政策措施，帮助企业尤其是出口型企业纾困解难。

二 2019~2020年宁夏丝绸之路经济带“五通”建设进展

（一）政策沟通进展

2020年3月，为主动服务和融入“一带一路”，加快内陆开放型经济试

---

① “1+16”政策文件由《自治区2019年优化营商环境总体方案》、15个中国营商环境评价指标行动计划和1个监测评价行动计划组成。

② 《2020年宁夏回族自治区政府工作报告——2020年1月11日在宁夏回族自治区第十二届人民代表大会第三次会议上》，宁夏回族自治区人民政府网站，最后访问日期：2020年8月18日。

③ 同上。

验区建设，以全方位开放助推高质量发展，宁夏印发了《自治区推进“一带一路”和内陆开放型经济试验区建设 2020 年工作计划》（以下简称《工作计划》）的有关通知。应《工作计划》通知要求，当月宁夏商务部门及时印发了《自治区商务厅推进“一带一路”和内陆开放型经济试验区建设 2020 年工作计划任务分工》，明确列出了 17 项具体工作任务，并协同各相关部门共同予以实施。

根据《国务院关于同意在石家庄等 24 个城市设立跨境电子商务综合试验区的批复》（国函〔2019〕137 号）精神，为将银川建设成为具有一定影响力的区域性跨境电商集聚区，2020 年 8 月，自治区人民政府发布《中国（银川）跨境电子商务综合试验区实施方案》。为确保各项工作落实到位，以银川市政府为主体责任部门，自治区各有关部门、中央驻宁单位为辅助责任部门，成立了专门的工作机构，以便完善工作机制，细化工作任务。

此外，为提高宁夏高等教育质量及国际化办学水平。2020 年 8 月，宁夏发布《关于加快推进“部区合建”宁夏大学工作方案》，明确将“大力引进优质教学资源，积极与“一带一路”沿线国家开展人才联合培养”列入今后的工作计划。[①] 由此表明，宁夏高等教育的发展，正在从单纯的服务地方经济，向立足国际视野、服务“一带一路”沿线建设的深层次、宽领域、内涵型发展模式转变。

（二）设施联通进展

通道建设领域，近年来，宁夏通过开通至中亚、西亚，乃至蒙古国、俄罗斯的国际货运班列，开辟了西向、北向低成本国际物流通道。2019 年 12 月，银中高铁[②]的开通运营，结束了宁夏没有高铁的历史，也极大地满足了

① 李佩珊：《宁夏大学将与“一带一路”沿线国家联合培养人才》，中国新闻网，最后访问日期：2020 年 9 月 12 日。

② 银兰客专线银川至中卫南段是国家中长期铁路网规划中“八纵八横”高铁网京包银兰通道的重要组成部分，是连接宁夏沿黄经济带的重要通道。这条高铁主要包括新建银西高铁银川至吴忠段和新建吴忠至中卫铁路。线路全长 207 公里，全线设吴忠、灵武北、河东机场、银川、红寺堡北、中宁东、中卫南 7 个车站。

沿线群众的出行愿望。2020年8月，银西高铁[1]甘宁段（吴忠至庆城段）时速275公里试验完成，银昆高速（宁夏银川至云南昆明）太阳山开发区至彭阳段项目开工建设。同月，云南昆明至宁夏中卫正式开通旅游包机服务，为中卫旅游经济和航空运输的发展注入了活力。上述这些成效，可以说对于提升宁夏在“一带一路”中的区位优势，以及促进全域旅游的发展具有十分重要的意义。

除此以外，宁夏还在其他诸如能源开发领域、网络通信领域、电力工程领域取得了一些进展。宁夏境内盐池县探明的千亿方级气田——定北气田的勘探开发，将使宁夏由天然气纯消费区域转变为天然气生产区域。[2]截至2020年4月，宁夏已累计建成5G通信基站1476座，拥有5G用户12万户，5G推进工作取得突破性进展。[3]青龙山330千伏变电站的投运，使来自盐池、宁东，以及灵武的光能和风能并入了宁夏电网，在优化宁夏电网网架结构，提高地方供电可靠性的同时，也为“西电东送”提供了“绿色引擎”。

（三）贸易畅通进展

2020年上半年，受新冠肺炎疫情、外需低迷、中美贸易摩擦以及部分企业停产停工等多重因素影响，宁夏外贸进出口疲态尽显，出口较上年同期下滑严重（见表1）。上半年，外贸进出口额为58.4亿元，同比下降47.2%。其中，出口41.9亿元，同比下降43.1%；进口16.5亿元，同比下降55.4%。对欧美日韩、阿拉伯国家及“一带一路”沿线国家（地区）出口下滑均比较明显。其中，对美国、印度、日本、韩国、中国香港等传统贸易对象的出口分别下降了36.9%、18.1%、32.0%、8.5%和69.0%；对阿

① 银西高铁连接陕西省、甘肃省和宁夏回族自治区，全长618公里。甘宁段共计13个车站，银川、河东机场等4个车站已于2019年12月29日开通。2020年底，该段将开通白土岗、惠安堡、环县等9个车站。

② 2020年7月，自治区发改委与中石化华北油气分公司就宁夏油气资源的勘探开发签订了战略合作协议。

③ 《宁夏已建成1476座5G通信基站》，中国新闻网，最后访问日期：2020年8月18日。

拉伯国家以及“一带一路”沿线国家（地区）出口分别下降76.1%、45.1%；对以色列、巴基斯坦、巴西、菲律宾等新兴市场出口增长虽然较快，但所占份额还比较小。

表1 宁夏主要出口贸易对象国家或地区出口情况

单位：亿元，%

国家或地区	出口额	出口额	
	2019年1~6月	2020年1~6月	同比增幅
美国	8.84	5.58	-36.9
印度	5.89	4.83	-18.1
日本	5.62	3.82	-32.0
韩国	4.07	3.72	-8.5
巴西	1.45	1.94	33.8
中国香港	5.43	1.68	-69.0
德国	2.97	1.36	-54.2
荷兰	2.66	1.31	-50.8

资料来源：宁夏回族自治区商务厅。

尽管如此，宁夏近一年来在贸易畅通领域所取得的进展依然可圈可点。一是银川综合保税区（以下简称“综保区”）在打造西部对外开放新高地方面取得进展。2020年1月，综保区将北京、上海、宁夏三家公司的资本融合，落实了“中琨聚霖（银川）国际贸易总部基地”项目。[①] 该项目计划投资30亿元，将成为面向“一带一路”沿线国家（地区）的大型经贸合作商业平台。二是银川海关对“一带一路”沿线国家（地区）自贸协定原产地证书的签发量大幅增长。2020年上半年，银川海关签发的2536份原产地证书中，有1038份是对“一带一路”沿线国家（地区）签发的证书，占签证总量的40.93%。所签金额为2.02亿美元，占据了签证总额的59.83%。[②]

① 肖梦琪：《银川综保区中琨聚霖（银川）国际贸易总部基地项目签约》，《银川日报》2020年1月20日。

② 张瑛：《原产地证书助宁夏企业掘金“一带一路”》，《宁夏日报》2020年7月13日。

三是特色农产品对外贸易渠道有所拓宽。2020 年 6 月，搭乘宁夏国际货运班列的 600 吨亚麻籽由哈萨克斯坦抵达银川，并顺利报关清关，标志着宁夏具备了亚麻籽自主进口业务全链条服务保障能力，同时也为国内粮油进口开辟了一条便捷运输通道。此外，宁夏名优土特保健产品公司、宁夏沃福百瑞枸杞产业集团公司等区内枸杞产业龙头企业积极投身拓展海外市场。宁夏名优土特保健产品公司应邀参加 2020 年中国国际服务贸易交易会，沃福百瑞枸杞产业集团成功进驻美国主流商超 COSTCO 等，均为宁夏枸杞产品赢得国际市场认可做出了贡献。①

（四）资金融通进展

2020 年以来，自治区在推动帮扶外资企业开展疫情防控的同时，也针对企业遇到的具体困难出台了多项纾困政策。针对企业面临的融资难、融资贵问题，商务厅联合外汇局宁夏分局以及区内各大金融机构，建立了贸易金融联动服务机制，第一时间向区内各金融机构反馈进出口企业的融资需求，并及时与重点企业进行业务对接，运用授信、贴现、信用证等多种金融工具帮助企业解决融资问题。截至 2020 年上半年，区内 5 家金融机构已为 14 家重点外贸企业发放各类贷款 9.7 亿元。②

从利用外资的情况来看，虽然新设外商投资企业数量较上年同期有所减少，但合同利用外资金额与实际利用外资金额均有明显增长。2020 年上半年，宁夏新设外商投资企业 8 家，同比下降 42.9%；合同利用外资金额达 25900 万美元，同比增长 80.0%；实际利用外资金额 12373 万美元，同比增长 69.4%（见表 2）。

---

① 《沃福百瑞枸杞干果成功进驻美国 COSTCO》，宁夏回族自治区商务厅官网，最后访问日期：2020 年 8 月 18 日。

② 《9.7 亿元信贷资金缓解外经贸企业燃眉之急》，宁夏回族自治区商务厅网站，最后访问日期：2020 年 8 月 18 日。

表2　2020年上半年外商直接投资情况

单位：万美元，%

项目	2019年1～6月	2020年1～6月	
	金额	金额	同比增幅
合同利用外资金	14390	25900	80.0
实际利用外资	7303	12373	69.4

资料来源：宁夏回族自治区统计局。

从投资来源看，新设的8家外商投资企业中5家源自中国香港，其余3家分别来自新加坡、加拿大和中国台湾。实际利用外资额则主要源自美国与中国香港，分别为8000万美元与4373万美元。

境外投资方面，随着"一带一路"建设的不断推进，宁夏已有不少企业"走出去"。2020年以来，尽管疫情暴发及其在全球的持续蔓延给企业参与境外投资带来了一些不利影响，但在各部门通力协作下，宁夏不仅做好了境外疫情输入防控工作，也在推动企业开展境外投资方面表现不俗（见表3）。据统计，2020年上半年，宁夏新设境外投资企业13家，非金融类对外直接投资10862万美元，同比增长248%；对外承包工程完成营业额683万美元，同比增长8.2%；新签合同额4888万美元，同比增长675%。①

表3　2020年上半年宁夏境外投资情况

单位：万美元，%

项目	2019年1～6月	2020年1～6月	
	金额	金额	同比增幅
非金融类对外直接投资	3431	10862	248.0
对外承包工程完成营业额	631	683	8.2
新签合同额	631	4888	675.0

资料来源：宁夏回族自治区统计局。

① 《宁夏对外投资和经济合作大幅增长》，新浪财经头条，最后访问日期：2020年9月12日。

鉴于当前国际国内经济形势错综复杂，对于已经或即将从宁夏“走出去”的企业而言，学会规避海外投资风险，仍是一门“必修课”。为此，2020 年 6 月，宁夏举办了“2020 中国企业走出去风险发布会宁夏分会”。会后，宁夏交通建设股份有限公司与江泰保险经纪公司宁夏分公司达成初步协议，后者为前者海外项目提供专业咨询服务，此举为宁夏企业平安“出海”做出了榜样。①

（五）民心相通进展

近一年来，宁夏在民心相通方面取得的进展，主要体现在开展国际远程医疗援助、抗疫国际援助，以及拓展合作对象（领域）等方面。2019 年 9 月，第四届中阿博览会“互联网 + 医疗健康”产业展暨应用大会在银川召开。大会汇集国际国内优质医疗资源与企业资源，进一步拓宽了人们对“互联网 + 医疗健康”模式的认识。同时通过签订中贝②“互联网 + 医疗健康”战略合作协议，进一步加深了我国与贝宁之间的联系。③

新冠肺炎疫情暴发后，宁夏收到了不少国际友城的关心与支援。截至 2020 年 2 月，宁夏先是收到了来自日本岛根县、俄罗斯图拉州、韩国驻西安总领馆、韩国庆尚北道庆山市等地捐赠的多批防疫物资。随后，在宁夏自身疫情防控取得一定成效后，立刻安排向国际友城和友好地区分享防控经验、提供防疫物资。3 月，在东亚日韩两国的疫情告急之际，宁夏火速驰援，向日本岛根县与韩国庆尚北道及时捐赠了大量防疫物资。这一系列国与国、地与地之间的援助行动，体现了困难之际国际友城守护相望、患难与共的深情厚谊。除此之外，宁夏还分别向伊朗、巴基斯坦、摩洛哥、毛里塔尼亚等“一带一路”沿线友好国家（地区）捐赠了抗疫物资，

① 《江泰保险经纪携手宁夏交建　共同探索海外项目保险服务新模式》，宁夏回族自治区商务厅网站，最后访问日期：2020 年 8 月 18 日。

② 贝宁是宁夏代表中国对口开展医疗援助的一个非洲国家，从 1978 年开始到现在已经选派了 24 批 572 名医疗队员，42 年来医疗援助赢得了当地政府和人民的高度赞誉。

③ 《第四届中阿博览会“互联网 + 医疗健康”产业展暨应用大会取得丰硕成果》，宁夏回族自治区人民政府网站，最后访问日期：2020 年 8 月 19 日。

在深化与"一带一路"沿线国家（地区）交流合作的同时，坚定不移地践行着习近平总书记关于构建人类命运共同体的伟大倡议。

值得一提的是，疫情期间自治区外事部门还通过驻埃及使馆等官方渠道，与在埃中国留学生取得联系，及时了解学生诉求，并于 8 月通过驻埃使馆向留学人员捐赠了大批防疫物资，充分体现了伟大祖国对海外留学人员的关怀。

三　2019~2020年宁夏丝绸之路经济带建设的困难与问题

（一）新冠肺炎疫情对外贸影响较大，园区经济受到较大冲击

2020 年以来，受新冠肺炎疫情及中美贸易摩擦等因素影响，宁夏外贸进出口总额大幅下滑，各类贸易方式进出口形势均不容乐观（见表 4）。从统计数据来看，全区上半年一般贸易进出口 49.5 亿元，同比下降 42.7%；加工贸易进出口 6.5 亿元，同比下降 67.2%。

表 4　宁夏各类贸易方式进出口额变化情况

单位：亿元，%

项目	2019 年 1 ~6 月	2020 年 1 ~6 月	
	金额	金额	同比增幅
一般贸易进出口	86.4	49.5	-42.7
加工贸易进出口	19.8	6.5	-67.2
保税仓库货物	4.51	2	-55.7

资料来源：宁夏回族自治区商务厅。

受国际航班停飞等因素影响，宁夏园区经济受到较大冲击，尤其是银川综保区所受影响较大。2020 年上半年，银川综保区进出口 7439 万美元，分别占自治区和银川市同期进出口总额的 8.9% 和 17.6%，比上年同期下降了 86%。此外，综保区黄金珠宝加工业务也受疫情影响全面停止，毛皮加工业

务也大幅萎缩。结果就是2020年上半年经保税仓库进出境的货物总值仅为2亿元，同比下降55.7%。[①]

（二）营商环境有待优化，金融环境不太理想

宁夏作为丝绸之路经济带上享有内陆开放型经济试验区优惠政策的省份，加之“放管服”改革的不断深入，理应在营商环境方面占据一定的优势。然而事实上，从全国范围来看，宁夏的营商环境依然不具备优势。从2018年万博新经济研究院对中国31个省级行政区营商环境进行综合评估后所发布的评估报告来看，中国31个省级行政区域中，宁夏的营商环境指数仅为31.76，在全国排名第27位。[②] 究其原因，从宁夏企业面临的金融环境应该可以看出一定端倪。总体来看，宁夏企业发展的金融环境不太理想，直接融资和间接融资均较为落后。从公司上市的情况来看，虽然自2017年以来，宁夏企业上市取得了一定成效，但部分上市公司业务增长乏力，再融资能力依然不强，上市后备企业数量少，且大部分企业处于发展起步阶段，难以满足进入资本市场的条件。[③] 截至2018年底，宁夏的上市公司数量仅为13家，在沪深两市3567家上市公司中，宁夏上市公司所占比重仅为0.4%。[④]

（三）部分主导产业发展受挫，对投资风险评估能力欠佳

近一年来，宁夏在石化、羊绒纺织等主导产业领域暴露的产业资金链断裂现象给地方经济的发展蒙上了一层阴影。近年来，由于融资环境趋向收紧，一些大型民营企业屡屡将旗下的金融机构当成“提款机”。宁夏这些企业遇到的资金链断裂的现象，固然有其内部经营所面临的种种特殊原因，但

---

① 宁夏回族自治区商务厅。

② 《2018年中国各省份营商环境大盘点：硬环境差距缩小，软环境差距扩大》，搜狐网，最后访问日期：2020年9月10日。

③ 杨虎：《2019宁夏金融工作进展情况》《宁夏经济发展报告（2020）》，宁夏人民出版社，2020，第142页。

④ 《2018年宁夏上市公司市值排行榜》，挖贝网，最后访问日期：2020年9月15日。

其所遇到的融资难、融资贵问题，可谓民营制造业所面临的共性问题。目前，由于资金链断裂，宁夏中银、荣昌、嘉源等三家羊绒企业也陆续进入了破产重整及破产清算阶段，由此导致宁夏灵武羊绒产业原有的原料控制权、市场定价权和行业话语权丧失殆尽。这一系列惨痛的教训，使人扼腕叹息，也发人深省。当下地方民营企业，尤其是大型民营企业发展到一定规模之后，如何才能稳定经营成果，更好地发挥带动地方经济增长的作用，值得深入探讨。

（四）资源环境约束加大，黄河流域生态环境保护意识有待加强

“一带一路”倡议的实施，虽然给西部乃至宁夏都带来了巨大的发展机遇。然而，受自身地理位置、发展空间与面积所限，宁夏在推进大规模基础设施以及大型投资项目建设的时候，仍需充分考虑土地、环境等各方面的制约因素。当前，由于多年的开发利用，不少园区土地资源难以支撑新企业入驻的需求，可开发利用空间不足问题比较突出。

此外，还必须意识到的一个问题是宁夏地处黄河流域，虽然农业特色产业优势明显，煤炭、石油等资源优势也较为突出，属于国家重要的农产品产区和能源化工基地，也是国内生态承受能力最为薄弱的地区之一。随着城市化与产融结合的加速推进，环境保护和环境管理的难度日益加大。尤其是在黄河流域开展一些大规模的基础设施建设，极有可能对黄河流域的生态环境造成一定程度的破坏。黄河是中华民族的母亲河，习近平总书记“一直很关心黄河流域的生态保护和高质量发展”，同时对于黄河流域的开发，强调“不能犯急躁病、大干快上，特别是不能搞各种各样的开发区”。[①] 因此，宁夏在参与丝绸之路经济带建设的过程中，必须充分意识到保护好黄河流域的生态环境的重要性。

① 《〈求是〉杂志发表习近平总书记重要文章〈在黄河流域生态保护和高质量发展座谈会上的讲话〉》，新华网，最后访问日期：2020 年 9 月 15 日。

四　宁夏丝绸之路经济带建设的趋势分析与对策建议

（一）趋势分析

2020年以来，新冠肺炎疫情的暴发，加剧了全球经济的不确定性。在外部环境复杂多变的背景下，中央提出要“形成国内国际双循环新格局”的发展战略。这一战略的提出毫无疑问将对各地参与“一带一路”建设产生深远的影响。作为西部内陆小省区，将发展的立足点更多放在国内，通过畅通国内大循环来推动国内国际双循环，更好地联通国际国内两个市场，不仅符合宁夏自身打造丝绸之路经济带战略支点的定位，而且对于将宁夏对外发展推进到新的阶段也具有重要的启迪意义。从具体的发展趋势而言，至少从以下三个方面来看，宁夏正在稳健驶向对外开放的快车道。

贯彻中央部署，稳定外资外贸。宁夏将在继续贯彻落实党中央、国务院以及自治区关于“稳外资”工作的决策部署下，坚持“促增量、稳存量”，扩大对外投资领域开放范围，切实保障对外资大项目的服务水平，千方百计稳住外资外贸基本盘。金融服务方面，宁夏将进一步推动金融机构优化服务质量，协助外经贸企业解决其在融资、避险等方面遇到的问题。外贸进出口方面，自治区商务厅（口岸办）将继续会同有关部门，优化口岸营商环境，畅通国际货运大通道，帮助宁夏企业进口“一带一路”沿线国家优质农副产品，满足区内农业企业对农产品深加工的需求。

发挥通道优势，共建物流平台。宁夏在通往中国—中亚—西亚以及中蒙俄国际经济走廊的西向、北向陆路通道上，具有显著的区位优势。如能立足中亚、西亚、蒙古国、俄罗斯等国家与地区的市场需求拓宽经贸合作关系，或可推动宁夏与沿线国家实现共建“大宗商品集散交易平台”的愿望。[①] 为

① 《丝路集团及其战略合作伙伴来宁考察　对接口岸合作》，宁夏回族自治区商务厅网站，最后访问日期：2020年8月18日。

此，应注意采取先易后难、重点突破的策略，发挥宁夏国际货运班列货源组织功能，利用现有通道优势，将国内货运资源整合，使之与宁夏本地货源进行“捆绑”出货，从而带动宁夏的物流业发展。

深化合作，拓宽5G应用范围。今后，宁夏将在省界收费站项目建设中与华为技术有限公司深度合作，不断提升交通基础设施信息化水平。[①] 接下来，双方还将在宁夏高速公路运行监测体系建设，以及ETC与5G融合技术方面开展多项技术创新应用。此外，宁夏还计划于2021年，在银川河东机场到市区、高速公路绕城东段建设自治区第一条5G网络全覆盖的高速公路。

（二）对策建议

应深刻认识开放不足仍然是制约宁夏高质量发展的一大短板。为此，要在思想上不断予以开拓，紧抓“一带一路”建设机遇，始终将对内开放与对外开放结合起来。要在找准内陆开放突破口、培育经济增长新优势、应用改革开放新成果的基础上，探索出一条具有宁夏地方特色的“丝路经济带高质量发展之路”。

1. 统筹抓好疫情防控，为新时期开放型经济发展谋篇布局

面对抗击疫情与保障生产秩序的双重压力，宁夏上下应坚定信心，加强统揽，将工作重心放在推进企业复工复产上，要下好先手棋。一是要在内陆开放的发展模式上有所突破。立足区情，着眼全球分工，大力推动产业链招商引资。积极培育开放型市场主体、建设开放型产业园区，谋求主动融入国际产业链、供应链与价值链，为构建开放型经济体系奠定基础。二是要在营造开放型经济环境上有所突破。办好中阿博览会，建好银川综合保税区。充分利用航权开放政策，打造低成本空中通道。加速推进高铁建设，尽快融入全国高铁网。三是要在体制机制创新上有所突破。大力争取开展贸易便利化

---

① 目前，华为在宁夏合作伙伴已达到300多家。下一步，华为将与宁夏在新基建、智慧城市、工业互联网、鲲鹏生态等领域深化合作，推动宁夏数字经济发展迈入新阶段。

提升改革试点，使宁夏与外界的经贸往来更加通畅，使外界的优质资本更易进入。四是要在国内经济大循环中占有一席之地。继续深化闽宁协作和对口帮扶工作，密切加强与周边兄弟省份之间的合作，加强与京津冀、长三角、粤港澳大湾区等发达地区的交流协作，增强宁夏在区域经济发展当中的协同性与联动性。

2. 提高开放通道畅通程度，打造内陆开放型区域物流中心

基础设施的连通性，对于宁夏未来发展的走向具有决定性意义。宁夏欲打造全方位对外开放的新格局，就必须合理规划交通基础设施建设，提高空中、陆上丝绸之路的畅通程度。鉴于银川在“雅布赖”国际航线（距离“雅布赖”国际航线最近的首府城市）中的特殊位置，空域资源扩张潜力较大。因此，有必要从规划层面上，开辟一条以银川为中转中心，贯穿东亚、西亚的空中运输大通道。打造连接东北亚、面向中西亚的“空中丝绸之路”。同时进一步培育、优化宁夏航空客货两运市场，努力提升航空经济效益。同时，鉴于中卫地处亚太经济圈与中蒙俄经济圈中心地带①，又是全国铁路交通的西部枢纽，具备一定的对外开放之比较优势，可将其建成“一带一路”沿线国家和地区进出口商品展示展销和货物集散分拨的中心。为此，要加快对包兰、太中银、宝中铁路二线改造，以利于进一步破解制约宁夏对外开放的通道瓶颈。

此外，为提升内陆开放型经济试验区的物流服务功能，应统筹各种资源，加快构建陆海联运、空铁联运等联运服务模式。努力吸引来自山东、河北等中东部省区货物在宁集散分拨，继续推进中欧国际班列常态化运营，稳步提升中欧班列跨境服务水平，奋力打造内陆开放型区域物流中心。

3. 坚持绿色发展，合理设定投资方针，学习并重视规避各种投资风险

在投资的过程中，还是要注意兼顾投资的经济效益和社会效益。尤其是对于宁夏这样的小省区而言，需结合自身区情，选择与经济发展水平、环境

① 中卫市向东可衔接青岛、天津等口岸，向西可抵达霍尔果斯、阿拉山口口岸，向南距广西钦州、防城港1500公里以内，向北至内蒙古策克、乌力吉口岸在500公里以内。

承载能力相适应的投资项目，合理设定投资建设的方针与策略。要结合中共中央、国务院《关于新时代推进西部大开发形成新格局的指导意见》精神，坚持走生态优先、绿色发展的高质量发展之路，加强对黄河流域生态环境保护。在土地资源利用方面，要大力清理园区内闲置低效用地，通过租赁、项目合作等手段，盘活利用土地，为优质项目建设提供可靠用地保障。企业投资方面，应建立完善的风险把控与保障体系，学会规避各种潜在风险。无论是地方政府主导的对外投资项目，还是本地企业自发“出海”，都要考虑到当地政治是否稳定、市场是否足够开放、法律体系是否完善等关乎投资风险的具体问题。同时还要紧密结合合作对象国的历史背景、未来发展方向来评判投资风险。为正确制定投资策略，应加紧建立或引进相应的国际风险投资评估机构，对在投项目和预投项目的风险水平和预期效益加以评估。尤其是对于民营企业而言，更应注重风险评估对企业经营与发展的参考价值与指导意义。

当前，由宁夏主导建设的境外产业园区中，中国—沙特（吉赞）产业园、中国—阿曼（杜库姆）产业园已被商务部列入16个重点推进境外经贸合作区。在建设并利用好境外产业园区，扩大国际影响力的同时，还应积极指导并协助如宁钢、天元锰业、宁夏鲁银等大型企业顺利开展国际贸易业务，充分利用好国际国内两个市场、两种资源的能力，推动国内国际双循环格局形成。

4. 既要“筑巢引凤”也要“固巢养凤”，全方位融入“一带一路”建设

成功的招商引资，不仅是让对方“愿意来”，还要让对方“愿意留”。为此，宁夏必须首先在优化营商环境上下一番功夫。着力营造法治化、国际化、便利化的营商环境。继续充分发挥中阿博览会战略平台作用，吸引更多中东企业来华参展，促进中阿经贸关系稳定发展。要立足区内优势主导产业，积极争取“一带一路”沿线国家（地区）来宁投资。建议以食品加工和出口为突破口，吸引其进行投资，争取在对阿拉伯国家的食品出口方面取得成效。要围绕市场需求开展招商，汇聚一批国际国内“响当当”的物流、贸易、加工企业。特别是要争取吸引若干具有全球供应链资源整合和调度能

力的第三方物流企业，实现“货物在宁集散、外汇在宁结算、税收在宁缴纳、产业在宁落地”的现代物流良性循环发展格局。同时，为缓解疫情冲击，应积极探索构建“网上丝绸之路”经济合作新模式。支持“百优惠”“丝路通”等跨境电商平台发展，集中整合承担境内外进出口商品的线上直营平台。搭建具备进口保税、加工贸易、展示展销、洽谈交易功能的线上服务平台，构建面向“一带一路”沿线，以及东亚、中亚、欧洲等国家的进出口贸易中转加工及交易基地。

B.16
2020年陕西丝绸之路经济带建设发展报告

钱进宝　关鸿亮*

摘　要：“一带一路”倡议提出以来，陕西认真贯彻落实党中央、国务院关于“一带一路”总体部署和习近平总书记系列重要讲话精神，五大中心建设总体顺利，全方位开放格局初步形成，“一带一路”取得阶段性成果，但在逆全球化趋势加剧的背景下，国际形势日趋严峻，丝绸之路经济带建设不稳定、不确定性因素显著增多，共建“一带一路”的挑战更加艰巨。下一步，陕西将继续推动五大中心建设、丝路综合试验区建设并加大招商引资力度，深度融入共建“一带一路”，实现经济高质量发展。

关键词：丝绸之路经济带　商贸物流　科教　文旅　金融　陕西

一　2019~2020年陕西丝绸之路经济带建设总体进展

（一）战略定位及实施方案

陕西省政府于2020年3月27日文正式发布了《陕西省“一带一路”

* 钱进宝，陕西省发展和改革研究中心副主任、经济师；关鸿亮，陕西省发展和改革研究中心副研究员。

建设2020年行动计划》（陕政办发〔2020〕6号），其中明确提出优化升级交通商贸物流中心、深化拓展国际产能合作中心、提高科技教育中心影响力、做强做优国际文化旅游中心、创新发展丝绸之路金融中心、抓好试点示范和强化服务保障等举措，陕西省参与“一带一路”建设的战略定位进一步明确，今后一段时期的总体思路更加清晰，实施方案更加具体。

（二）建设现状与成效

“一带一路”倡议提出以来，在陕西省委、省政府的高度重视和正确领导以及各界人士的关心支持下，全省上下认真贯彻落实党中央、国务院关于“一带一路”总体部署和习近平总书记系列重要讲话精神，积极融入“一带一路”建设，坚持创新、协调、绿色、开放、共享的发展理念，积极践行“五个扎实”和“五通”要求，以打造内陆改革开放新高地为目标，全面落实“五新”战略任务，大力发展枢纽经济、门户经济、流动经济，五大中心建设进展总体顺利，全方位开放格局初步形成，“一带一路”建设取得阶段性成果。

二　2019~2020年陕西丝绸之路经济带“五通”建设进展

（一）交通商贸物流中心地位日益提高

西宝、大西、宝兰、西成高铁建成通车，“米”字形高铁网已建成通车4个方向。全省高速公路建设规模近1500公里，其中30个对外出省通道已打通22个。国际（地区）航线达66条，开通19条国际客运航线，正式加入“陆海新通道”共建合作机制，“陆空数字”立体丝绸之路建设进一步完善。第五航权客货运航线双双实现突破，全年客运量位居全国第七，货邮吞吐量增速列全国十大机场首位；西安新筑、宝鸡阳平物流基地建设稳步推进，西安港整车进口指定口岸正式运营，与14个沿海沿边港口、口岸达成合作关系。中欧班列（西安）累计开行2133列，开行量、重箱率、货运量等核心指标均位居全国前列，西安入选2019年国家物流枢纽建设名单，陕西作为国际物流枢纽的地位得到进一步提升。同时，“通丝路”跨境电商人民币结算服务平台正式上线，西安市获批设立跨境电子商务综合试验区，西安航空口岸“一带一路”专用通道正式启用，获批实施外国人过境144小时免办签证政策。自贸试验区目前已经形成118个制度创新案例，并且已在全省复制推广了18项制度创新成果。“一带一路”语言服务及大数据平台正式启动，贸易便利化水平进一步提升，交通商贸物流中心地位得到进一步巩固。

（二）国际产能合作中心稳步推进

哈萨克斯坦爱菊粮油工业园、吉尔吉斯斯坦中大工业园区作为陕西省境外合作园区的典范，被纳入商务部境外经贸合作区监测统计。一批国际合作产业园加快建设，中俄丝路创新园、中欧工业园、陕韩产业园等境外经贸合作园区和重点投资项目稳步推进。建成“海外仓”4个，组织企业参加25场重点境外贸易促进活动。法士特、陕鼓、陕柴加快布局海外市场；三星闪存芯片二期、施耐德电气全球低压成套设备设计中心和全球绿色节能设计中心落地。“一带一路”沿线国家成为甘肃省对外承包工程的主要市场，完成营业额升至全国第10位，对外承包工程实现快速增长。2019年全省外贸进出口总值3515.75亿元，同比上涨0.1%，再创历史新高，其中对“一带一路”沿线进出口实现442.3亿元，增长22.5%。全年新批外商投资项目323个，同比增长14.1%。实际利用外商直接投资77.29亿美元，增长12.9%。对外承包工程新签合同金额38.19亿美元，增长10.2%。

（三）科技教育中心作用得到彰显

上合组织农业技术交流培训示范基地建设稳步推进，承担商务部援助发展中国家人力资源培训项目22期；组织推荐国家级国际科技合作项目115项，承担省级国际科技合作项目90项；新审核认定省级国合基地20个，合作国家和地区25个，并在海外设立2个研发机构；同时组织了多场科技交流活动，共主承办和组织了13场（次）论坛、科技展会等合作交流活动。目前全省共建设24个国家级和71个省级国际科技合作基地，并在多种层次、广泛领域与40多个国家和地区建立了科技交流合作关系。依托杨凌示范区与“一带一路”沿线国家和地区开展多边农业科技合作交流，建设“国家现代农业国际创新园”以及中哈、中吉等丝绸之路国际科技合作园区，进一步统筹“一带一路”沿线国家和地区科技资源，为经济社会发展提供了强有力支撑。充分发挥丝绸之路大学联盟作用，已有37个国家和地区的151所高校成为联盟成员。支持开展国别区域研究，推动教育部国别区域研究中心等智库建设，西北大学等8所高校12个国别与区域研究中心成功获批。不断加大对来陕外国留学生的政策倾斜力度，每年安排1200名中亚学生在西安求学，进一步深化了国际教育合作交流。

（四）国际文化旅游中心内涵更加丰富

陕西认真落实国家总体外交部署，配合中央部委圆满完成多位外国元首及政要来访接待任务，目前已与36个国家正式缔结89对友城关系，与“一带一路”沿线的19个国家建立了23对友城关系，推动了国际友好城市建设。着力搭建国际交流合作平台，已成功举办了6届丝绸之路国际艺术节，使其成为推动中外文明交流互鉴的重要平台。不断强化“部省合作”模式，积极推进与海外中国文化中心交流合作，精心打造的“国风·秦韵”对外文化交流品牌为传承和弘扬中华优秀传统文化做出了积极的贡献。成功举办中新旅游年“千人游陕西暨西安仿唐入城式”、第三届中德历史文化名城对话会、朱鹮国际论坛等活动。“一带一路”文化遗产国际合作联盟成立，中吉联合考古工作取得重要阶段性成果，国际影响力不断提升。不断丰富国际旅游合作形式，先后与联合国世界旅游组织、亚太旅游协会等国际机构建立合作，建立了国内首个入境旅游省际合作机制。2019年全省接待境内外游客7.07亿人次，比上年增长12.2%；旅游总收入7211.21亿元，增长20.3%。其中，入境游客465.72万人次，增长6.5%，国际旅游收入33.68

亿美元，增长7.7%；国内游客7.02亿人次，增长12.2%，国内旅游收入6978.87亿元，增长20.6%。

（五）丝绸之路金融中心建设稳扎稳打

陕西达成了一系列金融战略合作协议，设立了多只丝路主题基金，形成了多个金融服务创新典型案例，丝绸之路金融服务保障能力不断增强。2019年全年共5家企业成功发行上市，1家企业IPO过会，创近十年历史最高水平；推动自贸区金融改革创新，开展资本项目外汇收入支付便利化试点、外债注销登记下放银行、外商投资企业再投资等外汇创新业务，大幅缩减结汇支付审批环节和时间，降低企业成本。"通丝路"跨境人民币结算平台获评商务部第三批全国自贸试验区最佳实践案例，陕西成为西北地区唯一被确定为国家外汇管理局"跨境业务区块链服务平台"第一批试点省份；针对中欧班列融资需求，"央行·长安号票运通"供应链金融新模式有效解决了民营小微企业融资成本、风险、授信等关键问题。全国首家商业保理公司美元融资业务成功获批并落地陕西自贸区。2019年全省跨境人民币实现收付金额492.8亿元，比上年增长55.4%；人民币跨境收支在本外币跨境收支占比达14.8%，同比提高了4.7个百分点；自2011年8月启动跨境人民币业务以来，全省跨境人民币收付累计实现2924.6亿元，共计34家银行的249个分支机构参与，服务了2783家企业、惠及境外参与银行1594家，交易辐射境外123个国家和地区。

三　2019~2020年陕西丝绸之路经济带建设的困难与问题

（一）大国竞争导致全球经济增长不确定性增加，严峻的外部形势对丝绸之路经济带建设形成挑战

近年来，大国之间力量对比进一步演化，全球地缘政治格局随之变化，以美国为首的贸易保护主义抬头，对经济全球化进程产生了严重阻碍，其他

大国或被迫回应，或从中渔利，全球地缘政治格局空前复杂，加上生产技术水平停滞，各国潜在增长率不断下降，世界经济发展的不确定性也在各主要经济体增长周期不同步、发达国家货币政策负外溢性凸显、新兴经济体金融市场风险日益集聚加大中进一步增强。中美两国作为世界前两大经济体，在意识形态、经济增长模式、网络安全等方面既合作，又竞争。随着两国经济实力对比的变化，两国关系发展既基于我国对外开放布局推进情况，也受到美国国内政治经济局势变化的影响。

（二）国际产业发展和布局出现重大变化，重塑制造业竞争优势成为丝绸之路经济带建设重要内容

随着人工智能、智能制造、工业互联网、量子科技等技术的兴起，全球制造业进入新一轮变革当中。发达国家采取了对内减税、加强基础设施建设，对外提高贸易壁垒等一系列支持和促进“再工业化”和“再制造化”的政策，进一步打乱国际现有产业链布局，抢占经济全球化的制高点。我国同时受到低收入国家凭借成本优势对我国传统产业的竞争替代，发达国家凭借科技优势与我国高端产业进行激烈竞争的双重挤压，再加上高碳经济向低碳经济转型，传统产业向新兴产业转型的产业结构升级调整压力，我国制造业发展任重道远。避免“脱实向虚”和过早去工业化，重塑制造业竞争优势成为陕西丝绸之路经济带建设的重要内容。

（三）国际贸易投资体系面临调整，丝绸之路经济带国际合作受到更多阻碍

美国以逆全球化作为对外经贸关系的基本政纲，无视 WTO 框架下的国际贸易规则，基于国内法提高进口壁垒，管制高新技术出口，动辄通过采取所谓的“301”调查、“232”调查等方式对其他国家出口进行无理打压，这种行为已对国际多边贸易体制造成了巨大冲击，导致国际贸易自由化水平严重倒退，全球贸易投资体系正在发生“冷战”结束以来最深刻的变化，给包括我国在内的发展中国家带来巨大压力。在未来与丝绸之路经济带沿线国

家和地区合作中，陕西将在开放市场、保护知识产权、削减国有企业补贴等诸多方面受到更多阻碍。

（四）国际能源资源价格变动，加大丝绸之路经济带能源合作压力

美国页岩油气不断开发，原油日产量大幅提高，分别于 2017 年成为天然气净出口国，2018 年成为原油和成品油净出口国，成为当今国际能源市场的重要供应方和利益攸关国，进入传统由以沙特为首的 OPEC 和以俄罗斯为代表的非 OPEC 构成的国际能源供给体系。美国作为集生产大国、消费大国、出口大国于一身的全新能源大国，既有可能通过供需影响国际市场能源资源价格变动，也有可能以能源资源为筹码要求其他国家在中美两个国家间站队，打压我国与丝绸之路经济带沿线国家开展能源资源合作。陕西作为能源资源大省，开展国际能源合作是丝绸之路经济带建设的重要内容，美国在能源市场身份的改变极有可能对陕西省开展国际能源合作造成影响。

四　陕西丝绸之路经济带建设的发展趋势及建设重点和方向

（一）发展趋势分析

2020 年是我国全面建成小康社会，实现第一个百年奋斗目标，社会主义现代化建设进入新征程的重要之年，要形成以国内大循环为主体、国内国际双循环相互促进的新发展格局，离不开“一带一路”倡议的重要支撑。面对新冠肺炎疫情的严重冲击，世界百年未有之大变局正在深度演化，中美战略博弈更加激烈，不稳定不确定性因素显著增多，逆全球化趋势加剧，全球经济衰退可能性加大，一些国家保护主义、单边主义抬头，地缘政治风险上升，国际形势日趋严峻，共建“一带一路”的挑战更加艰巨，但机遇也更为凸显。

习近平总书记在 2020 年 4 月来陕考察时对陕西深度融入共建“一带一路”大格局提出明确要求，要发挥好自由贸易试验区的先行示范作用，办

好丝博会、欧亚经济论坛、杨凌农高会，建设中欧班列（西安）集结中心，加快形成面向中亚、南亚、西亚国家的通道、商贸物流枢纽、重要产业和人文交流基地，构筑内陆地区效率高、成本低、服务优的国际贸易通道，为陕西当前和今后一段时间推动丝绸之路经济带建设指明了方向，提供了根本遵循。为全面贯彻落实习近平总书记来陕重要讲话精神，2020 年 7 月 10 日，中国共产党陕西省第十三届委员会第七次全体会议通过《中共陕西省委关于学习贯彻习近平总书记来陕考察重要讲话精神奋力谱写陕西新时代追赶超越新篇章的决定》，提出坚持以开放促改革促发展促创新，以更高目标、更有力举措推动发展高水平开放型经济，加快形成陆空内外联动、东西双向互济的全面开放新格局。

唯其艰难，方显勇毅。面对疫情的严重冲击，国际形势的风云变幻，2020 年上半年，陕西省实际利用外资金额比上年同期增长了 8.55%，达到 47.67 亿美元，其中涉及丝绸之路经济带沿线国家和地区 1.46 亿美元，同比增长 102.57%。陕西自贸试验区加快建设，已有世界 500 强企业在陕西投资设立 121 家外资企业，舱单归并等 16 项经验在全国复制推广。中欧班列（西安）集结中心获批建设，长安号中欧班列高质量运行，2019 年开行 2133 列、占全国 1/4，2020 年上半年已开行 1667 列，是上年同期的 2 倍。深度融入共建“一带一路”大格局，已成为陕西省实现高质量发展的必由之路，形成以国内大循环为主、国内国际双循环相互促进新发展格局的重要支撑。

（二）陕西下一步加快丝绸之路经济带建设的重点与方向

自“一带一路”倡议提出以来，经过 6 年多的发展，“一带一路”建设取得了举世瞩目的成就。下一步，陕西要继续以习近平中国特色社会主义思想为指导，在贯彻落实好总书记来陕考察重要讲话精神的基础上，按照“五通”要求，坚持“五新”理念，突出开放强省鲜明导向，坚持以开放促改革促发展，坚持“引进来”和“走出去”并重，推进城市发展、产业融合、人才交流国际化，激发经济发展的动力和活力，增强国际经济合作和竞

争新优势。加强内外统筹、陆海联动，有序推进重大平台、重大工程、重大项目建设，持续打造“一带一路”五大中心，拓展国际合作领域，创新国际合作模式，提升交流合作水平，深入推进“一带一路”建设，构建新时代全面开放新格局。

1.深入推进“一带一路”五大中心建设

提升交通商贸物流中心枢纽功能，构筑内陆地区国际贸易通道。依托新亚欧大陆桥经济走廊，建设以西安为核心，向东经郑州、徐州出连云港，以及经合肥、杭州出上海港、舟山港；向西经宝鸡、兰州、乌鲁木齐出阿拉山口、霍尔果斯，以及经喀什出红其拉甫口岸，共同形成内陆西向国际贸易通道的主通道。创新中欧班列、高速公路、航空等多式联运组织模式，大力发展完善沿边口岸和沿线陆港空港设施和功能，提升物流服务和通关效率，全方位辐射面向西亚、中亚、南亚的开放通道。将西安、宝鸡、延安三地打造为国家物流枢纽承载城市，不断完善优化铁路网、高速公路网、航空运输网布局，进一步畅通立体开放大通道。

提升国际产能合作中心发展水平。会同有关国家建好境外经贸合作聚集区，打造一批具有示范效应的标志性工程，打造一批产业、科技、人才聚集程度高，有较强国际影响力的国际合作示范园区。鼓励大企业率先走向国际市场，带动一批中小配套企业参与国际产能合作，深度融入全球产业链、价值链、物流链，形成综合竞争优势。推动重点产能项目境外落地，以“一带一路”沿线市场为目标开拓区域，推动以基础设施建设、冶金建材和装备制造为主的优势产能项目尽快落地，引导推动省内产业链上下游企业抱团入驻境外园区。提升哈萨克斯坦爱菊粮油工业园、吉尔吉斯斯坦中大工业园、中白工业园发展质量。支持杨凌愿景农业柬埔寨农业产业园区建设。建设中亚能源项目、粮油项目、橡胶项目、电池生产项目、变速箱生产等项目。

扩大科技教育中心影响力。对接“一带一路”建设重大需求，积极参与“一带一路”科技创新行动计划，注重在科技人文方面加强交流，推动政府间实施科技交流项目，与丝绸之路沿线国家和地区共建国际联合实验室，设立海外研发机构，积极争取国家布局大科学装置。建设丝绸之路经济带教育共同体，不断扩大“一带一路”职教联盟和丝绸之路大学联盟影响力。鼓励丝绸之路沿线国家和地区专家教授、青年学者来陕培训、研修、交流，并为他们提供学习、生活便利。

促进国际文化旅游中心做强做优。以丝路沿线精品旅游线路为纽带，加快丝绸之路风情体验旅游走廊建设。加强与丝路沿线省份对接合作，探索建立丝绸之路旅游联盟，推进丝路旅游标准化。研究开发中欧人文、旅游班列产品。推动北京、上海、陕西中国入境旅游枢纽合作机制建设。打造丝路文化旅游品牌，深化国际旅游合作。扩大欧亚经济论坛、丝博会、世界西商大会、全球硬科技创新大会等平台功能，建设“一带一路”新媒体运营中心，申办丝路卫视频道，推进西安丝路人文信息港、“一带一路”领事馆集中区等建设项目。

增强国际文化旅游中心能级。支持“一带一路”沿线国家（地区）金融机构在自贸区内直接投资设立或参股金融机构。积极争取国家金融外汇改革先行先试政策落地陕西自贸试验区，争取在陕西自贸试验区开展货物贸易便利化试点工作。在经贸往来、文化旅游、经济合作等多方面，推动人民币成为陕西与丝绸之路经济带沿线国家和地区的计价、结算主要货币。参与“欧洲文化之都”和“东亚文化之都”对话机制，建立“一带一路”高级别人文交流对话和国际智库合作交流机制，完善文化、教育、旅游等相关部门领导人定期会晤机制。贯彻落实西安丝路国际金融中心建设中长期规划，申请设立全国绿色金融改革创新试验区，构筑专业化环境风险治理体系。

2. 加快建设西安“一带一路”综合试验区

推动西安建设“一带一路”综合试验区上升为国家战略，争取国家相关领域的试验重点和试验内容，探索加强国际交流合作和创新开放等领域的新模式、新路径，力争形成全国试点经验，主要包括以下几方面。第一，建设数字信息大通道，推动建设沣西新城大数据产业基地、沣东新城省级数字经济试点、国家新型工业化（大数据）产业示范基地、浐灞互联网创新试验区。第二，建设西安跨境电商综合试验区：构建跨境电子商务完整产业链和生态圈；提升跨境进出口派送水平，加快传统企业转型升级；积极创建国家消费中心城市；积极打造国家进口商品展示交易分拨中心、跨境电子商务国际合作中心，建设“大商道”大宗商品现货电子交易平台。第三，建设“一带一路”法律服务与法治创新示范区，推动建立“一带一路”专项法律人才培养机制和交流平台。第四，探索建立丝路医疗健康合作大平台，加快“一带一路”国际医疗中心、国际化医疗定点医院、国际医疗服务设施建设项目建设。第五，加快上合组织农业技术交流培训示范基地建设，推动完善“中央领导、省部共建、基地运作”的管理运行机制，开展农业科技交流和联合研发，推动实现成果共享，创新农业技术教育培训模式，提升培训质量效益，推动上合组织国家农业技术、产品和服务“引进来”“走出去”。

3. 加大招商引资力度

把招商引资作为推进经济发展的“头号工程”，以全球视野谋划重大招商项目，引进一批产业带动力强、外向度高、经济效益好、符合产业发展趋势的大企业、大项目、大平台。充分发挥陕西区位交通、产业基础、历史文化、科教人才和政策环境等比较优势，做靓“陕西名片”，讲好“陕西故事”，重点加强与韩日新、中国港澳台等国家和地区对接，提升招商引资水平。统筹做好项目储备、信息发布、精准对接和洽谈签约等工作，提高招商引资工作的针对性和实效性。积极开展平台招商，充分发挥丝博会、欧亚经济论坛、杨凌农高会等重大平台作用，不断提升影响力，打造招商引资和对外交往的重要窗口。建设国际合作示范园区，加强政策供给，推进优势产业和先进科学技术集聚，提升对外开放层次和水平。加快推进大数据招商、智能招商，积极推进“不见面招商”，推行“连线”洽谈、“邮寄”签约、“线上”服务，推动项目网上签约。结合疫情催生的新经济、新产业、新机遇，积极谋划储备相关领域大项目，努力抢占数据、基因、细胞、人工智能等新资源。

B.17

2020年陕西参与丝绸之路经济带旅游合作发展报告*

张　燕**

摘　要：　陕西出台了《陕西省"一带一路"建设2020年行动计划》，2019年全省新建、改建重大文化旅游项目1300个，总投资达1500亿元。2020年受新冠肺炎疫情影响，陕西出入境旅游形势严峻，休闲度假游与乡村游增速最快，主要旅游模式为跨省游和省内游。同时还存在基础设施建设不完善，旅游资源开发不平衡，旅游产品综合开发不足，部分景区的经营管理能力仍是短板，旅游公共服务有待健全等问题。该报告建议进一步发展旅游消费新模式，优化文旅产品内容，增强市场黏性；加强旅游监管，完善旅游设施；整合旅游资源，深化国际合作，增大影响力；加大对重点国家的旅游推介。并预测2020年旅游业总收入有望达到4.13万亿元。

关键词：　丝绸之路经济带　旅游　陕西

2020年受新冠肺炎疫情的影响，全球旅游业进入寒冬，大部分旅游业受到颠覆性影响。丝绸之路经济带陕西旅游在后疫情时代，将面临新的挑战。

---

* 本报告是西安市社科基金课题"西安丝路文化旅游中心建设研究"（ZX172）和2020年陕西省文旅厅课题"陕西文化和旅游深度融合发展对策研究"的阶段性研究成果。

** 张燕，陕西省社会科学院文化旅游研究中心主任、研究员，主要研究方向为文化旅游。

一　丝绸之路经济带陕西旅游发展现状

陕西规划建设丝绸之路起点风情体验旅游走廊、秦岭人文生态旅游度假圈、黄河旅游带、红色旅游系列景区“四大旅游高地”，体现出丝绸之路起点旅游品牌的核心位置，为国际文化旅游中心搭建基础。2019 年陕西省在文化旅游品牌打造方面，新建、改建重大文化旅游项目数量达到 1300 个，总投资 1500 亿元。2020 年 4 月 2 日，陕西印发实施《陕西省“一带一路”建设 2020 年行动计划》（以下简称《行动计划》），不断加大力度，完善措施推进“一带一路”建设。《行动计划》明确，“支持西安建设国家数字经济创新发展试验区，推进国家‘一带一路’大数据中心西北分中心等大数据处理平台建设；精心打造‘国风秦韵’对外交流品牌；办好部省合作框架下（中国—澳大利亚）系列活动，持续宣传‘丝绸之路起点·兵马俑的故乡’品牌；创新办好第七届丝绸之路国际艺术节、2020 年西安丝绸之路国际旅游博览会、2020 年世界文化旅游大会、丝绸之路万里行、第四届中德历史文化名城对话会等重大活动；持续完善陕西一带一路网综合服务功能”。[①]

（一）2019年陕西旅游总结

2019 年先后于日本、泰国、白俄罗斯等十余个国家，以“了解中国从陕西开始”“文化陕西”为整体代表形象，进行了陕西文化旅游的宣传与推广。同时，陕西成功举办了第六届丝绸之路国际艺术节、2019 年西安丝绸之路国际旅游博览会等活动，参加了诸多境内外的文化旅游展。面向世界展现了陕西文化旅游的独特魅力，提升了陕西文化旅游品牌的影响力。“2019 年，全省接待境内外游客 70714. 50 万人次，同比增长 12. 20%，旅游总收入 7211. 59 亿元，同比增长 20. 30%。其中，接待入境游客 465. 72 万人次，

① 西安市人民政府官网，http://www.xa.gov.cn/。

同比增长6.54%，国际旅游收入33.68亿美元，同比增长7.72%；接待国内旅游人数70248.78万人次，同比增长12.24%；国内旅游收入6978.87亿元，同比增长20.56%。”

“2019年旅游对地区生产总值的直接贡献达到2278.53亿元，占地区生产总值的比重从上年的8.61%提高到8.83%，提高了0.23个百分点；旅游综合贡献从上年的3853.28亿元提高到4299.61亿元，增加了446.33亿元，占地区生产总值的比重从上年的15.77%提高到16.67%，提高了0.9个百分点。2019年旅游直接带动全社会就业人数达到277.95万人，比上年净增加18.36万人，同比增长7.07%，旅游对全省就业的直接贡献率为12.82%，比上年提高0.56个百分点，直接拉动全社会就业增长0.87个百分点；旅游通过行业间间接作用，带动全社会实现综合就业495.69万人，净增43.41万人，旅游对全省就业的综合贡献率为22.87%，比上年提高1.51个百分点，综合拉动全社会就业增长2.05个百分点。2019年当年脱贫户中，因旅游而受益的占27.84%，受益人口占被调查脱贫人口的25.36%。”①

（二）2020年上半年陕西旅游分析

中欧班列“长安号”已开通西安至中亚五国、德国汉堡等15条干线，截至2020年10月，中欧班列“长安号”共开行3004列。如今在陕西，“空中丝路”联通世界。2019年西安机场年旅客吞吐量4722万人次，同比增长5.75%，全国排名第七，增速位于全国十大机场第三名。② 近年来，陕西坚持“以文强旅、以旅兴文”战略。旅游交通明显改善，增开国际航线，高速公路通达省内的99个县区。

1. 全球疫情背景下旅游市场集中在省内游与跨省游

受整体国际环境影响，加之疫情防控形势依然严峻，整体旅游市场中出

① 《2019年陕西省旅游综合贡献率研究主要结果》，陕西省文化和旅游厅官网，www.sxswht.gov.cn。

② 《全球机场综合能力比较分析》，《物流科技》2019年第10期。

入境旅游占比严重下降。游客多数选择了省内游或者短途的跨省游，其中自驾游占更大的出行比重。“截至9月中旬，全国已复工复业旅行社为29694家，占全国现有旅行社总量的75.72%，团队旅游业务已恢复至去年同期40%左右；星级饭店业务加快恢复，复业率达91%。据测算，第二季度，全国A级旅游景区游客接待量环比增长158.7%；旅游收入环比增长131.7%。第三季度，全国A级旅游景区总体游客接待人数达到去年同期的7成左右，一些地方景区已接近去年同期水平。”①

2. 智慧旅游助力游客入园更便捷

疫情期间，陕西省景区游览均采取预约形式，各景区推行分时段预约游览。引导游客错峰旅游，限制现场领票、购票游客数量。

在后疫情时代，预约旅游将成为文旅市场发展的一个重要方向，预约旅游极大地提升了游客出游的便捷程度。同时，预约旅游对于景区提升智慧化、数字化水平大有利好，为游客提供更加智能化的服务。

3. 多样化文旅融合产品增速发展

为推动陕西旅游业有序恢复、快速发展，陕西省发布《陕西省旅游业恢复发展预案》，提出“有针对性地推出一批生态游、山水游、乡村游、度假游等具有地域特色、富有体验性的休闲产品，加快旅游产品开发建设转型升级。”② 针对促进文旅市场快速发展，西安市提出大力发展文旅“宅经济”，加快旅游景区智慧化、酒店与民宿品质化建设，探索“数字+线上体验”、手游直播等新型消费体验场景；渭南市鼓励OTA等营销平台积极开发、推广、销售渭南旅游线路产品及“景区+酒店”等组合旅游产品；安康市打造一批特色鲜明的夜经济生活聚集区，陕西省多市齐发力加速文化旅游市场复苏。

4. 节假日旅游出行逐渐复苏

“五一”小长假期间甘肃省共接待游客1130.62万人次，实现旅游收入33.51亿元。虽然受疫情影响，“十一”双节长假全省共接待游客4224.38万

① 陕西省文化和旅游厅官网，www.sxswht.gov.cn。

② 《陕西省“一带一路”建设2020年行动计划》，陕西省文化和旅游厅官网，www.sxswht.gov.cn。

人次，全省游客数量较往年同期相比下降幅度较大，但部分景区游客量增长明显。

5. “云服务”对文化旅游市场复苏带动作用明显

随着疫情防控形势持续向好以及人们文旅消费需求的不断增长，陕西省2020年上半年举办了2020年陕西省文化科技卫生“三下乡”集中示范活动、“4·23世界读书日暨全民阅读月”、2020年文化和自然遗产日暨“非遗购物节”主会场活动等系列活动。

陕西省文化和旅游厅联合喜马拉雅App推出“无限量15天免费会员账号”和“战疫情·秦声嘹亮”抗疫歌曲展播；组织甘肃省优秀剧目《柳青》《麻醉师》参加文化和旅游部“在线剧院”展演，在文化和旅游部门户网站、“学习强国”平台同时推出播放；指导各级公共文化机构有序恢复开放和开展线上服务。

6. 生态文化旅游提质升级

疫情过后生态文明游成为一大市场热点，陕西省依托优越的自然人文条件，举办众多生态文化旅游活动。“西旅四季·乘风破浪金秋季”已在2020年9月22日正式拉开序幕，金秋季活动包括“迎十四运”主题活动、“姐姐来了”核心活动、秦岭欢乐总动员特色活动等多项活动。通过第11届中国秦岭生态文化旅游节全面的旅游文化宣传，让本地居民与游客全方位地体味秦岭深厚底蕴和人文山水之美，进一步巩固提升陕西特色生态文化旅游品牌知名度和影响力。

（三）2020年国庆节陕西旅游发展特色

“今年中秋国庆假期，陕西与西安多项数据位居前十。大交通整体增长100%；西安双双上榜热门目的地与出发地城市；酒店营业额环比增长100%；十大酒店热门城市西安排第八；门票增长100%；陕西上榜全国十大热门景区省份。”① “据测算，假日期间全省共接待游客4224.38万人次，

① 陕西文化产业网。

与去年同口径相比同比下降40.78%；旅游收入254.06亿元，同比下降44.04%，人均天花费486.45元。”①

表1　陕西部分景点国庆假期（10月1~8日）旅游人数统计

单位：万人次

景点	接待游客	景点	接待游客
华山	15.27	药王山	11.1
法门寺	7.3	昆明池	53.23
黄河壶口瀑布	17	秦始皇帝陵博物院	34.31
西安城墙景区	43	白鹿仓	49.5
大唐不夜城	140.09	华清宫景区	17.58
大明宫国家遗址公园	19.5	陕西历史博物馆	7
永兴坊	56.7	秦岭野生动物园	17.13
袁家村	89.5	北院门风情街	72.99
马嵬驿	44.6	白鹿原影视城	12.76

双节假期陕西旅游主要呈现以下几点特色。

1. 疫情期间安全与文旅同行

国庆中秋双节期间，陕西省坚决落实疫情的防控管理要求，积极完善省内景区景点的门票预约制度，将错峰游、限流量作为常态化模式，保障疫情期间出行安全。

游客在旅游出行的方式选择上出于安全考虑，更多地选择倾向自驾游、自由行、背包游、家庭游等。整体出行散客化趋势明显，假日旅游方式已从传统观光旅游向更具有体验性的休闲度假旅游转型。

2. 文旅活动助力“双节”旅游市场复苏

国庆中秋双节期间，陕西省各地文旅活动遍地开花，各具特色。西安市围绕“相约西安·筑梦全运”主题，策划推出“迎全运·长安韵·丝路情——电影音乐嘉年华”、迎十四运国庆演出周等系列活动，通过“文旅体

① 陕西省文化和旅游厅官网，www.sxswht.gov.cn。

育”融合，让游客感受全运氛围。安康举办了央视大型综艺节目“喜上加喜”走进“沧海桑田·乡村明星”活动；榆林举行2020年榆林圣都乐园二期开放盛典、2020年古塔赵庄第三届溜溜乡村音乐节、农特产品展销会及文艺演出。法门寺文化景区推出“古韵中华”壁画艺术展、“盛世唐艺·绝代风华”蹙金绣展、“大唐文创集”等活动。

3. 夜游人气持续上升，旅游演艺炫目多彩

十一长假期间，陕西省许多景区举办精彩纷呈的电音节、舞台剧、灯光秀、旅游演艺等活动吸引游客；旅游演艺受到追捧，华清宫上演的《长恨歌》加演到一天3场；《西安千古情》一天6场，接待游客5.7万人次，收入321.97万元；《长恨歌》接待游客5.08万人次，收入1380.74万元；《驼铃传奇》秀接待游客7.3万人次，收入614万元。大唐不夜城作为首批“全国示范步行街”已成为国际知名的网红打卡地。大唐不夜城夜景灯光秀闪耀夺目，旅游市场热度逐渐上升。

4. 文物游呈现强劲复苏趋势

国庆中秋双节期间，陕西省各景点通过举办展览、增加演艺场次、延长开放时间、举办多彩活动、免费门票预约等方式，助力文旅市场复苏。双节期间，陕西省文物旅游共接待游客719万人次，西安市文博市场接待人数达210万人次。多处文博景点预约出现一票难求的情况。

二　丝绸之路经济带陕西旅游发展的问题

数据显示，陕西历史博物馆全网口碑值84.72，领跑全省4A级景区，口碑值在80以上的还有大明宫国家遗址公园（81.28）、黄河壶口瀑布（80.44）。口碑值在70～80的景区有10个，分别是太平国家森林公园（74.64）、秦岭野生动物园（74.41）、柞水溶洞景区、翠华山、白鹿原影视城、袁家村、牛背梁、西安博物院（小雁塔）、少华山和塔云山景区。剩下排名在14～20位的景区口碑值都在70分以下。黄河壶口瀑布吸引力排在大明宫之前，总体口碑却排在大明宫之后，说明黄河壶口瀑布在经营管理方面

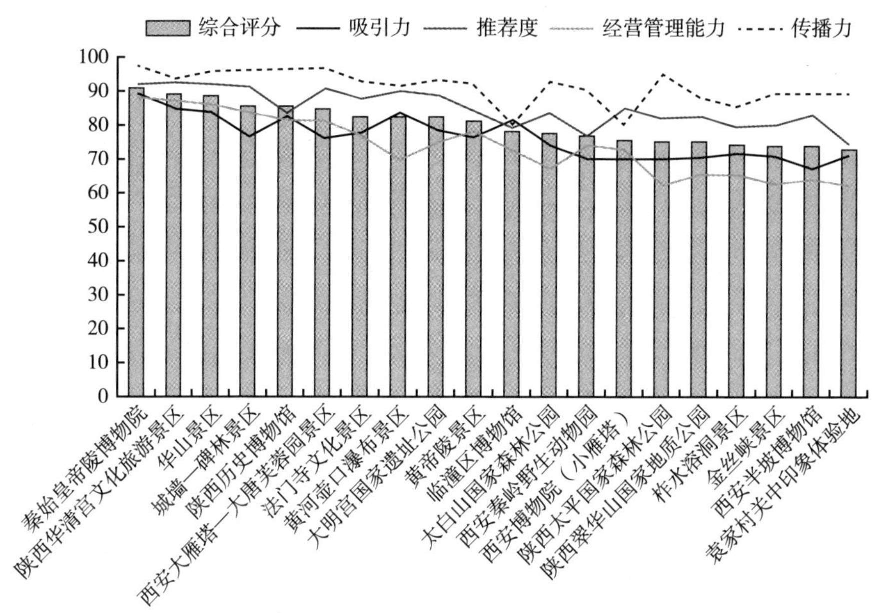

图1　2019 年口碑榜 TOP10 景区经营管理维度细分对比

资料来源：城事智库：《2019 年陕西 A 级景区口碑排行榜》。

还是稍逊一筹。黄河壶口瀑布推荐度排在全省第一位，游客对壶口瀑布磅礴的气势纷纷感到震撼。其次是大明宫国家遗址公园，推荐度（87.92）排在第二。陕西历史博物馆的推荐度（83.83）排在第四，对比其吸引力的排名稍微落后一些，名气在外，游客慕名而来，留下的印象却不是很好，就会造成景区吸引力高、推荐度低的现象。通过对比发现，陕西历史博物馆的经营管理能力（80.07）排在第一位，也是唯一评分在 80 以上的景区；70 以上的有大明宫国家遗址公园（72.37）和西安秦岭野生动物园（70.52）。黄河壶口瀑布景区经营管理能力（66.6）排在第四，这是影响其口碑榜总榜位置的重要原因。陕西历史博物馆的经营管理评分较高，主要是其在门票、导游、通信维度的口碑值都是第一。在经营管理 TOP10 景区中，除了袁家村、白鹿原影视城景区没有门票限制，陕西历史博物馆的免票政策是其门票维度评价较高的主要原因。除此之外，参观陕西历史博物馆，导游是不可或缺的重要参与对象，有了导游的讲解，文物才会妙趣横生。所以，导游也是陕西

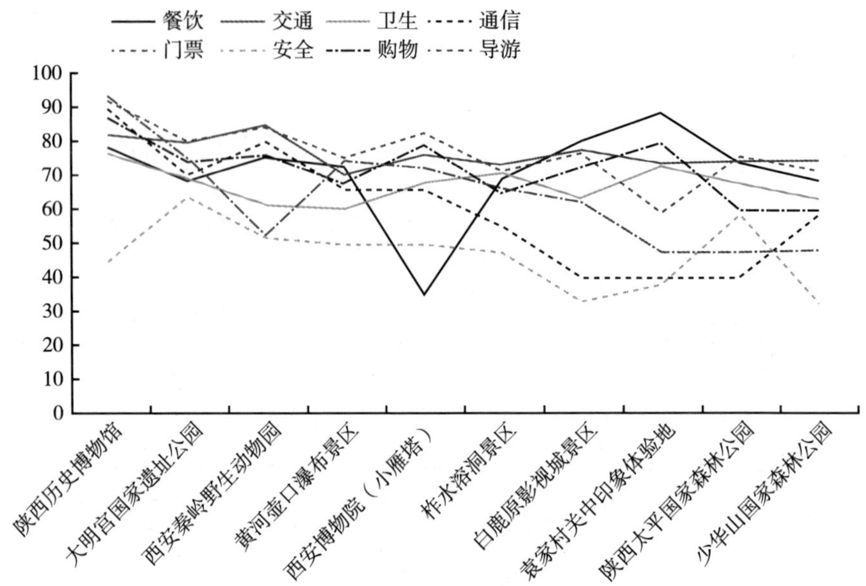

图 2　经营管理 TOP10 景区维度细分对比

历史博物馆受到好评的一个重要原因。同样是以民俗、小吃为特色的景区，白鹿原影视城在餐饮方面的口碑值（79.79）却比袁家村（87.77）低。

陕西省 2020 年景区统计，A 级景区共有 460 家，其中 5A 级景区 10 家，4A 级景区 116 家，数量分布如表 2 所示。5A 级景区主要分布在西安市、宝鸡市、渭南市、商洛市及延安市，陕北地区整体旅游资源开发较为滞后。

表 2　2020 年陕西省 4A、5A 级景区数量分布

单位：家

景区	西安	宝鸡	渭南	商洛	延安	咸阳	铜川	榆林	汉中	安康	杨凌	韩城	西咸新区
4A 级	22	15	10	13	4	10	4	3	13	11	2	4	5
5A 级	4	2	1	1	2								

资料来源：陕西省文化和旅游厅。

陕西省 A 级酒店共有 325 家，数量分布如表 3 所示。陕西省共有五星级酒店 16 家、四星级 52 家，主要集中在西安市，其中五星级占 15 家、四星级占 26 家。其他地市相对较少，甚至没有。

表 3　2020 年陕西省星级酒店数量分布

单位：家

地市	五星级	四星级	三星级	二星级	合计
西安市	15	26	43	3	87
西咸新区			5	1	6
宝鸡市		2	11	6	19
咸阳市		2	10	3	15
铜川市		2	7	1	10
渭南市			23	1	24
延安市		9	29	2	40
榆林市	1	3	20	5	29
汉中市		3	15	9	27
安康市		3	16	4	23
商洛市		1	11	1	13
杨凌		1	4	1	6
韩城			16	10	26
合计	16	52	210	47	325

资料来源：陕西省文化和旅游厅。

综合数据统计及陕西旅游发展现状，将陕西旅游现存问题归纳为以下几点。

1. 旅游基础服务设施建设不完善

陕西部分交通基础设施薄弱，道路质量不高，部分景区存在“进不去、出不来”的问题。旅游高峰期旅游景点经常出现交通拥堵、停车难、卫生环境差等现象。反映了旅游景点整体基础服务设施建设不完善，维护力度不足以及服务人员素质欠佳等问题，对陕西的旅游形象与旅游口碑产生了较大的负面影响。

2. 旅游资源发展不均衡

一方面，陕西共有 5A 级景区 10 家、4A 级景区 116 家，其中大部分分布在以西安、渭南、宝鸡为主的关中区域，陕北及陕南的旅游资源开发与文化旅游发展都相对滞后，关中与陕南陕北两翼发展明显不均衡；另一方面，对历史文化和文物遗址类旅游资源开发力度较大，造成产品类型比例失调、结构单一；旅游开发格局不合理，旅游资源开发的地区结构和季节结构差别明显。

3. 部分景区的经营管理能力仍是短板

“陕西景区经营管理 Top20 中有 7 家自然景区，华山景区经营管理能力获得较高的评价，黄河壶口瀑布景区、太白山国家森林公园、陕西太平国家森林公园、陕西翠华山国家地质公园、柞水溶洞、金丝峡等景区经营管理能力都差强人意。TOP20 中，陕西历史博物馆、临潼区博物馆、袁家村关中印象体验地等景区推荐度偏低。”① 经过分析发现，与景区人流量密集、“人太多”、“拥挤”密切相关。

4. 旅游产品综合开发不足

陕西旅游产品的结构比较单一，且由于近几年网红景区的异军突起，很多景点跟风建设，旅游产品同质化现象严重。多数历史文化类景点停留在观光游阶段，多数特色活动开发仍处在初期阶段，游客的静态观光与动态体验未能更好地融合，感官较为单调。丝绸之路相关的文化 IP 打造不足，文化相关的旅游产品种类不够丰富。且针对文化旅游市场未能针对性地开发出深度体验产品以及具有特色的度假系列产品，不能更好地满足游客不断发展的需求。

5. 新型消费基础设施不足，服务能力偏弱

“一带一路”倡议之下，西安是丝绸之路起点城市，但整个陕西省的旅游形象仍然相对模糊，而且，宣传资金缺乏、宣传渠道较少，影响了陕西旅游业的发展。疫情期间，“云旅游”“网红经济”等新型消费形式兴起，陕西省在互联网与服务业的融合方面还需加强建设。

三　丝绸之路经济带陕西旅游进一步发展的建议

为推动陕西旅游业有序恢复、快速发展，有针对性地提出以下几条发展建议。

---

① 资料来源：城事智库。

（一）进一步发展消费新业态、新模式

加快培育打造5G条件下无接触式消费模式，探索发展智慧超市、智慧商店、智慧餐厅等新零售业态。利用云计算、物联网、AR/VR等新技术赋能的智慧旅游，也衍生了更多的“新场景+新应用”。积极培育文化旅游市场消费的新业态，提升旅游业市场的服务质量，打造特色鲜明的国际旅游消费中心。

在游客需求逐渐向多样化、个性化方向转变的现状下，创造性发展文化旅游业态与多产业的合作模式。增加“云旅游”“宅经济”等新型发展模式，加强对直播电商的规范引导，探索新时代背景下陕西旅游产业发展的新途径，助力陕西“一带一路”旅游消费中心建设。

（二）优化文旅产品内容，增强市场黏性

重新整合行业，将文化、旅游、农业、休闲、体育、康养、娱乐这些产业紧密地结合在平台层面上，创造新的产品。通过万物互联的机会，将在线的旅游平台逐步升级为智能的私人定制管家，提供更多的用户要素供给，行前资讯、攻略输入、行中内容分享、社区互动，行后评价反馈、体验改进等，形成用户端更强的黏性。

随着文化旅游市场逐步向休闲度假模式转型，文化旅游市场的主要发展方向也逐渐改变，在众多旅游形式当中具有地域特色、富有体验性的休闲产品明显具有更强的市场竞争优势。在现有文化活动和旅游消费的基础上，因地制宜地探索文化引领、科技支撑、生态友好、主客共享等不同类型的文旅融合发展模式。

产品实现高端化、专业化、品牌化发展，得到消费市场的认同，增加多层次的文化旅游体验，在多个维度延展消费链条，增加游客黏性。

（三）加强旅游监管，完善旅游设施

针对陕西旅游市场监管工作的实际状况，完善监管的制度，优化旅游市场监管方式，加强整体的综合协调功能，切实提高市场整体的监管效能。组

织专门工作小组，针对现下旅游市场乱象进行整治，严治“强买强卖”“黑车”“黑导游”等现象，充分发挥相关协会作用，鼓励政府单位与协会制定相关的监管规范，引导旅游行业有序复苏。

（四）建设旅游景区，完善基础设施

将单个旅游景点进行扩展和补充，带动周边地区和产业发展，使其发展成旅游景区。并且对景区进行多元规划、多主题划分，以满足游客的多层次需求。此外，对于人文旅游景点，不仅要加强单个景点的辐射作用，更要建立且注重各景点间在地理位置等诸多方面的联系，尤其要对旅游景点的路线进行合理规划，提高效率，将各处景点连成线进行整体宣传与推广；同时，完善的交通体系对旅游业的发展起着推动作用：首先可以设置旅游专线，将各个景点连接，寻找最短最优路线，高效安全地将游客送至各个景点；也可以利用现有公交地铁线路，使游客通过公交或地铁的转乘到达目的地。同时在旅游推广时可以着重说明线路问题，最重要的是完善交通管理，避免拥堵，提高效率。

（五）整合文旅资源，深化文化影响

陕西省旅游资源以文化类旅游资源为主，自然资源类占比相对较少。其中多处文化旅游资源级别较高，但是整体以观光为主，休闲体验类项目稍显不足，游客在旅游过程中缺乏体验感。以省内游、跨省游热度上升为契机，深入挖掘历史文脉，为景区景点注入深层内涵。整合陕西省文化旅游资源，形成丝路文化系列、古都体验、休闲度假等多类型产品，提升陕西文化旅游吸引力，加大陕西丝路文化影响力。

（六）深化国际合作，增强影响力

要主动“走出去”，加大对重点国家的旅游推介。习近平总书记来陕考察时发表重要讲话，指出“加快形成面向中亚南亚西亚国家的通道、商贸物流枢纽、重要产业和人文交流基地”。可以预见，陕西同这些国家的经济联系将更加密切，物流、资金流带来人流，这些国家的游客将是陕西旅游收

入新的增长点。因此，只有紧紧抓住国内国外两个市场，陕西的旅游收入才有可能实现大幅增长。

四 “一带一路”旅游发展前景预测

“一带一路”沿线国家（地区）通过合作将资源投入到需求更大的国家（地区），形成长期的优质合作模式，在整个全球抗击疫情的过程中，其优势与价值得到了更好体现。“一带一路”沿线国家（地区）经济彼此依存、普惠共享，在经济全球化的背景下，为国际合作开拓了新的空间，同时为搭建开放型的世界经济提供了新的平台。

2019～2020年，文化旅游市场游客参与度稳步提升，博物馆、主题乐园、古街古镇、乡村旅游、生态文化游成为热点，居民未来出行的文化消费需求依然旺盛。在当下的宏观经济背景以及客观的市场发展条件下，对第四季度的整体市场可持相对乐观态度，将呈现W形恢复增长态势。

虽然新冠肺炎疫情影响下2020年旅游业总收入预计下滑，但仍有望达到4.13万亿元。国庆中秋长假结束。“中国旅游研究院专项调查显示，假日期间，游客平均出游半径213公里，在目的地的平均游憩半径为14.2公里，出游半径较劳动节和端午假期增长56%以上。游客过夜比例为49.6%。‘二次出游’意愿强烈，假日效应向节后溢出。”① “2020年，预测客源地潜在出游力在东中西三大区域之间的比例大约为6.0∶2.6∶1.4，即我国的客源市场有60%源自东部地区，26%源自中部地区，14%源自西部地区。从发展趋势来看，预测东部地区累计潜在出游力所占比重由2010年的70.0%下降到2020年的60%，呈现逐年降低趋势。与此同时，中西部地区所占比重不断升高，累计潜在出游力所占比重由2010年的30.0%提升到2020年的40%，区域之间的差距呈现出明显的收敛趋势。”②

---

① 中国旅游研究院文化和旅游部数据中心。

② 中国旅游研究院规划所：《中国国内旅游发展报告2020》，2020年9月14日。

国际合作篇

International Cooperation Articles

B.18
2020年中国—中亚共建丝绸之路经济带发展报告

王富忠*

摘　要：近一年来，中国—中亚各国克服大国战略博弈加剧、世界经济形势波动，特别是新冠肺炎疫情带来的各种不利影响，加强沟通协调、扩大合作共识、拓宽合作领域、深化合作发展，有条不紊推进丝绸之路经济带建设，在“五通”各个方面都取得了新的进展。面对国际局势不确定性增强尤其是美国提出新中亚战略，把中国视作在中亚地区的主要对手这一复杂形势，中国—中亚国家应当进一步加强政治互信，维护好目前较为良好、稳定的双边关系；加快推进数字丝绸之路建设，增强经济发展的动力和后劲；全面深化金融合作，助推丝绸之路经济带建设行稳致远。

* 王富忠，新疆社会科学院中亚研究所助理研究员，研究方向为中亚地区经济政治与安全。

关键词：　中国—中亚　丝绸之路经济带　新疆

一　2019~2020年中国—中亚丝绸之路经济带建设总体进展

近一年来，中国—中亚国家在共建“一带一路”框架下继续深化各领域务实合作，继续协调对接发展战略，互联互通伙伴关系进一步提升，重要合作项目安全有效推进，一些合作项目竣工投产开始发挥作用，“五通”建设取得了许多新进展。特别是面对新冠肺炎疫情，中国—中亚国家携手采取有力措施，建立人、快捷通道和货物绿色通道，确保人、物流畅通，联手抗击疫情，共促经济复苏，为丝路精神注入了新内涵，也为进一步扩大全方位经贸合作打下了更加坚实的基础。

二　2019~2020年中国—中亚丝绸之路经济带“五通”建设进展

“五通”建设是中国—中亚国家共建丝绸之路经济带的主要内容。2019~2020年，中国—中亚国家围绕“五通”建设，继续拓宽合作领域、丰富合作方式、共享合作成果，推进丝绸之路经济带建设深入发展。

（一）“政策沟通”进展

近一年来，中国—中亚国家继续在战略对接方面加大协调力度，各种协调磋商机制运行顺畅，合作共识进一步扩大。2019年8月27日，中国与乌兹别克斯坦政府间合作委员会举行第五次会议，双方表示将进一步发挥中国与乌兹别克斯坦政府间合作委员会统筹、指导和协调作用，加大相互配合力度，以共建“一带一路”为主线加强各领域合作，为两国人民带来更多实实在在的利益。[①]

① 温馨：《中乌政府间合作委员会第五次会议在京举行》，《人民日报》2019年8月28日，第3版。

2019 年 8 月 28 日，习近平主席会见乌兹别克斯坦总理阿里波夫，强调中乌要加强国家发展战略对接，利用好跨境公路、铁路，密切互联互通，拓展经贸、投资、高新技术、能源等领域合作，打造人文合作新亮点。[①] 2019 年 8 月 28 日，中国与哈萨克斯坦进行产能与投资合作第十七次对话，充分展示了中国对哈国实施“第三次工业化”战略的大力支持。[②] 2019 年 9 月 4 日，中国与哈萨克斯坦举行霍尔果斯国际边境合作中心部级协调机制第一次会议，双方一致同意建立中央政府层面、地方政府层面及合作中心层面的三级联动工作机制，加大对《中哈关于霍尔果斯国际边境合作中心活动管理的协定》的执行力度，推动双方区域信息共享和执法合作，加大对合作中心的政策支持，便利贸易投资和人员往来，提升合作中心发展水平，造福两国边境地区人民。[③] 2019 年 9 月 11 日，中哈两国签署《关于落实“丝绸之路经济带”建设与“光明之路”新经济政策对接合作规划的谅解备忘录》，以路线图的形式突出战略对接、重点任务和主要举措，共同绘制中哈共建“一带一路”的“工笔画”。[④] 备忘录的签署标志着中哈共建“一带一路”站在新的历史起点上，必将推动两国务实合作和民心相通再上新台阶，为实现两国在构建人类命运共同体道路上先行一步的宏伟目标作出贡献。2019 年 11 月 2 日，中国与乌兹别克斯坦签署《中乌关于电子商务合作的谅解备忘录》，双方一致同意将加强电子商务领域的政策沟通和协调，推进地方合作和公私对话、开展联合研究和人员培训，鼓励企业开展电子商务交流与合作，推动各自国家的优质特色产品贸易。[⑤] 此次备忘录的签署将进一步提升

---

① 杨依军：《习近平会见乌兹别克斯坦总理阿里波夫》，新华网，http：//www. xinhuanet. com/politics/2019 - 08/28/c_ 1124933679. htm。

② 《中哈举行产能与投资合作第十七次对话》，东方财富网，http：//finance. eastmoney. com/a/201908301222844579. html。

③ 《中国 - 哈萨克斯坦霍尔果斯国际边境合作中心部级协调机制第一次会议召开》，中国商务部网，http：//www. mofcom. gov. cn/article/ae/ai/201909/20190902896303. shtml。

④ 《中哈签署〈关于落实“丝绸之路经济带”建设与“光明之路”新经济政策对接合作规划的谅解备忘录〉》，一带一路网，https：//www. yidaiyilu. gov. cn/xwzx/gnxw/103264. htm。

⑤ 《中乌签署电子商务合作谅解备忘录》，海外网，http：//news. haiwainet. cn/n/2019/1222/c3544517 - 31686442. html? nojump = 1。

两国贸易便利化程度和合作水平，为双边经贸关系注入新的活力，促进两国共建“一带一路”合作走深走实。2019 年 11 月 4 日，中哈合作委员会第九次会议举行并签署会议纪要，双方表示将落实好共建丝绸之路经济带与“光明之路”新经济政策对接合作规划路线图。[①] 中国—中亚国家的各类沟通磋商活动进一步明确了中国—中亚国家共建丝绸之路经济带的重点合作领域，体现了各方的合作愿景，注入了深化合作的动力，为共建丝绸之路经济带提供了更多政策和法律保障。

面对新冠肺炎疫情带来的各种影响，中国—中亚国家主动沟通，协调各自立场，果断采取有效措施，互相提供力所能及的帮助，既要共同遏制新冠肺炎疫情蔓延，又要深化共建丝绸之路经济带。2020 年 4 月 14 日，习近平主席同吉尔吉斯斯坦总统热恩别科夫通电话，表示中国愿同吉尔吉斯斯坦人民并肩抗疫，继续向吉方提供力所能及的帮助，分享防控经验和诊疗方案，尽快派遣医疗专家。强调双方推进共建“一带一路”，深化各领域合作，推动两国全面战略伙伴关系不断迈上新台阶。[②] 2020 年 6 月 16 日，习近平主席同塔吉克斯坦总统拉赫蒙通电话，强调双方应该统筹好疫情防控和贸易往来，拓展思路，确保共建“一带一路”重点项目得到落实。[③] 2020 年 7 月 16 日，中国—中亚国家举行首次“中国 + 中亚五国”外长视频会议，各方愿进一步加强在疫情防控、疫苗研发、传统医学等领域合作，在卫生健康领域打造中国—中亚高效合作伙伴关系。同时，各方表示将继续推动“一带一路”倡议同中亚国家发展战略对接协调，构建互联互通伙伴关系，深化各领域务实合作，开展有效的投资合作，共同保障重要合作项目安全顺利推进，推动经济恢复与发展。[④]

---

① 郑明达：《韩正会见哈萨克斯坦第一副总理斯迈洛夫并主持召开中哈合作委员会第九次会议》，新华网，http://www.xinhuanet.com/politics/2019-11/04/c_1125190719.htm。

② 《习近平同吉尔吉斯斯坦总统热恩别科夫通电话》，新华网，http://www.xinhuanet.com/politics/leaders/2020-04/14/c_1125855794.htm。

③ 陈赞等：《习近平同塔吉克斯坦总统拉赫蒙通电话》，《人民日报》2020 年 6 月 17 日，第 1 版。

④ 《“中国 + 中亚五国”外长视频会议联合声明》，新华网，http://www.xinhuanet.com/world/2020-07/17/c_1126248334.htm。

（二）“设施联通”进展

基础设施联通是中国—中亚国家共建丝绸之路经济带的重点领域。双方在推进交通、能源、电力等重点领域的互联互通上持续发力，不断取得新进展。

在交通设施互通方面，中国—中亚国家以中欧班列为主，不断开辟公路运输、公铁联运和航空新线路，打造立体交通网络。2019 年 9 月 27 日，西安机场开通西安至塔什干直飞航线，这是西北地区首条直飞乌兹别克斯坦的航线。[①] 新航线的开通将进一步促进陕西和乌兹别克斯坦的经贸往来和人文交流，深化民心相通。2020 年 1 月 10 日，成都开通直飞塔什干国际航线，[②] 该航线开通后将进一步促进中国同乌兹别克斯坦经贸往来和文化旅游发展，为两国人民搭建友好交流的空中桥梁。2020 年以来，虽受疫情等影响，中欧班列运量仍维持在较高水平，成为疫情期间稳定国际供应的重要支撑，有力促进了丝绸之路经济带沿线国家商品贸易和市场增长。2020 年 3 月 23 日，合肥至阿拉木图公共班列恢复开行，标志着从合肥开行的中亚公共班列全面恢复常态化运行。[③] 当前，合肥中欧班列亚洲方向共有两条公共班列，一条为合肥至阿拉木图，另一条为合肥至塔什干，两条线路相辅相成，精准对接皖企乃至长三角区域外贸企业。2020 年 6 月 6 日，广州开通首列“广州—霍尔果斯—塔什干”中亚班列，再添国际物流新通道。[④] 2020 年 6 月 13 日，首列“穗新乌”中欧班列开通，这是第一列从广州发运，经霍尔果斯出境，途经哈萨克斯坦，目的地为乌兹别克斯坦的中欧班列。[⑤] 作为一条

---

① 刘涛：《西安机场开通直飞塔什干航线》，央广网，http：//www. cnr. cn/sxpd/pp/yl/20190927/t20190927_ 524797137. shtml。

② 《成都又一条国际航线开通 6 小时直飞塔什干》，新华网，http：//www. sc. xinhuanet. com/content/2020 -01/11/c_ 1125448647. htm。

③ 赵强：《合肥至阿拉木图公共班列恢复开行》，中国网，http：//news. china. com. cn/live/2020 -03/23/content_ 759183. htm。

④ 《首列“广州—霍尔果斯—塔什干”中亚班列发运》，中国新闻网，http：//www. chinanews. com/cj/2020/06 -06/9205206. shtml。

⑤ 《首列“穗新乌”中欧班列从霍尔果斯出境》，中国一带一路网，https：//www. yidaiyilu. gov. cn/xwzx/dfdt/131866. htm。

新开行的线路，该班列把我国制造中心的货物直接运输至中亚，进一步确保了国际产业链、供应链稳定。2020 年 6 月 18 日，中欧班列“中吉乌”公铁联运国际货运班列首批集装箱从伊尔克什坦口岸出境，[①] 这是国内首趟采用铁路—公路—铁路多式联运方式组织开行的中欧班列，也是国内企业首次尝试公铁联运运输方式，不仅丰富了中欧班列的运输形式，而且开辟了一条连接中西亚、辐射欧洲的国际贸易新通道。随着共建丝绸之路经济带深入发展，中外企业对铁路运输业务服务需求持续增长，更多货物从拼车转为专车，中欧班列定制业务蓬勃发展。2020 年 4 月 8 日，武汉开通首列中亚国际联运汽车班列，发往乌兹别克斯坦，这是上汽通用汽车武汉分公司首次将汽车整车经铁路运输到中亚国家，也是铁路部门服务“一带一路”建设开辟的国际物流新通道。[②] 中国—中亚国家不断探索公路运输合作新方式，开辟运输新通道，促进国际物流渠道更加完善、畅通。2020 年 6 月 12 日，青岛至塔什干 TIR（国际公路运输系统）首发定班专线，该线路选择全程集装箱“一箱到底”的运输技术，在伊尔克什坦口岸交换集装箱无须重新装卸货物，实现双向运输和全程可视化。[③] 该线路的开通标志着上海合作组织国际道路运输系统通道正式测试运行，将进一步促进中国—中亚国家间的互联互通，丰富完善多式联运国际物流体系。2020 年 7 月 1 日，重庆开通直达乌兹别克斯坦布哈拉跨境公路班车线路，实现中亚陆运通道的贯通，[④] 该线路将充分满足中国西南片区生产制造企业和加工贸易企业的国际物流货运需求。

中国—中亚国家在能源领域内不断扩展合作。2019 年 7 月 15 日，由中国国家电投中国电力国际有限公司投资建设的中亚最大风电项目在哈萨克斯

---

① 《“中吉乌”公铁联运国际货运班列开通》，中国一带一路网，https：//www. yidaiyilu. gov. cn/xwzx/hwxw/133494. htm。

② 《武汉首开中亚国际联运汽车班列》，新华网，http：//www. xinhuanet. com/local/2020 - 04/08/c_ 1125829352. htm。

③ 《中国传化（上合）国际道路运输通道开通》，东方网，http：//news. eastday. com/eastday/13news/auto/news/china/20200612/u7ai9331603. html。

④ 《重庆跨境公路班车开启中亚线路》，中国新闻网，http：//www. chinanews. com/cj/2020/07 - 01/9226344. shtml。

坦江布尔州开建，该项目是中哈产能合作重点项目，建成投产后可以直接改善哈南部缺电的状况。[①] 该项目能够帮助哈国进一步完善能源结构，为中哈新能源合作开辟新的空间。2019 年 9 月 3 日，由寰秦能源有限公司投资建设的哈萨克斯坦卡普恰盖 100MWp 光伏电站并网发电，项目建成后能有效带动我国光伏组件、电力设备出口，并为当地税收和就业作出贡献。[②] 2019 年 11 月，中国石油天然气集团公司同哈萨克斯坦能源部门签署了《关于在油气领域扩大合作的备忘录》与《关于天然气领域合作备忘录》。[③] 这两份法律文件有力地促进中哈在天然气勘探开发、处理和销售等领域的全面合作，推动落实中方相关投资义务，助推哈萨克斯坦天然气工业实现全面发展。2020 年 1 月，华油惠博普科技股份有限公司中标哈萨克斯坦卡沙甘油田 10 亿方天然气处理厂建设项目。[④] 2020 年上半年，中国进口中亚天然气逾 190. 88 亿立方米。[⑤]

（三）“贸易畅通”进展

贸易畅通是中国—中亚国家共同追求的经济目标，双方加快落实达成的各项促进投资贸易便利化协议，推动贸易通道更加畅通。一是保持各层次沟通协调。2020 年 7 月 8 日，中国商务部与土库曼斯坦贸易和对外经济联络部举行经贸视频磋商，双方围绕稳妥推进中土经贸合作、加强投资和经济技术合作等议题开展了深入对接交流。[⑥] 2020 年 7 月 13 日，中国建设银行阿

---

① 《公司的中亚最大风电项目开工》，中国电建网，https：//www. powerchina. cn/art/2019/7/18/art_ 7440_ 606042. html。

② 《中企在哈投资卡普恰盖 100MWp 光伏电站正式并网运营》，中国一带一路网，https：//www. yidaiyilu. gov. cn/xwzx/hwxw/102844. htm。

③ 《中国石油在哈签署两项合作协议》，商务部网，http：//kz. mofcom. gov. cn/article/jmxw/201911/20191102914142. shtml。

④ 《惠博普成为哈萨克斯坦卡沙甘油田天然气项目中标单位》，新浪网，http：//finance. sina. com. cn/roll/2020 - 01 - 14/doc - iihnzhha2365803. shtml。

⑤ 《中亚天然气管道今年上半年输气 190. 88 亿立方米》，央视网，http：//m. news. cctv. com/2020/07/30/ARTIsScvBOz2mL0sHSycQ2KV200730. shtml。

⑥ 《中国商务部与土库曼斯坦贸易和对外经济联络部举行司局级经贸视频磋商》，商务部网，http：//www. mofcom. gov. cn/article/i/jyjl/e/202007/20200702982712. shtml。

斯塔纳分行在哈首都努尔苏丹举办“中哈经贸合作推广论坛”，与会人员围绕中哈经贸关系、投资环境、合作机遇以及服务平台功能等内容进行了积极互动。[①] 2020 年 7 月 23 日，中哈经贸合作分委会召开第十一次会议，两国就稳步推进双边经贸合作等议题深入交换了意见。[②] 二是贸易往来持续扩大。中国是哈萨克斯坦第二大出口市场和第一大进口来源地，2019 年中哈双边贸易额为 219.9 亿美元，较上年增长 10.6%。[③] 2020 年上半年，受疫情影响中哈双边贸易额为 93.67 亿美元，同比下降 1.5%。[④] 即便如此，中国仍为哈国 2020 年上半年最大出口目的国。中国是乌兹别克斯坦第一大贸易伙伴、第一大进口来源国和第一大出口目的国。2019 年中乌双边贸易额 72.13 亿美元，较上年增长 15.1%。[⑤] 2020 年上半年，中乌双边贸易额 25.88 亿美元，同比下降 22.2%。[⑥] 受疫情影响，双方贸易额较上年有所下降，但中国仍然是乌兹别克斯坦最大的贸易伙伴。三是投资合作不断深化。2019 年，中国对哈国全行业直接投资 4 亿美元，同比增长 2.3%。[⑦] 截至 2020 年 7 月 1 日，在乌兹别克斯坦投资经营的中国企业达到 1730 家，排名稳居第二。[⑧] 四是投资贸易便利化水平进一步提升。中哈两国海关商定，自

---

① 《中哈经贸合作推广论坛在线上举行》，中国一带一路网，https://www.yidaiyilu.gov.cn/xwzx/hwxw/137932.htm。

② 《商务部副部长俞建华与哈萨克斯坦贸易和一体化部副部长托列巴耶夫共同主持召开中哈经贸合作分委会第十一次会议》，商务部网，http://www.mofcom.gov.cn/article/i/jyjl/e/202007/20200702986049.shtml。

③ 《2019 年中哈经贸合作简况》，商务部网，http://www.mofcom.gov.cn/article/i/jyjl/e/202003/20200302946566.shtml。

④ 《2020 年 6 月进出口商品国别（地区）总值表》，海关总署，http://www.customs.gov.cn//customs/302249/302274/302277/302276/3201811/index.html。

⑤ 《2019 年 12 月进出口商品国别（地区）总值表》，海关总署网，http://www.customs.gov.cn/customs/302249/302274/302277/302276/2851396/index.html。

⑥ 《2020 年 6 月进出口商品国别（地区）总值表》，海关总署，http://www.customs.gov.cn//customs/302249/302274/302277/302276/3201811/index.html。

⑦ 《2019 年中哈经贸合作简况》，商务部网，http://www.mofcom.gov.cn/article/i/jyjl/e/202003/20200302946566.shtml。

⑧ 《中资企业数量在乌兹别克斯坦持续增加，总数达 1730 家，稳居第二》，中亚科技服务中心网，http://www.zykjfwz.com/index.php?m=content&c=index&a=show&catid=872&id=3433。

2020年起，中方所有出口报关的信息都将通过在线方式交换至哈方，以便与哈方掌握的进口报关信息进行比对，从而彻底解决部分不法企业私自变更、修改报关单信息的问题。[①] 同时，哈海关为中国农产品进口开通“绿色通道”，自中国进口的蔬菜、水果将通过绿色通道更加快捷地进入哈市场。[②] 为进一步扩大中哈边境口岸过货能力，2020年7月23日，中哈两国就修改跨境货物运输流程达成一致，哈政府将简化对中方司机及随乘人员的签证要求，放宽对中方车辆运输的相关要求。[③] 该项措施将进一步提高运输车辆通关速度，将对保障物流通道畅通、促进经济恢复起到重要作用。2020年以来，受疫情影响，中国—中亚国家的商品贸易额虽然有所下降，但双方合作抗疫、复工保产的态度非常坚决，采取的措施非常得力，进一步拓展经贸合作的前景广阔。

（四）“资金融通”进展

拓展金融领域合作，更好发挥金融服务实体经济的作用，一直是中国—中亚国家共建丝绸之路经济带的重要内容。2019年8月，中国与乌兹别克斯坦政府间合作委员会第五次会议举行，两国就加强金融合作达成了多项共识，国家开发银行分别与乌航空公司和乌国家对外经济活动银行达成了提供3.09亿美元和5亿美元贷款的协议；国家进出口银行向乌国水电站建设和改造提供6500万美元贷款；华为公司与乌国电信供应商USM签署了1.5亿美元贷款协议；中信集团与乌政府签署了建立一个价值10亿美元的投资基金协议。[④] 2020年1月，国家开发银行新疆支行向乌国家对外经济银行成功

① 《中哈海关自2020年起开展货物信息在线交换》，中国服务贸易指南网，http：//tradeinservices. mofcom. gov. cn/article/yanjiu/hangyezk/201910/91928. html。

② 《哈海关将为中国农产品进口开通“绿色通道”》，搜狐网，https：//www. sohu. com/a/345817535_ 799801。

③ 《中哈就修改跨境货物运输流程达成一致》，商务部网，http：//www. mofcom. gov. cn/article/i/jyjl/e/202007/20200702985864. shtml。

④ 《一带一路投资合作助推人民币国际化》，搜狐网，https：//www. sohu. com/a/341408547_ 99999896。

发放了贷款，这是首笔中乌跨境人民币贷款。[①] 该笔业务的成功落地实现了我国对乌兹别克斯坦人民币境外项目贷款的“零突破”，是“一带一路”倡议下中乌两国项目建设人民币资金融通的首次“试水”，填补了中乌两国人民币跨境融资领域的空白，为后期双边金融领域合作起到了积极的示范作用。2020 年 4 月，丝路基金有限公司与乌兹别克斯坦国家对外经济银行达成人民币贷款协议，用于专项支持撒马尔罕旅游中心项目建设。[②] 中乌双方签署和落实多项人民币贷款协议，贷款规模扩大及应用领域不断多样化体现了乌国对中国信贷和投资信任不断增强。

2019 年 9 月，国家主席习近平在与哈萨克斯坦总统托卡耶夫会谈后发表的《中华人民共和国和哈萨克斯坦共和国联合声明》中提出，双方支持阿斯塔纳国际金融中心发展运行，鼓励双方金融机构与阿斯塔纳国际金融中心深化合作，扩大本币结算在贸易和投融资领域的使用规模。[③] 作为落实两国元首共识的重要举措，2019 年 9 月 23 日，中国建设银行阿斯塔纳分行正式开业，截至 2019 年底，已经完成 8. 28 亿元人民币跨境业务。[④] 中国建设银行在阿斯塔纳开设分行，对阿斯塔纳金融中心的国际进程起到了积极的推动作用，对于中哈企业项目融资、贸易融资、融资租赁，甚至中国与中亚各国资金融通都起到便利化效应。

（五）“民心相通”进展

一是人文合作结硕果。2019 年 11 月 9 日，中哈合拍的电影《音乐家》

① 《实现“零突破”人民币境外项目贷款业务成功落地乌兹别克斯坦》，商务部网，http：//www. mofcom. gov. cn/article/i/jyjl/e/202001/20200102932166. shtml。

② 《丝路基金与乌兹别克斯坦国家对外经济银行签署贷款协议》，丝路基金网，http：//www. silkroadfund. com. cn/cnweb/19930/19938/41281/index. html。

③ 《中华人民共和国和哈萨克斯坦共和国联合声明》，新华网，http：//www. xinhuanet. com/politics/2019 -09/12/c_ 1124990997. htm。

④ 《中国建设银行阿斯塔纳分行单笔跨境人民币业务创新高》，中国一带一路网，https：//www. yidaiyilu. gov. cn/xwzx/hwxw/113876. htm。

荣获电影国际合拍领域“金色银幕奖”年度最佳影片等四项大奖。[①]《音乐家》是中哈两国在共建“一带一路”框架下人文合作的重点项目，也是两国首次联合拍摄的第一部影片。2019 年 12 月 25 日，中国首个援助乌兹别克斯坦文物保护修复项目——花剌子模州历史文化遗迹修复项目通过内部竣工验收，工作成果得到联合国教科文组织的充分肯定。[②] 该项目是落实两国元首有关加强人文合作的重要举措，也是中国在中亚地区开展的首个文化遗产保护援助项目，项目的实施促进了中国与中亚国家在遗产保护领域的交流与合作，为乌国培养了一批文物保护技术人员。二是加强智库合作，提升人文交流层次。2019 年 12 月 6 ~ 13 日，中哈两国有关智库在北京举办中国—哈萨克斯坦共建“一带一路”国际高级研修班，并召开中哈高层圆桌会议，其间研修班一行还赴青岛交流考察。[③] 此次研修班是两国智库落实中哈两国元首提出的合作战略、推动两国政策沟通的重要举措。2020 年 7 月 9 日，中国社会科学院俄罗斯东欧中亚研究所与中国驻乌兹别克斯坦大使馆、乌兹别克斯坦总统下属战略与地区研究所联合举办主题为“新形势下的中乌全面战略伙伴关系”国际网络视频会议，与会学者围绕中乌高质量共建“一带一路”、疫情背景下数字人文合作前景、疫情对乌兹别克斯坦及中亚地区的影响等议题进行了深入讨论与交流。[④] 这些活动有助于深入了解中亚国家经济社会发展和外交趋势，促进官方机构与智库的沟通交流，积极发挥智库建言献策作用，从而推动中国—中亚国家关系发展。三是强化卫生合作，造福双方人民。2019 年 12 月 7 日，中国与乌兹别克斯坦携手打造的“健康丝绸之路”公益行动之“健康快车国际光明行”活动在塔什干眼科医院正式

---

① 《哈萨克斯坦首任总统赞扬中哈合拍片〈音乐家〉》，中国一带一路网，https：//www. yidaiyilu. gov. cn/xwzx/hwxw/109383. htm。

② 《中国援助乌兹别克斯坦历史文化遗迹修复项目通过验收》，中国一带一路网，https：//www. yidaiyilu. gov. cn/xwzx/hwxw/114121. htm。

③ 《中哈“一带一路”国际高级研修班赴青岛调研助推上合合作》，中国经济网，http：//intl. ce. cn/specials/zxgjzh/201912/14/t20191214_ 33854173. shtml。

④ 《“新形势下中乌全面战略伙伴关系”国际研讨会举行》，搜狐网，https：//www. sohu. com/a/406828710_ 114731？_ f = index_ pagefocus_ 1&_ trans_ =000014_ bdss_ dklzxbpcgP3p：CP = 。

启动第二阶段活动，中方专家在活动期间为乌上百位白内障患者进行了手术，还联合乌方开展了公开课和学术交流活动。[①] 近年来中乌医疗领域合作，尤其是中医药合作发展迅速。2020 年 4 月，乌国发布《关于发展乌兹别克斯坦传统医学的补充措施》，其重要方向之一是广泛研究包括中国在内的在发展传统医学方面具有先进制度经验的国家的相关经验。2020 年 6 月 15 日，中国—乌兹别克斯坦传统医学中心在塔什干正式营业，[②] 标志着两国在医卫领域的合作进一步深化和巩固。新冠肺炎疫情暴发以来，中国应中亚国家请求，向哈、吉、塔、乌派出了有一线抗疫经验的专业医疗队，在工作期间中方专家与中亚同行组织了防疫研讨会和培训，医疗队在从中亚归来之后，还与中亚同行举行了多次视频会议进行研讨和磋商，各方约定将在线交流机制化、常态化，这种远程医疗咨询为中国与中亚今后丰富合作模式开辟了新路径。

三　2019~2020年中国—中亚共建丝绸之路经济带的困难与问题

（一）非传统安全威胁持续上升

随着以美军为主的国际联军大部分撤出阿富汗，国际恐怖势力伺机渗透中亚，本土“三股势力”趋于活跃，毒品犯罪猖獗，直接威胁中亚国家安全，严重干扰中国—中亚共建丝绸之路经济带各类项目的推进。2019 年，在独联体框架下，俄罗斯、阿塞拜疆、乌兹别克斯坦、塔吉克斯坦和吉尔吉斯斯坦查明和破获 13 个恐怖组织分支，逮捕 138 名恐怖分子。[③] 塔吉克斯

① 《“健康快车国际光明行”活动在乌兹别克斯坦进入第二阶段》，中国一带一路网，https：//www.yidaiyilu.gov.cn/xwzx/hwxw/112077.htm。

② 《中乌传统医学中心在塔什干试营业》，新华网，http：//www.xinhuanet.com/world/2020－06/15/c_ 1126117936.htm。

③ 《塔什干警方逮捕 20 余名恐怖组织成员》，乌兹别克斯坦新观察网，https：//mp.weixin.qq.com/s/CvD_ sw1f4fsn4WQ11bxzaQ。

坦与阿富汗相邻，一直承受着恐怖主义的沉重压力，聚集在阿富汗北部地区的国际恐怖分子对塔国和其他中亚国家安全形成严重威胁。塔国国家安全委员会表示，恐怖分子及毒品走私者突破塔阿边境的可能性正在上升。[①] 根据塔吉克斯坦内务部公布的数据，2019 年塔警方共破获 1211 起具有恐怖主义性质的犯罪案件，同比上升 39%，累计抓获 161 余名恐怖分子和极端分子，查获大批武器弹药。[②] 根据不完全统计，2020 年以来，乌兹别克斯坦内务部和国家安全局相继在塔什干州、塔什干市、苏尔汉河州和吉扎克州破获多个恐怖团伙，逮捕 109 名涉嫌宣传“圣战”、组织恐怖团伙和与在叙利亚活动的国际恐怖组织有关联的人员。[③] 根据吉尔吉斯斯坦内务部打击极端主义及非法移民局的数据，2010 ~ 2019 年吉国有 800 名公民参加境外极端组织，其中 72 人已经回国。[④] 为打击网络恐怖主义，2019 年吉国法院系统共做出 15 项判决，关闭了 20 个传播极端主义和恐怖主义的网站、98 个社交网络账户和 26 个手机群组。[⑤] 根据哈萨克斯坦国家安全委员会的消息，2020 年以来哈国相继抓获 7 名涉嫌策划实施恐怖袭击的极端分子，缴获一批简易爆炸装置、智能手机等作案工具。[⑥]

毒品问题一直是中亚地区安全面临的阴霾，中亚国家是阿富汗毒品全球贩运网络的主要通道之一（即北线通道），这给中亚国家安全和中国—中亚共建丝绸之路经济带项目带来诸多风险和挑战。根据塔吉克斯坦缉毒署公布的数据，2019 年塔国共破获 582 起非法贩毒案件，其中 113 起涉及刑事犯

① 《塔吉克斯坦边防哨所被袭造成 17 人死亡》，中国新闻网，http：//www. chinanews. com/gj/2019/11 - 06/9000378. shtml。

② 《塔吉克斯坦去年共抓获 160 余名恐怖分子》，塔吉克斯坦新观察网，https：//mp. weixin. qq. com/s/X - Y26MsFdPlks9ebV - sPag。

③ 《乌兹别克斯坦拘留一伙“圣战”成员》，乌兹别克斯坦新观察网，https：//mp. weixin. qq. com/s/noECcMJXsNh19UTOSfcyCw。

④ 《吉国 800 多人参与极端组织所有刑释人员被记录在案》，吉尔吉斯斯坦新观察网，https：//mp. weixin. qq. com/s/OErl7D6M3YnnyrK_ tvzdXg。

⑤ 《吉国关闭一批传播恐怖和极端主义的社交平台》，吉尔吉斯斯坦新观察网，https：//mp. weixin. qq. com/s/ - B - TOK - iNwFwkOaDekK52Q。

⑥ 《可怕！极端分子在哈萨克斯坦开出租为其组织招募》，哈萨克斯坦新观察网，https：//mp. weixin. qq. com/s/ruPldvgkD2TGwQgg0bZD - A。

罪，缉获毒品1637千克，其中多为阿片类毒品。[①] 2020年2月10日，吉尔吉斯内务部通报，在联合国毒品和犯罪问题办公室的协助下，吉尔吉斯斯坦内务部和国家安全委员会发现了一条由阿富汗向吉尔吉斯斯坦长期输送毒品的国际通道，缴获274千克海洛因和3.5千克冰毒。[②] 2020年5月30日，乌兹别克斯坦国家安全局称捣毁了一个从吉尔吉斯斯坦向乌国贩运大麻的国际贩毒网络，缴获6.38千克大麻，还称目前乌吉边境和乌哈边境地区毒贩向乌国贩卖毒品的活动非常猖獗，乌执法部门已经逮捕了多名毒品贩子。[③] 根据乌兹别克斯坦国家禁毒信息和分析中心统计，2019年乌兹别克斯坦共侦破各类涉毒案件5026起。[④]

（二）深受新冠肺炎疫情影响，经济普遍下行

不可否认，新冠肺炎疫情对中亚国家经济运行产生了重大负面影响，导致2020年各国经济下行压力加大，增长有限。根据哈萨克斯坦政府公布的数据，2020年1～7月，商品生产增加2.1%，服务生产减少6.2%，GDP下降2.9%，通货膨胀上行压力加大，预计年度将突破8%～8.5%的预测值。7月在隔离限制的背景下，经济活动指数从6月的46.8下降到44.7，尤其是服务业的经济活动指数下降至43.1，幅度更大；货币继续疲软，坚戈在7月份对美元贬值3.5%。[⑤] 据乌兹别克斯坦国家统计委员会公布的数据，受益于服务业和农业的增长，2020年上半年，GDP同比增长0.2%，但涨幅较上年同期减少5.8%，人均GDP同比下降1.8%；工业产值下降

① 《塔吉克斯坦2019年缉获毒品问题超1.6吨》，塔吉克斯坦新观察网，https://mp.weixin.qq.com/s/DUhRzF6VsENvgeAOALS5zw。

② 《吉尔吉斯斯坦缴获270多公斤毒品》，创业新闻网，http://www.dxstz.com/xinwen/20200210/318215.html。

③ 《乌国安局捣毁了一个跨境运毒网络》，乌兹别克斯坦新观察网，https://mp.weixin.qq.com/s/Sa8xlOnA6iqEshYyeftpzQ。

④ 《乌兹别克斯坦集中销毁一批毒品》，新华网，http://www.xinhuanet.com/2020-06/26/c_1126163668.htm。

⑤ 《大流行期间，哈国经济形势如何?》，哈萨克斯坦新观察网，https://mp.weixin.qq.com/s/g98y64skGmOdluEwQqKt_Q。

11.9%，农业产值增长 2.8%，服务业产值增长 2.6%，建筑业产值增长 7.3%；外贸额下降 18.2%，其中，出口下降 22.6%，进口下降 15%。[①] 根据世界银行 2020 年 4 月 27 日发布的《世界银行关于塔吉克斯坦宏观经济形势展望》报告，新冠肺炎疫情导致对外贸易急剧下降、原料型商品价格下跌、侨汇大大减少、运输和旅游业前景恶化等，2020 年塔国 GDP 增速预计下降至 1.7%，甚至更低，[②] 2019 年塔国 GDP 增速为 7.8%，下降幅度不可谓不大。根据塔国经济发展和贸易部的数据，2020 年上半年，塔国 GDP 实际增长率为 3.5%，同比下降 4 个百分点；在收入总额上，相比上年同期，旅馆业减少 45.3%，餐饮业减少 17.3%，航空运输减少 57.8%，铁路运输减少 21.4%，贸易额下降 5.2%。吉尔吉斯斯坦由于经济规模较小，受疫情的影响更大，据亚洲开发银行、联合国开发计划署和吉尔吉斯斯坦经济部下属经济政策研究所发布的《吉尔吉斯斯坦新冠疫情：对社会经济影响评估与政策建议》称，受新冠肺炎疫情影响，2020 年吉尔吉斯斯坦 GDP 将下降 10%，其中上半年下降 5.3%。而据吉国政府公布的数据，疫情期间吉国主要经济部门都遭受重大损失，旅游业和旅游服务出口收入预计减少 90%；侨汇收入在 2020 年前 5 个月减少 25%，全年减少量预计达到 GDP 的 4% ~5%；航空业上半年客运量同比下降 200%；全年预计失业率将达到 13.6% ~21%。[③]

面对严峻的经济形势，中亚国家都采取了刺激经济发展、保持经济稳定运行的措施，对受影响的个人和企业进行援助和扶持。哈萨克斯坦除了对地方政府的税收优惠和政策支持外，还拨付 4.4 万亿坚戈用于反危机措施。[④] 乌兹别克斯坦在 2020 年 3 月 20 日成立由总理领导的反危机委员会，同时拨

---

① 《上半年：乌统计委公布经济社会发展主要指标，GDP 不降反增?》，乌兹别克斯坦新观察网，https：//mp. weixin. qq. com/s/K6SsvMJh2BTLIPQ8K6rcsw。

② 《世行预测：塔吉克斯坦 2020 年 GDP 增速降至 1.7%》，塔吉克斯坦新观察网，https：//mp. weixin. qq. com/s/ypkCWfJ6wZoQdpB4 – Wi0vw。

③ 《疫情重创四大经济领域，减税降费助推吉国经济回暖》，吉尔吉斯斯坦新观察网，https：//mp. weixin. qq. com/s/TcO4frdkOh5WSB2VSgTchw。

④ 《疫情当下，中亚各国如何挽救经济?》，丝路新观察网，https：//mp. weixin. qq. com/s/EyQ0 – geCHflJ17TlSvSYtg。

款10万亿苏姆建立反危机基金，助力企业在疫情期间正常运营，保障个人平稳度过疫情期，确保宏观经济稳定。① 塔吉克斯坦自2020年3月就开始实施减少疫情对经济影响的行动计划，主要包括加强农产品生产、采取信贷和税收激励措施、吸引外资等。② 土库曼斯坦政府在2020年5月决定将全部出口外汇收入纳入国家稳定基金，以最大限度减少外部危机对经济的影响；③ 6月又开始着手制定2020~2021年经济反危机计划，积极寻求摆脱当前形势的出路。④

四　中国—中亚共建丝绸之路经济带的趋势分析与对策建议

（一）进一步加强政治互信、深化双边战略伙伴关系

在中美战略博弈升级，美国明确将中国视为其在中亚地区战略对手，将在中亚地区进一步制衡中国情况下，首先应当保持同中亚国家发展战略关系的自信，切实深化目前已经建立的各类战略伙伴关系，通过加强政策沟通，进一步加深政治互信，维护好目前发展良好、稳定的双边关系和多边关系。其次要保持高频次的领导人互动，发扬中国和中亚国家几代领导人共同倡导和建立的领导人外交优良传统，不断协调立场、增进共识、加深友谊。再次要充分发挥已有的多边机制功能，坚定不移地巩固上海合作组织，加强在亚洲相互协作与信任措施会议层面的合作，筑牢中国—中亚国家价值共同体的

① 《10万亿苏姆，乌兹别克斯坦建立反危机基金》，乌兹别克斯坦新观察网，https：//mp. weixin. qq. com/s/X_ cQI86AasTC - MKnPb5c9g。

② 《疫情当下，塔吉克斯坦经济会面临什么问题》，塔吉克斯坦新观察网，https：//mp. weixin. qq. com/s/f30pI - hsou7XDIpw7j9lFg。

③ 《土库曼斯坦政府决定将全部出口外汇收入纳入国家稳定基金》，土库曼新观察网，https：//mp. weixin. qq. com/s/JsJ67OH_ NRlH - m_ J2DUsQQ。

④ 《土总统下令制定2020~2021年经济反危机计划》，土库曼新观察网，https：//mp. weixin. qq. com/s/pVQYBcA_ IEJ02nOA7FUgFw。

基础。最后要有条不紊地推进丝绸之路经济带建设，实现欧亚大陆互联互通，与中亚各国共享发展红利，不断丰富利益共同体的内容。另外，要加强同俄罗斯在中亚地区的协调，扎实推进“一带一路”倡议同欧亚经济联盟对接，不断扩大中、俄、中亚国家之间的共同利益，共同维护地区稳定。

（二）加快推进共建数字丝绸之路

在信息化不断发展的当今世界，数字经济越来越成为推动一个国家经济高质量发展的新增长极，同时数字技术的发展对实体经济也能起到巨大的加速作用。中国在数字经济领域起步较早，技术较为系统和先进，积累了丰富的经验，有一大批技术力量和资金雄厚的国际化企业，完全可以为中亚国家发展数字经济提供技术支撑。中亚国家的数字经济处于刚刚起步阶段，对于技术、基础设施和资金的需求非常大，而且中亚国家发展数字经济的愿望也越来越迫切和具体，都提出了国家数字化的战略。哈萨克斯坦于2020年4月4日召开了落实《数字哈萨克斯坦》国家规划工作会议。① 乌兹别克斯坦将2020年命名为“科技、教育和数字经济发展年”，批准实施《数字乌兹别克斯坦2030》国家战略构想。② 吉尔吉斯斯坦将2020年命名为“地方发展、国家数字化和帮扶儿童年”，拨出专项资金支持地方发展网络基础设施建设和国家机关的信息化建设。③ 土库曼斯坦认为打造高技术创新型数字经济将是决定国家经济稳步增长的一个重要因素，2020年2月12～14日，在联合国开发计划署的帮助下，土国召开数字技术研讨会，研究目前土国引入数字技术以及实施数字化方面采用的程序，技术实施过程中出现的困难与问题以及将通过何种途径解决

① 《关于数字哈萨克斯坦托卡耶夫都有哪些指示》，哈萨克斯坦新观察网，https://mp.weixin.qq.com/s/bhh_RIXxfcD3O3jIKlwhNQ。

② 《2020伊始，乌兹别克斯坦将这一年命名为……》，乌兹别克斯坦新观察网，https://mp.weixin.qq.com/s/kNMAk-CmLnerRClsnaYQQQ。

③ 《推动地方发展和国家数字化，吉国制定了这些计划》，吉尔吉斯斯坦新观察网，https://mp.weixin.qq.com/s/8TtRSHaPUqDKqWL2tFusfg。

这些问题。①

在数字技术应用方面，中亚国家也进行了许多实践。电子商务市场目前是哈萨克斯坦经济发展的优先方向之一，2019 年哈电子商务市场达 7020 亿坚戈，同比增长 80%，增加 3.7 万个就业岗位；线上交易额达到 2063 亿坚戈，同比增长 42.6%。2020 年的新冠肺炎疫情对哈电子商务市场发展产生了积极影响，防疫隔离措施使线上交易和互联网支付变得更受欢迎，6 月电子支付量增至 2.7 万亿坚戈，环比增长 15.4%，同比增长 2.7 倍，非现金支付市场已接近饱和。② 2020 年 2 月，塔吉克斯坦 МегаФон 公司率先在国内开通了 5G 试验网络，③ 这标志着塔国已经跻身首批引入新通信标准的国家之列。

中国同中亚国家就共建数字丝绸之路已经达成了一些共识。2019 年 9 月，中国国家主席习近平在同哈萨克斯坦总统托卡耶夫会谈后发表的《中华人民共和国和哈萨克斯坦共和国联合声明》中提出，双方愿意加强跨境电商合作，建立电商合作机制，打造合作新业态和新模式，促进两国“数字经济”发展规划对接。④ 在2020 年召开的“中国 + 中亚五国”外长首次会晤期间，各方又达成了“拓展电子商务、智慧城市、人工智能和大数据技术应用等高新技术合作领域，共同打造数字经济伙伴关系”的重要共识。⑤ 中亚国家政要和经济界人士也多次表达了同中国开展数字经济合作的意愿，如乌兹别克斯坦驻华大使赛义多夫就多次表示，“数字互联”已成为时代需要，乌中两国在数字领域的合作前景广阔。中国积

① 《土库曼斯坦举办数字技术研讨会》，土库曼新观察网，https：//mp. weixin. qq. com/s/VgPTwB5xjz23OerL5kOezg。

② 《疫情助力电商发展，“扫码”正成哈国新趋势》，哈萨克斯坦新观察网，https：//mp. weixin. qq. com/s/UsXFT4gdMp - DB7KsOoCueg。

③ 《塔吉克斯坦 5G 时代到来！你体验了吗?》，塔吉克斯坦新观察网，https：//mp. weixin. qq. com/s/4MtfAe0JYuO7PedfWKBM2A。

④ 《中华人民共和国和哈萨克斯坦共和国联合声明》，新华网，http：//www. xinhuanet. com/politics/2019 - 09/12/c_ 1124990997. htm。

⑤ 《王毅谈“中国 + 中亚五国”外长首次会晤达成的 9 点共识》，商务部网，http：//www. mofcom. gov. cn/article/i/jyjl/e/202007/20200702983642. shtml。

极推广数字技术，成为世界技术引领者之一，中国发展数字经济的经验值得借鉴。[①] 中国和中亚国家应当紧紧抓住当前发展数字经济的大好时机，积极对接数字经济发展规划，探索和拓展在数字经济领域的合作途径和模式，提高经贸合作水平，加快推进数字丝绸之路建设，增强经济发展的动力和后劲。

（三）全面深化金融合作，助推丝绸之路经济带行稳致远

随着中国—中亚共建丝绸之路经济带深入发展，金融合作已经成为双方合作的新亮点和增长点，同时也为推进全面合作起到了基础保障作用。目前，中国已经成为中亚国家重要的投资国和基础设施资金来源国，为中亚国家经济发展发挥了不可或缺的作用。中国—中亚国家金融合作对各方来说都至关重要，是实现双方经济互补的重要举措。目前中国—中亚国家金融合作的主要途径是政策性专项贷款和经费支持、银行间合作、货币互换、企业专项融资贷款等，其中以政策性金融机构提供的专项支持最为重要。丝绸之路经济带建设的一些基础性项目由于工程浩大、周期长、风险高，面临着项目资金不稳定、融资成本高、债务风险大等问题，需要政策性金融机构对带有战略性的重大项目提供资金保障。但是，推进丝绸之路经济带持续高质量发展，还需要共建大量与民生息息相关的中、小项目，这就要求全面深化金融领域的合作，不断创新金融产品和合作方式，更好地服务各方民生事业发展。当前中亚国家正在积极进行银行和金融业改革，比如 2019 年 12 月 20 日，乌兹别克斯坦国家项目管理局向韩国 Kobea Group 公司发放了首张加密货币交易所营业执照，试水区块链技术。[②] 2020 年 5 月，乌兹别克斯坦发布《关于 2020 ~ 2025 年乌兹别克斯坦共和国银行体系改革战略》总统令并批准《乌兹别

---

① 《乌驻华大使："数字互联"已成时代需要，乌中合作前景广阔》，乌兹别克斯坦新观察网，https：//mp. weixin. qq. com/s/_ UJ6pkUi4d0Bc1IjYt0Ogw。

② 《乌国首家加密货币交易所正式注册》，乌兹别克斯坦新观察网，https：//mp. weixin. qq. com/s/A2pNFmtDDr03_ Es4uTIsSw。

克斯坦共和国银行体系改革路线图》，提出到2025年，“将非国有银行资产在银行系统总资产中的份额从目前的15%增加到60%，将私人部门负债在银行总负债中的比重从目前的28%提高到70%，至少吸引3家具有必要经验、知识和威信的战略外国投资者到至少三家国有银行，将非银行信贷机构在贷款总额中的份额从目前的0.35%提高到4%”的改革目标。[①] 专家普遍认为，这项改革将从根本上改变乌兹别克斯坦银行业发展。2020年6月，哈国通过《区块链和数字技术发展纲要》，哈央行开始对引入数字坚戈的可行性进行论证，阿斯塔那国际金融中心表示愿为哈国引入数字货币提供测试支持和制定法律基础。[②] 中国同中亚国家深化金融合作的前景非常广阔，双方应当抓住有利时机，全面深化合作。首先，要继续加大对共建丝绸之路经济带具有战略性、导向性重点合作项目的支持力度，深入挖掘中国同中亚国家之间在交通、能源、水利、农业等有民生效应和经济效应的合作项目，创新融资模式和产品，以政策性资金支持为主，引导企业加大投资，推动双方在重大项目合作中取得实际效果。其次，要建立健全中国—中亚国家金融合作机制，拓展合作内涵。央行层面，可以借鉴中哈金融合作分委会模式，探索同中亚各国设立金融合作分委会定期会晤机制，建立常态化的双边、多边央行会晤和协商机制，搭建我国商业银行同中亚国家金融机构之间的沟通联系平台。在银行机构层面，支持我国金融机构在中亚国家设立分支机构，鼓励双方银行机构建立更为广泛的业务合作。[③] 充分发挥金融业对劳动力、资源等各类生产要素的聚集作用，促进投资便利化，推进丝绸之路经济带各项合作项目建设进程。

---

① 《乌兹别克斯坦总统改革大手笔！从根本上改变银行业》，乌兹别克斯坦新观察网，https：//mp. weixin. qq. com/s/htxoXhl1Q_ c－4trhKTcGkQ。

② 《专家谈哈萨克斯坦数字货币发展计划》，哈萨克斯坦新观察网，https：//mp. weixin. qq. com/s/U9XK9BDFdaaf83NvaGMelg。

③ 王炜、刘琴：《“一带一路”倡议下深化中乌金融合作的思考》，《新疆社科论坛》2019年第2期。

B.19

2020年中巴经济走廊发展报告*

李景峰**

摘 要: 疾风知劲草，烈火炼真金。2019～2020年，中国—巴基斯坦在共同应对新冠肺炎疫情和蝗虫灾害过程中守望相助、风雨同舟，也正是这种深深根植于人民心中的友好感情，为中巴经济走廊的发展奠定了最坚实的基础，也为推动构建人类命运共同体树立了典范。突如其来的新冠肺炎疫情也使我们看到，中巴经济走廊的实施确实已经有效地增强了巴基斯坦的经济韧性，使巴基斯坦经济能够快速走出低谷，进出口额实现同比增长。中巴经济走廊框架下的项目在疫情期间，坚持不停工、不裁员，稳定了巴基斯坦就业，造福了巴基斯坦老百姓。

关键词: 中巴经济走廊 海外投资 CPEC

2019～2020年，受新冠肺炎疫情影响，全球经济不确定性增加，但中巴经济走廊项目仍稳步推进。项目方面，“五通”建设取得明显成就，双方在农业、就业、扶贫等领域工作组也已展开具体工作，合作逐步深入。疫情发生后，中巴双方相互支持，成为合作抗疫的国际合作典范，巴基斯坦也收

* 本报告为四川省社科规划项目“中国四川与巴基斯坦经贸往来:现状、挑战及机遇”(项目批号:SC20B068)的阶段性成果。

** 李景峰，博士，四川省社会科学院助理研究员，研究方向为中巴关系和巴基斯坦外交。

到了来自中国的大量捐款，这些捐款增强了巴基斯坦抗疫的能力，也体现了中华文明和平、仁爱的特质。

一 2019~2020年中巴经济走廊建设总体进展

2019~2020年，中巴经济走廊项目秉持“一带一路”的精神，通过顶层设计和机制化合作，明确重点领域，增进了双方友谊，使中巴全天候战略合作伙伴关系的内涵更加充实。新冠肺炎疫情的来袭使中巴两国更加紧密地团结在一起，中巴经济走廊项目成为稳定巴基斯坦经济、助力巴基斯坦振兴的驱动器，“比山高、比海深、比钢硬、比蜜甜”成为中巴经济走廊的生动写照。

（一）中巴经济走廊的战略定位

中巴经济走廊是“一带一路”的标志性项目，对于推动中巴全天候战略伙伴关系、打造更紧密的命运共同体意义重大。疾风知劲草，烈火炼真金。中巴关系在一次次考验中不断升华，中巴经济走廊已成为造福两国人民、加强两国关系的催化剂和有力保障。突如其来的新冠肺炎疫情使我们看到，中巴经济走廊确实已经有效地增强了巴基斯坦的经济韧性，造福了巴基斯坦老百姓，也使巴基斯坦不仅实现了新冠肺炎感染人数的逐步控制，而且其经济复苏步伐也远快于印度。

（二）建设现状与建设成效

中巴经济走廊项目实施7年来，为巴基斯坦带来的改变是巨大的，成绩也是毋庸置疑的，中国已经连续多年成为巴基斯坦最大的贸易伙伴国和投资来源地，中巴经济走廊项目已经为巴基斯坦带来了250亿美元的直接投资，双边贸易额突破200亿美元，为7.5万人创造了直接就业岗位。[①] 中巴经济

① 中国驻巴基斯坦大使馆：《中国驻巴基斯坦使馆发言人答记者问》，2020年5月21日，http：//pk.chineseembassy.org/chn/zbgx/t1781420.htm。

走廊建设已经成为“一带一路”高质量发展的典范，目前16个项目已完工，16个项目开工在建。从项目进展情况看，中巴经济走廊能源项目已保障巴基斯坦全国1/3的电力供应，中巴经济走廊交通基础设施方面，赫韦利扬至塔科特段即将通车、拉合尔橙线项目已通过整体联调联试检验、瓜达尔新国际机场建设进入第二阶段。

中巴经济走廊项目所取得的成绩也吸引着国际上其他国家的投资兴趣。2019年10月，香港和记黄埔表示，将投资2.4亿美元提升卡拉奇港口处理能力；同月，雀巢公司也投资2200万美元扩大在巴基斯坦的生产能力；阿联酋和巴基斯坦50亿美元的炼油厂项目也签订了最后的协议。2020年2月，土耳其总统埃尔多安出席巴基斯坦—土耳其商业和投资论坛时也表示，土耳其愿意加入中巴经济走廊，土耳其企业应该更多地了解中巴经济走廊。①

二 2019~2020年中巴经济走廊“五通”建设进展

2019~2020年，中国—巴基斯坦在共同应对新冠肺炎疫情和蝗虫灾害过程中守望相助、风雨同舟，也正是这种深深根植于人民心中的友好感情，为中巴经济走廊的发展奠定了最坚实的基础，也为推动构建人类命运共同体树立了典范。

（一）“政策沟通”进展

伊姆兰·汗总理就任以来三次访华，与习近平主席四次会晤，双方政治互信不断深化，政策沟通顺畅。2020年3月，巴基斯坦总统阿尔维访华，深化了中巴战略互信，巩固了务实合作。两国领导人就疫情防控、经济社会发展、深化中巴经济走廊重大合作等议题深入交换意见，并同意在中巴经济走廊联委会下增设科技工作组和农业工作组，拓展相关领域合作。2020年4

① DAWN, Turkish President Erdogan meets PM Imran, President Alvi upon arrival in Pakistan, 14 Feb 2020, https://www.dawn.com/news/1534235.

月24日，中国农业农村部与巴基斯坦国家粮食安全与研究部召开中巴农业联合工作组第二次会议，就进一步深化中巴农业合作交换意见。2020年8月21日，中华人民共和国国务委员兼外交部部长王毅同巴基斯坦外交部长库雷希举行第二次中巴外长战略对话，就新冠肺炎疫情、中巴双边关系等问题深入交换意见。

巴基斯坦高层对中巴经济走廊项目，及中国在巴基斯坦投资高度重视。2020年1月17日，巴基斯坦总统阿里夫·阿尔维在中国春节到来之前接受专访，他高度评价了中巴经济走廊给巴基斯坦带来的巨大发展，并祝福中国人民春节快乐。新冠肺炎疫情暴发后，2020年8月24日，巴基斯坦总理伊姆拉·汗在总理府与在巴投资的中资企业举行会谈，听取中方企业的看法和建议，并赞扬中国在巴基斯坦投资的企业为巴基斯坦战胜疫情、恢复经济做出的积极贡献。伊姆拉·汗总理认为，中巴经济走廊为巴基斯坦发展提供了宝贵机遇，巴基斯坦的前途就在于加强对华合作。

巴基斯坦政党虽然政见不同，但在深化中巴友好、促进中巴经济走廊建设方面高度一致，巴基斯坦政党也高度重视与中国共产党的关系，坚决反对任何外部势力干涉中国内部事务和攻击抹黑中国的行径。2020年8月20日，中国共产党和巴基斯坦数十个政党举办了中巴经济走廊政党共商机制第二次会议，会议以“高质量共建走廊，携手共促经济民生”为主题，中共中央对外联络部部长宋涛、巴基斯坦参议院主席桑吉拉尼等参会。

观点沟通方面，中巴双方都频繁举行关于走廊建设的研讨会，就各自观点进行沟通，为务实合作创造条件。以2020年7月为例，双方举办多场关于中巴经济走廊的研讨会，如2020年7月10日巴基斯坦俾路支省主要政党举办“中国引领下的国际抗疫合作和中巴经济走廊”视频会议、7月22日中联部“一带一路”智库合作联盟主办“后疫情时代中巴合作的新机遇与挑战”视频研讨会、7月23日卡拉奇外交关系委员会举办的“疫情后的中巴经济走廊”视频研讨会、7月29日巴基斯坦金指环经济论坛主办“合作推动经济复苏”网络研讨会。在中巴经济走廊框架下，中巴双方就各自关心的问题及时沟通，坦诚交换看法。

（二）“设施联通”进展

巴基斯坦总理伊姆兰·汗将2020年定为巴“蓝色经济年”，在中巴双方共同努力下，瓜达尔港区、瓜达尔东湾快速路、法曲尔中学扩建、瓜达尔新国际机场等项目取得积极进展，充分体现了两国人民坚韧专注的品质。另外，瓜达尔港已启动阿富汗转口贸易，更好发挥对巴基斯坦俾路支省的经济辐射作用，促进区域互联互通。2020年1月7日，瓜达尔港液化石油气项目揭幕，当地时间中午12时，装载约3900吨液化石油气的LPG船抵达瓜达尔港3号泊位，这标志着瓜达尔港多元化业务和商业化运营取得了新突破，也将在一定程度上缓解巴基斯坦液化石油气资源紧缺的状况。巴基斯坦可持续发展政策研究所于2020年8月7日主办了“瓜达尔港：在俾路支省发展繁荣和地区互联互通中的作用”研讨会，邀请中国驻巴基斯坦大使姚敬、巴基斯坦中巴经济走廊事务局主席阿西姆、外交部中国司司长提普等出席，共同探讨瓜达尔在中巴航运、地区互联互通中的作用，促进港口建设、海洋运输、渔业等领域合作，提升俾路支经济发展水平。

尽管通过中巴经济走廊项目，巴基斯坦的交通基础设施水平已经得到了很大提升，但巴基斯坦仍持续为中巴经济走廊交通基础设施项目提供支持。根据巴基斯坦国民议会批准的2021财年预算，巴基斯坦专门列支210亿卢比支持中巴经济走廊项目，其中大部分用于设施联通：N50公路项目获得了100亿卢比的预算，另外ML－1项目的升级改造项目获得60亿卢比预算，喀喇昆仑改扩建项目中的哈维连—塔克特段项目获得25亿卢比预算，中巴经济走廊沿线4G升级工作获得7.09亿卢比预算。[①] ML－1升级改造是中巴经济走廊乃至巴基斯坦历史上最为重要的项目之一，该项目将使巴铁路运输实现系统性改革升级，为巴创造15万个本土就业岗位，产生巨大的社会和经济效应。[②] 2020年2月25日，由北方国际合作股份有限公司、广州地铁

① Government of Pakistan Finance Division, *Federal Budget* 2020－2021, June 2020.

② 中国驻巴基斯坦大使馆：《驻巴基斯坦大使姚敬会见巴铁道部长拉希德》，2020年8月7日，http：//pk. chineseembassy. org/chn/zbgx/t1804776. htm。

集团有限公司和大宇巴基斯坦快速巴士服务有限公司组成的联合体中标“一带一路”倡议框架下中巴经济走廊首个大型轨道交通项目——巴基斯坦拉合尔橙线项目8年的运营维护工作。

中巴经济走廊框架下的能源领域原有项目稳步推进，大型项目不断涌现。2019年10月21日，巴基斯坦胡布燃煤电站正式开启商业运行。2020年5月13日，巴基斯坦巴沙大坝（土建标）项目合同签约，由中国电建集团和巴基斯坦边境工程局联合体负责，计划将于2028年建成，项目建设过程中预计将创造1.6万个工作岗位，该项目意义重大，是巴基斯坦最大的水利枢纽工程，建成后将成为世界最高、规模最大的碾压混凝土大坝项目，对提升巴基斯坦水资源利用能力、改善清洁能源结构、服务民生发展具有重要作用。7月7日，中国能建葛洲坝集团与巴基斯坦签署巴基斯坦阿扎德帕坦水电站项目特许权协议，该电站总投资15.4亿美元，位于杰赫勒姆河上，装机容量为70.07万千瓦。

尽管疫情给巴基斯坦经济带来不利影响，但巴基斯坦信息技术行业在2019~2020财年实现逆势大幅增长，出口额达12.31亿美元，同比增长24%。① 巴基斯坦方面也重视与中国开展信息通信领域合作，完善产业链条，扩大相关就业。2020年9月，巴基斯坦高等教育委员会与华为巴基斯坦公司签订协议，决定推动华为ICT学院在巴基斯坦现有的15所学院基础上增加至23所，并将当地的培训名额从每年800人增加至3000人。作为中巴经济走廊的官方通信合作伙伴，中国移动巴基斯坦公司网络已100%覆盖所有正在建设的中巴经济走廊项目，为瓜达尔港、萨西瓦尔燃煤电厂、卡西姆电站等偏远项目修建专属4G基站，推出中巴专属漫游套餐，开通中文客服热线，配备中文客户经理。2020年1月5日，中国移动巴基斯坦公司率先拨通南亚地区首个5G高清视频通话，未来还将争取在巴基斯坦开展更多的5G应用测试。

---

① The Express Tribune, *Pakistan's IT exports surge 24% despite Covid - 19*, August 20, 2020, https://tribune.com.pk/story/2260316/it-exports-surge-24-despite-covid-19.

（三）“贸易畅通”进展

中巴传统经贸往来持续深化。以巴基斯坦的手机市场为例，中国品牌的手机很受巴基斯坦人民欢迎，2019 年下半年 OPPO 手机在巴基斯坦的出货量在巴基斯坦排名第一，而且其推出的 Reno 系列手机，在巴基斯坦高端手机领域的出货量排名也靠前。2020 年，尽管受疫情等不利因素影响，但中巴双方都在积极推进中巴经贸合作，且存在众多新的利好机遇。

首先，中巴自贸协定第二阶段议定书于 2020 年 1 月 1 日起实施，两国之间相互实施零关税产品的税目数大幅增加，为两国扩大贸易提供了极大空间。以大理石为例，中国是巴基斯坦最大的大理石进口国，年进口量超 10 万吨，协议实施后，中国从巴基斯坦进口大理石零关税，将进一步鼓励双方的大理石贸易。2020 年 6 月，150 吨巴基斯坦大理石完成清关运抵福建南安，这也是首次通过瓜达尔港向中国出口大理石。

其次，中巴经济走廊建设进入充实阶段，并向民生、农业等领域不断拓展，这些领域的贸易潜力巨大。以中巴农业合作为例，2019 ~ 2020 财年，巴基斯坦的棉花、大米等农产品仍是对中国出口的主要物资，但在双方贸易中新的高附加值的农产品已经崭露头角，如巴基斯坦金诺桔。巴基斯坦是世界上主要柑橘生产国，自 2006 年起，巴基斯坦的柑橘就获得对华出口的许可，但由于冷链技术不成熟和距离运输长，巴基斯坦柑橘一直没有大规模对华出口。为协助巴基斯坦高品质柑橘——金诺桔，顺利出口中国，中国海关对巴基斯坦柑橘出口质量检疫提供指导，2020 年 3 月第一批 26.5 吨巴基斯坦金诺桔顺利运抵大连，且入市就获得好评。

最后，新冠肺炎疫情催生了新的交流方式和贸易方式，跨境电子商务、云展览等蓬勃兴起，推动双边贸易回归正轨。2020 年 5 月 12 ~ 16 日，浙江出口网上交易会（巴基斯坦五金机电专场）以网络展览形式举办，约 150 家中国、巴基斯坦企业通过线上洽谈的方式开展贸易，取得良好效果。另外，巴基斯坦购物小程序平台“巴铁好物”也在 2020 年正式上线，该平台以提供货真价实的巴基斯坦商品为卖点，方便中国客户购物。

（四）“资金融通”进展

1. 产业领域

中巴企业间合作不断拓展。2019 年 11 月，中国两家轮胎企业分别与巴基斯坦的轮胎制造商塞维斯工业公司、MSD 轮胎橡胶公司等达成合作协议，在巴基斯坦生产轮胎。2020 年 6 月 18 日，中国 6 家合作企业与巴基斯坦重型机械厂签订投资、技术合作协议，规定了通过投资等方式为巴基斯坦引进机械设备、农业器械等方面的产能，使巴基斯坦重型机械厂这一 20 世纪 70 年代中国援建巴基斯坦的重要工业项目重新焕发生机。

2. 矿产开发领域

由中冶集团运营的巴基斯坦山达克铜金矿项目已持续稳健运营 18 年，巴基斯坦政府也计划将 2022 年 10 月 31 日到期的合同再延长 15 年。2020 年 7 月，巴基斯坦俾路支政府又批准中国冶金科工集团有限公司在山达克开发东部矿区，并向该公司颁发了 NOC 许可证。

3. 能源领域

2020 年 1 月 1 日，塔尔煤田一区块年产 780 万吨露天煤矿项目融资贷款协议正式签订，标志着项目实现了融资关闭，上海电气是该项目公司的控股股东和项目最大投资方，也是该项目 EPC 总承包商。巴基斯坦信德省政府首席部长穆拉德认为协议的签署保障了项目 30 年 20% 的股本收益率和项目建设资金需求，满足了巴基斯坦政府减免项目基建税和销售税的前提条件，为早日达产创造了良好条件。2020 年 4 月，巴基斯坦已从世界银行获得 7 亿美元贷款，为达苏（Dasu）水电项目一期工程提供资金，该项目由 GE 和中国电力中南工程公司共同投资，总装机容量 4320 兆瓦。

4. 金融科技领域

中国公司 Timesaco 计划于 2020 年 3 月起将旗下的塔图移动业务（Tatu Mobility）扩展至卡拉奇，该公司初步投资 6 亿美元，并将根据市场情况逐步增加投资，这种类似于中国“滴滴业务”的运营模式，预计先期推出出租车及送货两项服务。巴基斯坦哈比银行获得中国银保监会批复，可在北京设立分行，并计划2020年第三季度正式对外营业，这使哈比银行成为首家在北京设立分行的巴基斯坦银行，标志着中巴在资本合作方面进入新的阶段。

（五）“民心相通”进展

2019年中巴双方成立了民生工作组并制定了17个涉及教育、扶贫、农业、职业技术培训等的快速执行民生项目，使走廊建设更好地服务基层民众。2020年以来，中巴双方就抗击新冠肺炎疫情相互支持，密切合作，双方已建立14对友好省市，中巴友好深入人心。下一步，中方将继续在职业教育、农业减灾等巴方关注的领域加强对巴支持，共同应对疫情挑战，增加巴民众福祉。

职业教育是巴基斯坦总理和政府重点关注的领域，目前有2万名享受中国政府和高校资助的巴基斯坦留学生在中国接受教育。中方与巴基斯坦教育部、巴基斯坦国家职业技术培训委员会保持着密切合作，调动各方力量，围绕职业教育师资力量培养、走廊项目用工培训等领域推进职业技术合作，促进巴基斯坦人力资源开发。中巴双方重视职业技术培训，共同确定职业培训项目。中方通过提供职业教育设备物资、共同教学等方式增强巴基斯坦方面的培训教育能力，中方还利用政府和企业资源，为巴基斯坦青年赴华实习、培训、用工提供机会。2020年7月8日，中国驻巴基斯坦大使姚敬与巴基斯坦经济事务部常秘艾哈迈德共同签署中国政府援巴职业学校设备物资项目换文。8月13日，中巴职业技术培训合作启动，为巴基斯坦年轻人获得现代化的教育、提升劳动技能创造更好条件。

中国将在中巴经济走廊项目框架下向巴基斯坦提供20.48亿卢比的无偿援助，用于在巴国家公立大学引入数字技术，建立智慧教室，发展远程教育，完成智慧大学转型项目，其中一期试点为50个学校，后期将覆盖巴基斯坦124所公立大学。2019年9月23日，由华为公司承建的“中巴友谊电教室”移交给巴基斯坦两所学校，帮助巴基斯坦孩子更好地了解外部世界。2020年1月，由中国扶贫基金会和巴基斯坦红新月会联合主办的巴基斯坦国际爱心包裹项目启动。3 月 4 日，巴哈里亚大学中文语言实验室正式启用。

在中巴经济走廊框架下，中巴双方成立了农业合作工作组，其中一个重要的领域就是加强植物保护和病虫害防治。2020 年初，为帮助巴基斯坦控制蝗灾，中国农村农业部会同有关部门制定帮助巴基斯坦防灾减灾方案，并派出专家组。2020 年 2 月，中国派遣蝗灾防治工作组赴巴基斯坦开展实地调研，与巴方一起确定防治方案，并提供 300 吨马拉硫磷农药和 50 台牵引式高效喷雾机，助巴抗击蝗灾。截至 2020 年 6 月，巴基斯坦已经有 43 个地区出现蝗灾，受灾区域接近巴基斯坦国土面积的 7%，为应对此轮蝗灾，7 月 23 日，中国农业农村部向巴基斯坦捐赠 12 台大疆植保无人机，帮助巴基斯坦灭蝗，确保粮食安全。

三　2019~2020年中巴经济走廊建设的困难与问题

巴基斯坦经济形势、疫情状况、安全形势等对中巴经济走廊开展有直接的影响，因此梳理出中巴经济走廊所面临的困难与问题，对于下一步实施有针对性的政策有重要的意义。

（一）新冠肺炎疫情的不利影响

疫情对于巴基斯坦经济和中巴经济走廊项目的影响远未结束。

首先，疫情导致走廊项目产品价格下降，项目效益受到很大冲击，以中冶山达克项目为例，疫情造成铜金国际市场价格由 5700 美元/吨暴跌至 4300 美元/吨，这不仅使公司利润下降，而且也使公司开发新的矿体的计划延迟，进而波及公司后续资源的开发和利用。

其次，中国在巴基斯坦的项目公司人员轮岗和返岗困难。部分公司的员工中国春节在国内休假后遭遇无法返回巴基斯坦的困境，而且由于中方人员在中巴经济走廊项目中大多是管理人员和技术人员，这对于项目进展有巨大影响。不得以，山达克项日公司于 6 月 6 日报经国资委申请复工民航包机，搭载项目 78 名技术骨干从中国成都直飞巴基斯坦卡拉奇。另外，受疫情影响，上半年原本应该回国休假的中巴经济走廊项目员工难以正常休假，影响员工的情绪。

最后，受疫情影响，巴基斯坦的各个省也都采取了封闭措施，交通不畅、海关效率下降等导致大量中国物资堆积在巴基斯坦的港口和货场，无法运输到项目工程，导致项目因为缺乏材料而停工。

（二）安全问题缓而未解

2019～2020 年，巴基斯坦安全形势明显好转，对中巴经济走廊的威胁下降，但在巴基斯坦投资的相关企业，仍需要提高警惕，避免出现可能的安全风险。

巴基斯坦的安全形势明显好转。2019 年，巴基斯坦发生的武装袭击事件为近 15 年的最低水平，与 2018 年相比自杀式袭击事件下降了 44%。从具体数据看，2019 年巴基斯坦共发生 159 次武装分子袭击事件，造成 305 人死亡。巴基斯坦政府安全人员进行了 111 次清剿行动，击毙 77 名武装分子。与 2018 年相比，2019 年巴基斯坦每月平均发生 13 起，远低于 2018 年平均每月 19 起的水平。①

然而，巴基斯坦安全形势并未完全好转，武装分子仍有袭击巴基斯坦重要机构的能力。如 2020 年 6 月 29 日，4 名来自俾路支分离主义武装团体联盟（BRAS）的恐怖分子袭击了卡拉奇证券交易所，造成 9 人丧生。

（三）国外势力的干扰阻挠

美国对于中巴经济走廊的抹黑、干扰从未停止。2019 年 11 月，美国务院代理助理国务卿爱丽丝·威尔斯就中巴经济走廊进行别有用心的炒作抹黑。2020 年 1 月 21 日，美国务院代理助理国务卿爱丽丝·威尔斯访问巴基

---

① Pakistan Institute for Conflict and Security Studies, *Annual Security Assessment Report 2019*, 2020, p12.

斯坦期间，再次执迷不悟，对中巴经济走廊评头论足。

印度对于中巴经济走廊也一直心存芥蒂，制造麻烦，尤其是在2020年中印边境摩擦不断的背景下，应警惕印度方面的不利政策。例如，2020年2月，中国远洋运输（集团）公司一艘名为大翠云号的运输船在途经印度港口时被扣留，印度国防部国防研究与发展组织（DRDO）的专家组登船检查货物，干扰该船只正常驶往巴基斯坦，后经证实，印度所谓的船上装载“可疑货物”也是子虚乌有的猜测。

四 中巴经济走廊建设的对策建议

2019～2020年，中巴经济走廊项目已经进入充实提高的阶段，因此建议通过与巴基斯坦开展深入的双边磋商，降低疫情对中巴经济走廊建设可能的不利影响，增加从巴基斯坦的进口，稳定巴基斯坦经济基本面。

（一）扩大从巴基斯坦的进口

中国不仅是巴基斯坦最大的进口来源国，也是巴基斯坦产品的第二大出口国，出口额占巴基斯坦出口总额的7%。自中巴经济走廊实施以来，中国一直追求与巴基斯坦的贸易平衡，鼓励巴基斯坦对华出口。当前巴基斯坦对华出口主要集中在棉花、大米、原材料等领域，从比较优势看，巴基斯坦的土豆、芒果、柑橘等种类也具有比较大的潜力。为扩大从巴基斯坦的进口，可在以下几个方面采取措施。首先，鼓励巴方积极利用第二阶段自贸协议条款。2020年1月1日，第二阶段中巴自贸协议正式生效，为巴基斯坦扩大对华出口提供了制度便利，尤其是在纺织品、体育用品等巴基斯坦传统优势产业，其产品出口中国将享受零关税政策。其次，中国驻巴基斯坦机构应进一步研究巴基斯坦的市场，并将有关信息反馈到中国相关产品的进口企业，帮助贸易商建立有效的采购和分销网络。再次，鼓励巴基斯坦本土品牌在中国开展推介活动，帮助巴基斯坦打造知名品牌。最后，鼓励巴基斯坦对华出口企业提升产品附加值，这样既能增加巴基斯坦出口额，又能带动巴基斯坦国内就业。

（二）宣传中巴经济走廊成就

鉴于美国、印度等对中巴经济走廊项目的恶意抹黑，建议中方在国际舞台上加大对中巴经济走廊建设成就的宣传力度，让国际社会了解中巴经济走廊的进展和成就。可重点围绕以下几个方面：第一，强化中巴经济走廊对于巴基斯坦经济发展的积极作用，如增加就业、带动投资、促进民生等；第二，中巴经济走廊项目已经严格遵守国际通行商业模式，建设过程符合国际惯例，并采用世界先进的技术标准和环保标准，廉洁合规经营；第三，西方金融机构是巴基斯坦最大的债务方，来自中巴经济走廊的债务只占巴基斯坦债务总额的5.3%，美、印不断炒作的巴基斯坦债务问题其实根本不存在。

（三）支持巴基斯坦抗击疫情

中国和巴基斯坦在疫情来临之际相互支持、团结合作，成为国际合作抗疫的样本。首先，中巴要继续加强抗疫合作，及时分享常态化背景下疫情管控的经验，防止疫情的反弹。其次，开展抗疫物资和疫苗的合作，优先选择巴基斯坦为中国新冠疫苗的合作伙伴，并根据巴基斯坦不同地区疫情严重程度、医疗卫生条件和物资缺乏程度，量力而行、尽力而为，提供更加有针对性的帮助。再次，在严格防控的前提下，逐步恢复双方的人员、物资往来，以9月复航的伊斯兰堡—北京航线为基础，加密两国间往来的航班。最后，与巴基斯坦在国际场合共同开展合作，推动构建人类健康共同体，反对将疫情政治化、污名化。另外，中巴经济走廊项目建设始终坚持公开透明、互利共赢的原则，从项目选择到实施都由中巴双方通过平等协商共同论证、共同实施。

B.20
2020年新亚欧大陆桥经济走廊发展报告

谢　晋*

摘　要：新亚欧大陆桥作为连接亚欧大陆的大通道，东起江苏省连云港，从阿拉山口出境，一直贯通到荷兰港口城市鹿特丹。经过27年的发展，在新亚欧大陆桥沿线国家和地区的共同努力下，特别是在“一带一路”倡议的带动下，新亚欧大陆桥焕发了新的生机，逐渐变成了亚欧大陆的“金腰带”。本报告详细梳理了2020年江苏省自贸试验区、河南省自贸试验区、陕西省自贸试验区以及新疆维吾尔自治区作为新亚欧大陆桥经济走廊重点区域的发展情况，同时对渝新欧、长安号、蓉新欧以及合新欧班列2020年的发展进行了总结，并对新亚欧大陆桥经济带未来的发展进行了展望。

关键词：丝绸之路经济带　新亚欧大陆桥　长安号班列

一　新亚欧大陆桥经济走廊国内重点区域发展现状

作为陆上丝绸之路经济带的第一通道，新亚欧大陆桥对于沿线国家和地区有着重要的意义。我国中西部省份和节点城市，以自贸试验区和经贸合作

* 谢晋，陕西省社会科学院金融研究所实习研究员，研究方向为绿色金融。

园为平台，通过新亚欧大陆桥将深处内陆的区位劣势变成了承东启西的开放优势，通过发展枢纽经济、流动经济实现了经济社会的快速发展，同时也促进了大陆桥经济走廊沿线国家和地区的经济发展。

（一）江苏省

2020 年以来，江苏省紧紧围绕“三个江苏”的定位，紧扣“一带一路”倡议，以更高的站位、更广阔的视野和战略眼光来谋划更高层次的开放、更具创新的发展格局。其中“世界的江苏”，就是以建设好“一带一路”交会点为总抓手，努力实现江苏陆海联动、东西互济的开放新格局，不断增强江苏在世界上的竞争力和影响力。

面对新冠肺炎疫情的冲击和外部环境的变化，江苏新亚欧大陆桥起点建设呈现省内地市（园区）齐头并进支撑、国外园区多点开花、人文交流多点发力的新局面。加之江苏获批自贸试验区，为建设“世界的江苏”提供了新的历史机遇、搭建了新的发展平台。为进一步做好向西开放的新转型，充分激发江苏新亚欧大陆桥东方起点和中西部最佳出海通道的区位优势，江苏已经连续举办六届“西部优秀企业家江苏行”活动，不断加强与西部地区在人员交流、资源流通、产业协同方面的合作交流，让江苏与新亚欧大陆桥经济走廊合作更加紧密。

2020 年 8 月江苏自贸试验区南京片区获批一年以来，在转变政府职能、贸易便利化、创新实体经济发展等六个领域累计形成 173 项创新案例。其中，建设项目“信用 + 承诺”审批模式，创造性地将工程建设项目审批与社会信用体系建设有机结合起来，项目建设由原先的事先审批改为事后监管，实现了减少工期、降低成本的功效；“一网一厅”科创服务模式，通过网上平台，为企业精准推送所需服务，同时设立线下服务大厅，让科技企业一个大厅实现所有服务办理。

2020 年 9 月首班“区港联动”中欧班列启程，标志着“保税 + 班列”出口模式正式落地江苏。中欧班列和综合保税区的结合，不仅能至少节约两天的运输时间，也为通关手续办理提供了便捷。

连云港把握新亚欧大陆桥起点的优势，以江苏作为“一带一路”交会点为支撑，在实施标杆示范上取得巨大的成绩，为新亚欧大陆桥发展提供了连云港经验。第一，交通运输能力逐步提升，形成了连云港一体两翼、一港四区格局。30 万吨级的航道一期工程已经建成通航；千吨级的船舶通过海河联运航道网可以直达京杭大运河，盐河、灌河和疏港航道的连接贯通也已完成；与“海洋联盟”合作不断升级，航线向“一带一路”沿线国家延伸。清连、连盐两段铁路连接通车，连淮扬镇铁路、连徐高铁建设全面推进，连云港将全面迎来高铁新时代。第二，资源集聚优势更加明显。通过多年来对境外市场的挖掘和拓展，已经形成了“重去重会”的物流模式，以化工、电子产品、汽车和机械配件为主的西行货源，以小麦和铁制品为主的东行货源共同组成连云港的货源优势。第三，开放格局更加全面。国务院印发的《中国（江苏）自由贸易试验区总体方案》给连云港带来了前所未有的发展机遇。自贸试验区成立后，连云港作为国内首个集装箱铁路水路联运物联网示范港、首批 16 个多式联运示范项目等技术优势更加凸显。得益于连云港的亚欧物流信息系统建设，连云港作为实现了全国铁路运输实时数据交换、哈国铁路数据实时查询的唯一港口，在组织运输班列和缩短通关时间方面有极大的改善。2020 年以来，连云港通过进港货物零等待、出港货物混拼运输、物流全程化监控等创新举措，将进出港口的国际班列通行效率提升了 70% 以上，每箱货柜费用节约 60% 。2020 年 1 ~ 9 月，连云港上合组织国际物流园累计实现营业收入超 10 亿元，同比增长近 500% ；完成物流量 1769. 46 万吨，同比增长 10. 67% 。①

（二）河南省

河南自贸试验区自 2017 年 4 月正式挂牌运行以来，以“两体系、一枢纽”为战略定位。2020 年 5 月《河南省加快推进“四路协同”发展工作方案》的印发加快了河南建设“一带一路”的步伐，“空陆网海”四条发展方

① http：//www. lyg. gov. cn/ydyl/hysj/content/a6cd3a1a – e612 – 479a – 92da – 42a3/ae2feed. html.

向的确立，为河南未来更好地参与新亚欧大陆桥经济走廊的发展指明了道路。河南着眼于打造对外开放新高地，利用新亚欧大陆桥促进国际贸易的发展，以高水平“互联互通”和高质量多式联运发展为核心，以省内外联通、安全高效的物流网络建设为关键，服务企业对国际运输和需求。面对新发展格局的新形势新要求，河南自贸试验区坚持以高水平“互联互通”和高质量多式联运发展为主要方向，着力提升全省的枢纽经济能级和开放通道。为更好地服务“空陆网海”四条丝绸之路建设，河南自贸试验区不断完善金融服务体系，金融服务效率和金融创新活力明显提升。

2020 年河南省与中国邮政集团签署战略合作框架协议，协议落实后将与世界更多国家和地区实现邮路直飞，河南将成为全国重要的国际航空邮件枢纽。2020 年以来，河南以加强自贸试验区建设为主要抓手，助推经济发展、产业升级：①以提升物流质量作为工作重点，优先发展多式联运，推动与新亚欧大陆桥经济走廊沿线国家间的信息和服务的共享机制建设，实现物流网络全球化；②以提升口岸综合服务能力为基础，打造国际物流通道，建立国际贸易枢纽，提升供应链的整理能力，加强河南自贸试验区国际竞争力；③改善政务服务能力，提高营商环境，为进出口企业提供更好、更贴心的服务。

郑州市，作为丝绸之路上重要的节点城市，近年来重点发展“空中丝绸之路”，2020 年以来已经连续开通了 3 条定期由郑州至韩国、日本、欧洲的邮件专线，郑州至吉隆坡、郑州至曼谷等航空线路建设取得积极进展。截至 2020 年 10 月，郑州口岸的邮路直航航线已经达到了 47 条，货物通达世界 36 个国家和地区。在国内，依托米字形高铁网络，郑州凭借“铁公空”多式联运的优势积极与上海、广州等沿海地区口岸加强合作，截至 2020 年 9 月，由郑州发出，经沿海地区口岸出口的货物达到 1.1 万余吨。

2020 年 1 月，郑州自贸片区创新性的“退货仓”模式，对跨境商品退货流程及作业标准进行了优化，为跨境电商解决了客户或消费者退货后的烦恼，缩减了企业退货时间和物流成本。7 月，“退货仓”模式入选了第六批自贸试验区改革试点推广，成为又一个在全国复制的郑州经验。2020 年 3

月初，郑州自贸片区印发了“证照分离”的改革方案，对涉及企业的73项行政审批进行了简化，实行告知承诺20项，并建成“一站式”企业服务平台。这些措施进一步降低了企业的经营成本，激发了市场主体经营的积极性。

（三）陕西省

作为路上丝绸之路的新起点，陕西在发展特色产业、发挥区位优势上做文章，探索走出了一条符合陕西特色的发展道路，以更大的勇气、更积极的态度、更务实的姿态主动融入新亚欧大陆桥经济走廊的建设。陕西着力于发展“三大经济”——枢纽经济、门户经济、流动经济，以深化体制机制改革为支柱，以全面融入“一带一路”为两翼，不断促进陕西经济高质量发展。

为进一步增强陕西自贸试验区资源配置能力和服务水平，提升对资金、技术、人才、信息等要素的吸引力，持续优化营商环境。2020年陕西自贸试验区着重在以下几方面做文章。①进一步深化“放管服”改革。按照依法放权、应放尽放、有序承接的原则，在自贸试验区实施“证照分离”改革全覆盖试点。进一步优化完善“互联网+政务”工作，实现政务服务网络办理、掌上办理等，为企业“减负”。②加强外商投资法及实施条例的全面落实，进一步提升外商投资环境。为促进外商在陕投资，提升外资利用质量，陕西完善支持自贸试验区吸引外商投资的政策措施，加强对重点投资项目和重点外资企业的服务，建成外商投资促进工作机制和相关投诉便捷渠道。③鼓励金融创新，增强金融服务的整体水平。陕西自贸试验区以丝绸之路国际金融中心建设为中心，全面完善金融领域扩大开放的政策措施，放宽对在陕西自贸试验区的外资银行、证券公司、基金管理公司的业务范围限制，提升“一带一路”贸易金融服务水平，探索长安号贸易融资等金融服务新模式。④进一步加强人才引进战略。陕西自贸试验区将建立“绿色通道”，为科研创新人才、行业领军人才等海外高层次人才办理工作签证、长期居留手续提供便利。提供更加便利快捷的签证和出入境手续，为高科技人才、紧缺型人才来自贸试验区开展商务活动、交流访问提供便利。

2020 年陕西自贸试验区的发展成果斐然。截至 3 月底，不仅将国家赋予的 165 项自贸试验区试点任务完成，还不断依据陕西发展状况推出创新举措，累计共形成了 370 个创新案例，其中“全城通港”等 16 项政务服务新模式受到国务院和相关部委的通报表扬并在全国复制推广，53 项改革创新成果在全省复制推广。

2020 年 3 月，陕西自贸试验区西安经开功能区为缓解出口企业回款周期长和融资成本高的难题，与中国出口信用保险公司合作，为中小微出口企业开展国际保理美元融资业务。此项业务不仅提高了中小微出口企业的资金周转率，还降低了企业约 3% 的融资成本，有力地支持了中小微出口企业开展国际贸易、拓展海外市场。

2020 年 8 月，陕西自贸试验区西安区为进一步提升制造类、研发类、维修类企业通关效率，对免予办理强制性产品认证的半导体高端制造企业生产所需的原材料、零部件创新性实施 3C 免办货物“先入区、后验证”模式。此项举措，将原先的 130 小时通关时间降低了 90%，极大地提高了货物流转速度，满足了高端半导体制造业企业 7 ×24 小时的用货需求，保障了物流供应链衔接的时效性。

2020 年 9 月，陕西自贸试验区西咸新区空港新城结合空港临空产业的竞争优势，为进一步助力外贸企业更好地“走出去”，正式启动了跨境电商 B2B 出口试点业务。在该业务模式下，外贸企业将充分享受入园退税、便捷报税、缴税优惠等优惠政策，降低了企业的物流成本，提高资金利用率及配送时效，增强国际贸易竞争力。

（四）新疆维吾尔自治区

新疆是欧亚大陆离海洋最远的地区，“一带一路”倡议使新疆成为向西开放的前沿、丝绸之路经济带的核心区；而新亚欧大陆桥的发展，使新疆成为我国与欧亚各国联通的桥梁，欧亚大陆交通枢纽的区位优势越发明显。

作为新亚欧大陆桥物流枢纽，新疆入选交通强国试点，将为新疆交通基础设施建设提供新的契机，将进一步提高货物流通效率、降低企业的运输成本，新疆口岸国际货物运输的便利化水平将进一步提高。经过多年的发展，作为“一带一路”核心区的新疆，产业集聚更加明显。借助新亚欧大陆桥的便利，越来越多的高端制造、跨境电子企业落户新疆。

2020年7月，新疆发布了交通强国的实施方案，计划在3～5年内逐步实现以下目标。①国际交通运输能力不断提高，以国际铁路物流枢纽和国际航空货物中心建设为重点，加强国际货运合作，落实好多边和双边运输协定，不断提高阿拉山口、霍尔果斯的物流服务效率。②跨国铁路运输通道融合不断增强，进一步推进铁路基础设施的跨国对接，加快新亚欧大陆桥通道建设。③交通枢纽综合体不断优化。以国际陆港区建设为核心，提升服务功能和运营组织效率，大力发展空铁一体化的枢纽经济。④“交通＋旅游”融合发展不断增强，不断健全重点旅游区域的交通网络建设，形成以交通促进旅游产业发展、以旅游产业发展完善交通设施的新局面。

二　新亚欧大陆桥经济走廊交通运输服务发展

2020年的新冠肺炎疫情使国际物流受到严重影响，主要运输渠道海运和空运受到的冲击最为严重。在这关键时刻，新亚欧大陆桥凭借其独特的优势获得了大量的空运、海运转移货源，为中亚和欧洲各国运输防疫物资，保持大陆桥经济走廊的贸易畅通。作为连接中国和“一带一路”沿线国家和地区重要的运输纽带，中欧班别2020年1～4月交出了一份优异的成绩单：共开行近3000列中欧班列，同比增长24%；运输货物超26万标准集装箱，同比增长27%。新亚欧大陆桥成为稳定国际供应链的重要保障。

（一）渝新欧

2020年上半年，渝新欧班列在开行数量和运输货值上实现双增长。共开行870列，同比增长7.1%；运输货值近370亿元，同比增长约50%。

5～7月更是连续三个月实现了单月开行量突破200班，运输货值同比增长约50%。一方面是由于渝新欧铁路班列在全球供应链方面起着重要的作用，另一方面在于承接了大量“空转铁”国际邮件转运。2020年4月，为进一步支持渝新欧铁路班列的发展，重庆海关出台了多项措施。推进与新亚欧大陆桥沿线国家海关的合作，提升跨境运输便利化水平；设立渝新欧铁路班列专用窗口，实现通关货物7×24小时服务；支持企业自主选择通关模式；等等。

（二）长安号

截至2020年10月中旬，长安号班列2020年开行量超过3000列，长安号在多项核心指标上稳居全国第一。货运量达到了2019年同期的1.8倍；运送货物总重量超过230万吨，比上年同期增长了150%；返程货物重箱率达到100%。其中开往欧洲方向的占70%，开往中亚方向的占30%。为进一步提升长安号西安集结中心的集散能力，西安投资422.63亿元对34个长安号班列承载项目进行了重新规划梳理，这些承载项目包括铁路货运场站改造、长安号信息化系统建设、西安货物集疏场站建设、多式联运（转运）设施建设。这些项目建成后，长安号的运输能力和货物集散效率将得到极大提升，西安的区域物流也将得到长足的发展。

（三）义新欧

2020年1～7月，义新欧班列累计开行超400列，共发运33452个标准集装箱，同比增长165.2%。“义新欧班列运营平台”正式开通运行，进一步提升了班列的信息化管理水平，方便了货物集散管理，平台开通当月就开行110列义新欧班列，发运了近9000个标准集装箱，创造了义新欧班列月运量历史新高。2020年面对新冠肺炎疫情，义新欧班列始终保持稳定运行，为新亚欧大陆桥经济走廊沿线国家运来了生产物资和防疫物资，为当地的疫情防控和复工复产提供了重要保障。

（四）郑新欧

自2013年7月首趟郑新欧班列正式开通以来，经过六年的飞速发展，累计发行超2000列，辐射国外126座城市。开行班次也从原先的每个月1班到现在的每周9班；货源集疏范围也从原先的500公里发展到现在的1500公里，覆盖全国75%的区域、境外24个国家；货运时间也从最初的18天缩短到现在的12天。郑新欧班列已基本实现了班列的数字化，货运箱柜中的每一个包裹状态都可以实时查询。另外，还创新性地开通了冷链物流班列等特色班列，带动了肉类、粮食等产品的进出口贸易。

（五）合新欧

2020年9月首趟合肥至杜尔日中欧班列启程，16天后抵达欧洲西部的法国杜尔日，标志着合新欧班列第24条线路正式运营。合肥至法国杜尔日线路的成功开行，是对合新欧班列线路布局的有力延伸，将为安徽省本地企业打通对外贸易精品化、多元化境外新通道。2020年1～8月，合新欧班列已累计开行309列，同比增长8%，其中回程班列75列；运输货物总计超2万标准箱；合新欧班列开行不断加密，实现了一周开行15列的目标，将有效带动安徽出口企业更好地走出去。据估计，2020年合新欧开行将突破500列。

三　新亚欧大陆桥经济走廊未来的发展重点

（一）新亚欧大陆桥经济走廊沿线国家应联动发展和错位发展

1. 联动发展

要增强新亚欧大陆桥经济走廊的竞争力，沿线国家和地区必须加强各项政策的协调与合作，正确地认识到自身发展与联动发展之间的有机联系。沿线国家和地区可以通过签署战略合作共建框架协议、建立行业协会等方式在新亚欧大陆桥经济走廊地区通过经济发展的战略联动，加强在产业协调、金融服务一体化、信息互通共享等方面的协调机制，从而形成产业分工体系更加合理，实现区域内产业的优势互补，实现区域产业的协同发展，从而达到优化区域产业结构、提升产业能级、增强区域产业竞争力的目的。

2. 错位发展

新亚欧大陆桥经济走廊沿线国家和地区资源禀赋、产业结构的趋同性，导致从中国出口的商品主要是轻工业制品、电子产品等，进口的主要是能源、原材料等。进出口的同质化，导致了内部恶性竞争的发生。这不仅会阻碍相关产业的健康发展，也不利于新亚欧大陆桥经济走廊的发展。

沿线国家和地区要找出自己的相对优势，实行错位发展战略。例如，陕西自贸试验区将产业发展方向集中在电子信息、新能源汽车、现代农业、文化旅游等产业，避免同质化竞争，培育新的经济增长点。

（二）新亚欧大陆桥经济走廊交通运输服务水平应不断提高

新亚欧大陆桥经济走廊的发展，需要沿线国家高效协作，保证大陆桥运输的健康发展。但由于新亚欧大陆桥经济走廊沿线有 30 多个国家或地区，这些国家或者地区的基础设施、政策法律各不相同，经济利益有相互冲突的地方。所以，应成立专门的协调委员会对新亚欧大陆桥经济走廊的基础设施建设、通关政策和费用、运输安全保障等问题开展定期协调商议。

要加强新亚欧大陆桥运输信息化建设，这是进一步增加运输货源、提高班列经济效益的重要举措。建立一个面向客户的运输信息平台，实现货物编列信息、通关信息等实时查询。海关等沿途各国管理部门也可在信息平台对货物运输进行实时监控，提高货物检疫的时效性，方便班列的通关，全面提高新亚欧大陆桥的运输效率。

更重要的是由于我国铁路采用的是 1435mm 标准轨距，在途经哈萨克斯坦等采用 1520mm 轨距国家时要进行多次卸装，经济成本和时间损耗较大。中国可在“一带一路”倡议框架内，采取措施，逐步实现新亚欧大陆桥轨距的统一，提高运输的经济效益。

B.21

2020年中欧班列集结中心发展报告*

陈光　裴成荣**

摘　要：　中欧班列自开行以来，已历经了近10年的发展历程，取得了辉煌的成果，也暴露了不少问题。随着国家发改委提出建设中欧班列集结中心示范工程，中欧班列的发展将进入新的阶段，从过去的“点对点”粗放式布局，逐渐向“枢纽对枢纽”集约式、高效式转变。本报告首先回顾了中欧班列自开行以来的总体发展背景与成效，随后聚焦于中欧班列集结中心示范工程的建设。其中，西安中欧班列“长安号”近年来开行增量显著，成为中欧班列的一大亮点，故以西安为例，重点论述了中欧班列集结中心的发展现状、面临的问题，并提出对策建议。

关键词：　中欧班列　集结中心　西安

一　中欧班列发展概况

（一）中欧班列发展总体背景与成效

中欧班列是由国家铁路集团统一组织，按照固定的车次、班期、线路以

* 2019年国家社科基金课题（立项号：19XJL009）、2020年陕西省社会科学院青年研究课题（立项号：20QN02）、2020年陕西省社科界重大理论与现实问题重点研究项目（立项号：SX－51）的阶段性研究成果。

** 陈光，陕西省社会科学院经济师，研究方向为区域经济、发展经济；裴成荣，陕西省社会科学院二级研究员，研究方向为城市与区域经济、产业经济。

及总运行时长，往返于中国和欧洲国家之间的高品质、高等级国际铁路联运列车。自2011年3月首列“渝新欧”（重庆—杜伊斯堡）中欧班列正式开通以来，中欧班列已持续运行了近10年时间，作为“一带一路”倡议的重要载体，中欧班列秉承“共商、共建、共享”的理念，深化我国与“一带一路”沿线国家的经贸合作、互利互惠，被称作“一带一路”上的“钢铁驼队”。如今，中欧班列已经从初期的萌芽阶段逐渐走向成熟，发展成效主要体现在以下三个方面。

一是规模不断扩大，自中欧班列开行以来，保持开行数量年均约133%的增长率，到2020年全国已累计开行超过2万列次，连通欧亚大陆100多座城市。二是质量显著提升，综合重箱率超过90%，返程空箱率稳步下降，从过去的“只去不回”到如今基本达到“去三回二”的水平，通关便利化程度也不断提升，运行时效和经济效益都在持续改善。三是货品种类不断丰富，从最初的单一化IT电子产品，到日用品、农产品、食品、纺织品、机械配件等，从不同货品拼箱装配到单一货品整车装配，中欧班列运邮更加规模化、规范化、常态化，成为横跨于亚欧大陆的稳定的、可靠的运输渠道。

2020年以来，受到新冠肺炎疫情和中美贸易摩擦等因素的影响，我国乃至世界经济面临的风险和不确定性骤然增加，国际贸易、市场和产业链遭受重创，经济前景日益黯淡。为此，习近平总书记提出了以构建国内大循环为主体、国内国际“双循环”相互促进的新发展格局。其中，国际循环受到外部势力打压的影响，产业链和供应链严重受阻，疫情突发更是加剧了这一状况，空运、海运大面积停摆，出口导向型企业纷纷停工停产，大量人员失业。在此背景下，中欧班列逆势而上，成为对外贸易的新通道，承接了大量空运、海运转移货物，有效填补了国际循环方面的物流运输环节，为打造“双循环”经济增添了强劲动力。

（二）中欧班列集结中心发展现状

首趟中欧班列自2011年开行以来已历经了近10年的时间，取得了重要

的成效，成为我国对外贸易物流枢纽的重要组成部分，有效弥补了空运和海运的不足。然而，也暴露了不少问题，例如开行城市过多、过于分散，缺乏规模效益，靠补贴和价格战导致恶性竞争态势，使中欧班列入不敷出，违背了市场经济的基本规律。为此，国家发改委于 2020 年 7 月正式提出将安排中央预算内投资 2 亿元，用于支持郑州、重庆、成都、西安、乌鲁木齐等 5 座中欧班列枢纽节点城市开展中欧班列集结中心示范工程建设，推动中欧班列由过去的“点对点”式粗放布局，逐渐向“枢纽对枢纽”的高效集约化布局转变。

5 座中欧班列集结中心示范工程建设城市的提出是有前提和依据的，主要从 4 个维度进行评价，分别为区位条件、基础设施、经济承载力和运营规范。尽管国内有 60 余个城市都开行了中欧班列，但以上 5 座城市具备一定的铁路货运基础，地理优势显著，汇聚了大部分的市场货源，成为建设中欧班列集结中心示范工程的基础和前提。仅从开行班列的数量占比来看（如表 1 所示），5 座集结中心城市近年来每年班列开行数量之和占全国总数的比重均在 80% 左右，2018 年更是达到了 94. 5% 。其中，西安的班列开行数量和占比在近三年来突飞猛进；重庆和成都作为最早开行中欧班列的城市，开行数量一直稳中有升，尽管占比略有下降，但仍保持在 20% 左右，且班列质量较高，返程率、重箱率、本地制造货源率一直稳步提升，达到了较高水平。总的来看，5 座集结中心城市开行中欧班列的总量占到了全国每年很高的比例，各自的开行数量和占比也排在全国城市的前列，无愧于中欧班列集结中心的地位。

表 1　2016 年至 2020 上半年 5 个中欧班列集结中心城市开行班列数量和占比

单位：列，%

年份	项目	成都	重庆	西安	郑州	乌鲁木齐	全国
2016	开行量	453	413	139	251	135	1702
	5 城占比	26. 6	24. 3	8. 2	14. 7	7. 9	81. 7
2017	开行量	777	700	194	493	710	3673
	5 城占比	21. 2	19. 1	5. 3	13. 4	19. 3	78. 3

续表

年份	项目	成都	重庆	西安	郑州	乌鲁木齐	全国
2018	开行量	1587	1442	1235	752	1002	6363
	5 城占比	24.9	22.7	19.4	11.8	15.7	94.5
2019	开行量	1406	1500 +	2133	1000	1100	8225
	5 城占比	17.1	18.8 +	25.9	12.2	13.4	86.8 +
2020（1~6月）	开行量	936	914	1667	439	47	5122
	5 城占比	18.3	17.8	32.5	8.6	0.9	78.1

2020 年 1~6 月，中欧班列共开行 5122 列，其中以上 5 座城市共开行 4003 列，占总量的 78.1%。同时，中欧班列在我国物流体系中的占比仍旧不高，只有 1% 左右，通过不断探索国内外市场合作，未来仍具备很大的发展和提升空间。在各个集结中心城市中，郑州的 4 个维度指标评价得分最高，截至 2020 年 6 月已累计开行中欧班列 3199 列，但 2020 年上半年仅开行 439 列，落后于西安 1667 列、成都 936 列、重庆 914 列。根据郑州市发布的《郑州市 2020 年对外开放实施方案》，2020 年计划开行中欧班列 1100 列，上半年未能完成半数目标，给下半年工作带来不小压力。不过，郑州中欧班列的运营质量和经济效益在全国各开行城市中还是处于领跑地位的，在运输安全、去返程均衡率、信息化程度等方面都处于领先位置。成都和重庆的位置比较接近，服务市场、货源和货品种类也较为相似，地理位置上都处于“一带一路”中欧班列与长江经济带的接合点，具备“铁、水、公、空”多维联动运输的优势。目前，两市以构建“成渝经济圈”为契机，达成了多项合作共识，进一步深化中欧班列的资源共享和政策对接。乌鲁木齐的地理位置相较于其他 4 个中欧班列集结中心，在吸引中东部市场货源方面不占优势，本地外贸产品种类和数量有限，2020 年上半年仅开行中欧班列 47 列。根据最新的集结中心建设方案，未来 5 年的目标计划以提升集货能力、加快园区建设、推动产业聚集、完善平台功能为主，通过以上 4 个方面将集结中心打造成为更加高效、先进的中欧班列国际枢纽综合服务平台。

二　中欧班列（西安）集结中心发展现状

2020 年 4 月，习近平总书记在来陕西考察时提出了“打造内陆改革开放高地”的要求，指出开放不足是制约陕西发展的突出短板。中欧班列（西安）集结中心的建设正符合加快补短板、打造内陆改革开放高地、扩大对外合作新格局的努力方向与工作要求。

2020 年在新冠肺炎疫情的影响下，国际海运、空运物流班次大幅缩减，国际贸易遭受重创。在此背景下，中欧班列发挥了分段运输、人员无须检疫、载货量大、时效快等优势，承接了大量输往欧亚大陆的空运、海运转移货物，挽救了大量外贸订单，为企业解了燃眉之急。

2020 年 1 ~ 6 月，西安中欧班列共开行 1667 列，占全国总开行数量（5122 列）的 1/3，遥遥领先于排在第二位的成都（936 列），以及第三位的重庆（914 列），成为中欧班列集结中心和节点城市中最大的一匹黑马。2020 年 1 月到 6 月的半年时间内，西安实现了中欧班列开行数量 100% 的增长，其中运送货物大部分为抗疫物资。自 7 月 1 日起，西安中欧班列“长安号”正式开行两条“公交化”常态运行线路，分别至杜伊斯堡（德国）和马拉舍维奇（波兰），每天固定开行四班，两去两回，标志着西安中欧班列的运行迈向了新的发展阶段。2020 年 1 月至 8 月 20 日，中欧班列“长安号”已成功开行 2305 列，货物总载重达到 178. 8 万吨，分别是 2019 年同期的 1. 9 倍和 1. 8 倍。按照目前的运行态势，“长安号”2020 年的总开行列数很可能突破 3000 列，也是国内首个达到这一数字的城市。

三　中欧班列（西安）集结中心建设面临的主要问题

（一）城市竞争激烈，不利于提升规模效益

目前全国开行中欧班列的城市有 60 多座，尽管 2020 年国家提出要在郑

州、重庆、成都、西安、乌鲁木齐5个中欧班列节点城市开展中欧班列集结中心示范工程建设，但并未禁止其他城市继续开行中欧班列，且5个集结中心之间也存在激烈竞争。对于西安来说，东部的郑州距离西安仅400多公里，且其作为“火车拉来的城市”，其在铁路运输方面的运营经验和效率更加突出，且更接近东部省份的市场资源；成都、重庆位于西安南部，更接近南方各省份的外贸客户和货源；此外，武汉、义乌等城市尽管不在集结中心示范工程建设名单中，但本地产品货源十分丰富，辐射市场也相当广阔，轻易不愿让渡自己作为中欧班列节点城市的重要地位。西安处于各主要集结中心、节点城市的包夹中，尽管理论上位于全国几何中心位置，交通便利，但在竞争省外市场货源方面，其地理区位并不占优势，需要通过更有力的宣传推广、更优质高效的服务，以及低廉的价格，才能从众多节点城市和集结中心中脱颖而出。

（二）本地制造乏力、货源不足，过度依赖外省货源

在成都和重庆的中欧班列运输货物中，当地制造的产品及货源占比超过80%，与此相比，西安中欧班列“长安号”承运的货物多为外省货源，省内货源占比不到20%。省内货源不足反映出省内制造业配套不完善、存在短板的问题，依靠自身无法形成长效持久的外贸货源。而过度依赖于承接外省货物，易造成“长安号”货源的不稳定、不连续，也加重了西安中欧班列集结中心和国际港务区向外宣传推介工作的压力和负担。一旦外省中欧班列枢纽城市服务吸引力提升，或有海运、空运等更优运输方案时，“长安号”很容易被取代。

（三）运营成本高，市场机制有待完善

为在开行城市的竞争中突出重围，包括西安在内的各节点城市、集结中心不顾经济效益，均采用了一定程度的价格战、当地政府补贴等形式，争取在货源量、班列开行数量、重载率等数据上的“追赶超越”，一定程度上造成了市场机制的扭曲，形成无法长期维系的“赔钱赚吆喝”局面。随着财

政部要求地方自2018年开始逐步调低对中欧班列的补贴标准，中欧班列靠补贴度日的局面终将慢慢过去，回到市场经济的正常轨道上。对于中欧班列（西安）集结中心来说，随着补贴力度的减少，中欧班列的运输和服务费用也将持续上涨，这对货源承揽、货物装载、箱源调配、综合配套服务等都提出了更高的要求，只有不断提升运营效率和管理水平，才能提高竞争力、降低成本，成为更具市场吸引力的中欧班列集结中心。

（四）返程空箱率高，影响运营效益

中欧班列返程空箱率高、返程列次少的问题由来已久，尽管正慢慢得到改善，但仍是中欧班列最突出的问题。一是在开行线路运营初期，目的地城市周边地区对中欧班列的了解和认可度较低，信息不对称导致当地企业对中欧班列不知道、不熟悉、不信任。二是欧洲地区为海洋文明的发源地，自古以来河运海运最先发展、较为发达，对内陆铁路运输的接受度和需求仍然较小。三是不少目的地国家及企业对中国市场的消费能力仍然缺乏足够的认知和重视，相关产品在中国市场的宣传力度不够，市场需求尚未打开。四是2020年受新冠肺炎疫情的影响，国际贸易大幅受阻，大量欧洲及中亚企业关门停业，货品生产及出口量均大幅下滑。中欧班列返程列次少、空箱率高，使集结中心的枢纽作用无法得到充分施展与发挥，货品中转及仓储的运营规模小、效益低，制约集结中心扩大、做强。

四　中欧班列（西安）集结中心建设的对策建议

（一）深度挖掘国内市场需求

加强与省内外各级政府，以及大型外贸、批发企业的交流合作，以陕西省、西安市政府，西安国际港务区为主体，定期召开进口贸易博览会和商贸洽谈会。一是引导并帮助中欧班列境外沿线国家及企业来华推介产品，发挥

牵线搭桥的作用，不断挖掘国内市场需求和消费能力；二是加强与国内各省市政府及企业的交流互通，大力宣传中欧班列（西安）集结中心的功能、效率和优惠政策，吸引更多有进出口需求的企业开展合作。

（二）进一步降低返程空箱率，提高运营效益

一是省、市政府应加强与中欧班列主要境外节点城市的交流互访，加强互信，达成战略合作协议，开展境外商贸洽谈会，让更多的境外企业了解中欧班列以及中国的市场和消费潜力。二是加强与所在国外贸组织及协会的长效合作，确保有稳定、长期的回程货源。三是加强与各国间出入境港口城市的沟通协调，提高报关通关效率，降低通关成本，尤其在后疫情时期，切实为外贸企业提供更加优质的物流服务，缓解资金压力。四是根据货物运载量和班列需求，合理布局开行频次和线路，对去、返程货物吞吐量达不到要求的线路及节点城市进行适当合并、裁撤或削减频次，持续提升中欧班列运营效益。

（三）进一步加强海铁联运建设

在拓展中欧班列西行线路沿线国家间合作的同时，应进一步加强与东部沿海省份港口城市，以及东亚、东南亚、南亚、大洋洲各国的深入合作。通过定期举办经贸论坛或洽谈会，加强与相关国家、城市的深度了解与互信。加快布局“东进多联”的东行海铁联运网，丰富货品种类与结构，将东部各省以及相应国家都纳入中欧班列（西安）集结中心的服务半径，不断提升中欧班列（西安）集结中心的知名度。

（四）积极拓展跨境电商业务

近年来，我国跨境电商业务增长势头迅猛，尤其自疫情暴发以来，对跨境电商和中欧班列物流通道的需求呈现爆发式增长，在向欧洲、中亚等国运送抗疫物资和日用品方面，中欧班列发挥了逆势而上的作用，深得有关国家的赞许与好评。在全球抗疫进入常态化的新形势下，中欧班列（西安）集

结中心应抓住机遇，积极拓展跨境电商业务，吸引各大跨境电商平台将西北地区分拨中心设在西安国际港务区，进一步打造“跨境电商专列”，不断吸收跨境电商货源，持续提升西安集结中心的仓储、运输及枢纽能力。

（五）以物流枢纽带动差异化和互补化产业聚集

依托国家建设中欧班列（西安）集结中心的契机，以及“长安号”的货运优势，进一步优化西安乃至陕西的营商环境，带动县域经济发展。以集结中心的物流枢纽功能为抓手，加大招商引资力度，吸引外贸导向型企业、出口加工型企业、电商平台等围绕西安和陕西打造产业集群，形成汽车、能源、农产品、快消品等生产加工基地和贸易集散基地，将中欧班列（西安）集结中心打造成集生产加工、装配制造、仓储、运输、批发、零售于一体的综合性现代化国际经贸服务平台。同时，应立足当地资源和产业特色，不断提高本地货源比例，带动本地制造业高质量发展，加强与其他中欧班列集结中心城市在产业布局和货品种类方面统筹协调，注重差异化和区别化，促使各个集结中心和节点城市之间形成产业与货源种类的有效互补，避免同质竞争。

参考文献

陈晨、徐静：《中欧班列发展现状与对策分析》，《现代交通技术》2019 年第 5 期。

胡必松：《长安号国际货运班列发展策略研究》，《现代交通技术》2019 年第 5 期。

李果：《中欧班列节点城市半年报：西安开行量居首，五大头部城市占比近 80%》，《21 世纪经济报道》2020 年 7 月 22 日。

林备战：《中欧班列：2019 年提质增效明显》，《中国远洋海运》2020 年第 3 期。

冉淑青：《建设中欧班列集结中心》，《陕西日报》（理论版）2020 年 5 月 13 日。

杨子佩等：《中欧班列集结中心建设再上台阶》，《经济日报》2020 年 7 月 20 日。

袁达：《关于中欧班列建设问题》，2019 年 10 月 22 日。

张思远：《中欧班列返空率的影响因素研究》，《全国流通经济》2019 年第 11 期。

B.22 2020年中国与阿联酋经济贸易合作发展报告

樊为之*

摘　要：　阿联酋是“一带一路”建设的重要支点国家，加强中国与阿联酋经济贸易合作对于促进中国与西亚北非国家关系有重要作用。中阿双方国家领导人重视发展双边关系，重视发展两国经贸合作。“一带一路”倡议的提出助推了双方经济贸易发展。中阿之间贸易规模较大，进出口贸易呈现多元化特点。阿联酋发达的转口贸易有利于中国产品进入中东其他国家和地区。确保地区安全和稳定有利于中阿经贸合作。加强中阿经济金融贸易技术合作制度建设有助于推动双方经贸合作的深度发展。

关键词：　中国　阿联酋　经济贸易

阿联酋为“一带一路”建设的重要支点国家，在西亚，特别是海湾合作委员会中具有重要地位。中阿双方国家领导人重视发展双边关系，重视“一带一路”倡议在促进两国发展中的重要作用。2018 年 7 月 18 日，国家主席习近平在阿联酋《联邦报》《国民报》发表题为“携手前行，共创未来”的署名文章，并明确指出：“早在 2000 多年前，我们的祖先就通过古

* 樊为之，陕西省社会科学院副研究员，研究方向为中东政治、经济、历史与国际关系。

代丝绸之路互通有无、相知相交”，强调“中阿应该在共建‘一带一路’框架内加强政策沟通，加快融合发展，共同维护多边贸易体制，推动经济全球化朝着更加开放、包容、普惠、平衡、共赢的方向发展”。① 近年来，中阿高层交往密切，2015 年 12 月阿布扎比王储穆罕默德访问中国，2018 年 7 月习近平主席对阿联酋进行国事访问，两国建立起了全面战略伙伴关系，发表了中阿两国“关于建立全面战略伙伴关系的联合声明”，声明中阿方表示欢迎、支持并愿积极参与“一带一路”倡议。2019 年 7 月，阿联酋阿布扎比王储穆罕默德对中国进行国事访问，双方发表了“关于加强全面战略伙伴关系的联合声明”。

一　中国与阿联酋经贸合作状况

阿联酋是西亚北非经济开放程度最高的国家之一，是该地区最重要的商贸金融物流中心。尽管阿联酋是重要的石油生产和输出国，但非石油产业在其国内生产总值（GDP）中占据主要位置。中国和阿联酋之间有着紧密的经贸合作关系，阿联酋是中国在阿拉伯国家第一大出口市场和最大的投资目的国，同时又是中国在阿拉伯世界的第二大贸易伙伴。中国是阿联酋最大的进口来源国，占阿联酋进口总量的 15% 左右，同时又是阿联酋第十大出口市场。

（一）“一带一路”倡议有力推动了中国和阿联酋经贸合作与发展

2014 年习近平主席面对阿拉伯世界提出共建“一带一路”倡议，得到所有阿拉伯国家热烈响应。共建“一带一路”符合阿拉伯国家推进经济多元化和工业化的发展需求。中国和阿联酋重视在“一带一路”倡议下推动

---

① 《习近平在阿联酋媒体发表署名文章》，新华网，http：//www. xinhuanet. com//politics/leaders/2018 -07/18/c_ 1123145218. htm。

经济贸易发展，2018 年双方在“关于建立全面战略伙伴关系的联合声明”中强调愿意在“一带一路”倡议框架下合作，“建立可持续的贸易投资伙伴关系”，实现共同利益。[①] 2019 年 7 月，双方在“关于加强全面战略伙伴关系的联合声明”中指出支持国际贸易原则、世贸组织规则、多边主义和自由贸易，“肯定开放、透明、包容、非歧视的多边贸易体制的重要性和核心作用”。[②]

在推进“一带一路”倡议的大背景下，双方众多领域合作进一步加强。2017 年 5 月，中国国家发展和改革委员会与阿联酋经济部签署了《关于加强产能与投资合作的框架协议》，决定加强双方在油气加工、有色金属、建材、通信、可再生能源和新能源、轻工纺织等领域的产能与投资合作，并由双方设立中阿产能合作工作组负责协议的执行。2017 年 7 月，江苏省同阿联酋有关方面签署了《中阿产能合作示范园投资合作协议》。2018 年 7 月，中国与阿联酋签署政府间共建“一带一路”谅解备忘录。同年 7 月，中阿双方签署了《中国商务部和阿联酋经济部关于电子商务合作的谅解备忘录》。2019 年 7 月，中阿双方签署《中国国家能源局和阿联酋能源和工业部关于和平利用核能合作的谅解备忘录》，为双方开展和平利用核能合作创造条件。7 月，中国核工业集团公司与阿联酋核能公司签署合作协议，探索建立加强中阿两国和平利用核能的发展模式。2019 年 7 月，中阿两国政府签署了《关于推动中阿双边及共同在中东北非地区开展“一带一路”产能与投融资合作的谅解备忘录》，调动双方力量为中东北非国家提供优质产品和服务，推动它们的经济社会发展。

“一带一路”倡议提出后，中阿两国经贸等领域合作不断深化，双方在贸易、油气、新能源、通信、金融、基础设施等领域合作进一步深入，并努力探索核电、航天、人工智能等新兴高科技合作模式。中阿两国经贸合作成

---

① 《中华人民共和国和阿拉伯联合酋长国关于建立全面战略伙伴关系的联合声明（全文）》，中国政府网，http：//www. gov. cn/xinwen/2018 -07/21/content_ 5308145. htm。

② 《中华人民共和国和阿拉伯联合酋长国关于加强全面战略伙伴关系的联合声明（全文）》，中国政府网，http：//www. gov. cn/xinwen/2019 -07/23/content_ 5413857. htm。

果突出，总投资8.7亿美元、发电规模1177兆瓦（MW）的全球最大单体太阳能发电项目——苏维罕电站正式并网发电，就是中阿共建“一带一路”在新能源领域取得的重要成果。2018年5月，正式开工建设的中阿“一带一路”产能合作园区则是“一带一路”倡议与阿联酋“经济多元化”战略对接的体现，具有很强的示范作用。它由江苏省海外合作投资有限公司投资建设、运营管理，位于阿联酋阿布扎比哈利法工业区内，启动区域面积有2.2平方公里，预留用地10平方公里。一批中国企业入驻其中，产生了良好作用。

（二）中国与阿联酋贸易特色鲜明

1. 中国与阿联酋双边贸易规模大，贸易活动稳定

自2012年以来，中国和阿联酋进出口贸易总额一直保持在400亿美元以上，贸易规模仅次于中国与沙特。阿联酋具有强大的贸易中转能力，众多的中国产品通过阿联酋流入广大的西亚北非市场。因此，中国对阿联酋贸易出口额大于进口额，拥有相当的贸易余额，这不同于中国和沙特等石油输出国的贸易，后者对华贸易处于出超地位。2019年，中阿双边贸易额增加到了486.70亿美元，同比上升6.06%（见表1），体现了中阿双边贸易有很大的发展空间。

表1 2010~2019年中国与阿联酋双边贸易状况

单位：万美元

年份	2019	2018	2017	2016	2015
中国同阿联酋进出口总额	4866980.2	4588902	4103512	4006689	4853420
中国向阿联酋出口总额	3341463.9	2965125	2872397	3007253	3702016
中国从阿联酋进口总额	1525516.3	1623777	1231116	999436	1151403
中国同阿联酋进出口总额	5479786	4623482	4042029	3511922	2568689
中国向阿联酋出口总额	3903451	3341130	2956832	2681285	2123534
中国从阿联酋进口总额	1576336	1282353	1085197	830637	445155

资料来源：海关统计数据和《中国统计年鉴》（2011~2019年），或在相关数据基础上计算得出。

2. 中国对阿联酋出口产品丰富

中国对阿联酋出口产品品种多样，主要包括机电、高新技术、纺织和轻工产品等。2019 年中国对阿联酋出口总额为 3341463.9 万美元，其中机电、音像设备及其零件、附件类为 1313924.2 万美元（包括电机、电气、音像设备及其零附件 779678.1 万美元，锅炉、机械器具及零件等 534246.1 万美元）；纺织原料及纺织制品类 428338.8 万美元（包括针织或钩编的服装及衣着附件 133044.9 万美元，非针织或非钩编的服装及衣着附件 104546.0 万美元、化学纤维长丝 64359.2 万美元，其他纺织制品、成套物品等 39602.3 万美元，化学纤维短纤 22691.8 万美元等）；贱金属及其制品类 333083.5 万美元（包括钢铁制品 143958.7 万美元、钢铁 71931.9 万美元和铝及其制品 47949.6 万美元和 36177.0 万美元）；杂项制品 234039.5 万美元（包括家具、寝具、灯具、活动房等 149291.9 万美元，玩具、游戏或运动用品及其零附件 60404.2 万美元）、车辆、航空器、船舶及运输设备类 221989.6 万美元（包括不含铁道车辆的车辆及其零附件 69795.6 万美元、船舶及浮动结构体 147756.8 万美元）；塑料及其制品、橡胶及其制品类 154380.3 万美元；矿物材料制品、陶瓷品、玻璃及制品类 110392.4 万美元。[①] 机电等类产品是中国出口阿联酋的最大种类，近年来占到出口总额的 40% 左右，紧随其后的纺织类产品占比为 13% 左右，显示出中国对阿出口产品中科技含量较高的机电类已经成为出口的主要力量。

3. 中国主要从阿联酋进口石油与石化产品

中国主要从阿联酋进口液化石油气、原油、成品油、铝及铝制品等。2019 年中国从阿联酋进口总额为 1525516.3 万美元，其中进口矿物燃料、矿物油及其产品、沥青等为 1066049.1 万美元；塑料及其制品为 204888.5 万美元。这两类是中国从阿联酋进口的最主要产品，占到进口总值的 80% 左右。矿物燃料主要指煤炭、石油和天然气等，而矿物油则指由石油所得精炼液态烃的混合物，包括轻质、重质燃料油及润滑油、冷却油等。中国从阿

① 中国与阿联酋贸易数据为海关统计数据。

主要进口石油和石化产品，2019 年中国从阿联酋进口的石油达到 1528.3 万吨，同比增长 25.3%。

4. 中阿双方非石油贸易额巨大

2018 年中阿双边非石油贸易额 430 亿美元，占到中国和阿拉伯国家非石油贸易总额的 29.2%（2018 年中国与阿拉伯国家间双边贸易额为 2443 亿美元）。[①] 非石油贸易是中国和阿拉伯国家间经贸的重要组成部分，占双边贸易额的一半以上。棉纺织业是中阿经贸中的第二大领域，中国是阿纺织服装最大的来源国，占阿联酋纺织服装进口总额的近 40%。阿联酋占阿拉伯国家纺织服装对外贸易总额的 1/4，2015 年阿纺织服装贸易进口 100 亿美元，出口 7 亿美元，再出口 43 亿美元，总额达 150 亿美元。中国纺织品在阿纺织贸易中具有重要作用。

5. 中国与阿联酋诸酋长国经贸往来密切

迪拜在阿联酋国家中经济地位特殊，是海湾和中东地区最大、全球第三大经济与贸易转口中心，2019 年上半年阿联酋转口贸易额达到 2262 亿迪拉姆（AED，阿联酋货币单位，可自由兑换，与美元汇率固定），迪拜功不可没。中国是迪拜最大的贸易伙伴，2020 年上半年双边贸易额达到 664 亿迪拉姆，占到这一时期迪拜非石油对外贸易总额 5510 亿迪拉姆（约 1501 亿美元）的 12%。中国与阿布扎比等酋长国也有紧密的经济交往。

（三）中国与阿联酋经济合作广泛深入

1. 中阿双方重视油气领域的合作

石油与石化领域是双边经贸合作的重要方面。2018 年双方在“关于建立全面战略伙伴关系的联合申明”中表示“油气领域合作是双方务实合作

---

① 中华人民共和国驻阿拉伯联合酋长国大使馆经济商务参赞处：《阿联酋在中阿博览会上提出 11 个中阿合作重点领域》，http：//ae. mofcom. gov. cn/article/zxhz/jm/201909/20190902899985. shtml。

的重要支柱”。[①] 2019 年双方在“关于加强全面战略伙伴关系的联合申明”中表示欢迎油气等能源合作领域取得的进展，并鼓励支持两国企业在这一领域的交流。[②] 这有利于双方在石油勘探、开采、炼化、运输等方面的发展。

阿联酋石油和天然气资源丰富，是石油输出国组织和天然气输出国论坛的成员国。其探明原油储量占全球储量的 6% 左右，主要分布在阿布扎比。有些年份，阿联酋能够进入中国原油进口前十行列，如 2017 年中国从阿联酋进口原油 1016 万吨，阿是中国进口原油第十大国。2018 年中国从阿联酋进口的原油数量达到 1219. 99 万吨，同比增长 20. 08%，原油进口金额达到 66. 57 亿美元，同比增长 62. 59%。[③]

中阿双方不断加强石油、天然气领域合作，近年来油气领域合作成绩突出，2008 年至 2012 年中国石油工程建设公司建设了总金额为 32. 9 亿美元、全长 370 千米的阿布扎比原油管道项目。2013 年中国石油与阿联酋最大的石油公司阿布扎比国家石油公司（ADNOC）签署协议，开展合作开发陆海项目，开启了两国石油上游领域合作的历史，2018 年 3 月实现海上油田一期投产。2017 年中国石油与阿布扎比国家石油公司签署陆上石油合作项目，成为后者股份占比第三的重要合作伙伴。中国企业获得阿联酋阿布扎比陆上石油区块 12% 的特许经营权益，这是中国第一次在中东产油国获得上游合作份额。2018 年 3 月，中国企业获得阿布扎比海上石油区块两块油田各 10% 的特许经营权益。2019 年 7 月，中国海洋石油总公司及其子公司中国海洋石油工程公司、中国油田服务有限公司和 ADNOC 签署协议，致力于探索石油、天然气上下游与液化天然气等方面的合作，包括超酸性气体开发方面的知识分享等。2019 年中石油所

① 《中华人民共和国和阿拉伯联合酋长国关于建立全面战略伙伴关系的联合声明（全文）》，中国政府网，http：//www. gov. cn/xinwen/2018 -07/21/content_ 5308145. htm。

② 《中华人民共和国和阿拉伯联合酋长国关于加强全面战略伙伴关系的联合声明（全文）》，中国政府网，http：//www. gov. cn/xinwen/2019 -07/23/content_ 5413857. htm。

③ 武芳、肖雨濛：《中国与阿联酋经贸合作的现状与前景》，《中国远洋海运》2019 年第 10 期。

属的物探公司（BGP）获得了其有史以来单项合同额最大的三维服务项目——ADNOC 价值 16 亿美元的三维地震采集服务合同。中国与阿联酋在油气领域的合作，丰富了中阿经贸合作的内容，对推动“一带一路”倡议深入开展具有重要意义。

2. 中阿双方重视金融领域合作

阿联酋具有较为完善的金融体系，迪拜被认为是全球第六大金融中心，中国和阿联酋大力开展双边金融合作。2019 年双方表示“欢迎和支持两国银行机构互设分支机构，加强两国金融机构间的交流与合作”。① 中阿两国努力推动人民币清算业务，2015 年中阿两国央行续签本币互换协议，签署在阿建立人民币清算安排的合作备忘录，同意在阿联酋开展人民币合格境外机构投资者试点。2017 年，中国人民银行授权中国农业银行迪拜分行为阿联酋人民币业务清算行，至此人民币清算业务正式落户阿联酋。阿联酋驻华大使阿里·扎希里指出：“人民币清算业务首次落户阿联酋对中国和阿联酋的未来都是十分必要且具有重要价值的。”② 在使用人民币方面，阿联酋成为使用人民币对中国内地和香港直接付款最积极的中东国家，对推动双边经济贸易发展产生了积极作用。

中阿重视在基金领域的合作，2015 年 6 月，阿联酋签署了《亚洲基础设施投资银行协定》，成为亚投行创始成员国。2020 年 7 月，阿联酋当选亚投行第六届理事会主席国，并将于 2021 年 10 月在迪拜主办第六届亚投行理事会年会。2015 年 12 月，中阿两国签署“设立中国—阿联酋共同投资基金（简称中阿基金）的备忘录”，正式设立总规模 100 亿美元（双方各出资 50%）的中阿基金，该基金投资方向主要为传统能源、清洁能源、基础设施建设、高端制造业等领域。截至 2018 年，中阿共同投资基金已完成 12 个项目、总额 10.7 亿美元的投资决策。双方在基金领域的合作是金融合作的

① 《中华人民共和国和阿拉伯联合酋长国关于加强全面战略伙伴关系的联合声明（全文）》，中国政府网，http://www.gov.cn/xinwen/2019-07/23/content_5413857.htm。

② 孙超：《“一带一路”对接“后石油时代”——访阿联酋驻华大使阿里·扎希里》，《中国发展观察》2019 年第 1 期。

重要组成部分，有助于深化中国和阿联酋，甚至西亚北非地区的经贸发展。另外，中国丝路基金亦投资阿联酋项目，它与沙特国际电力和水务公司（ACWA）共同投资两个阿联酋项目——中东首个清洁燃煤电站哈斯彦清洁燃煤发电厂（2400MW，丝路基金在中东首个项目）和MBR太阳能园区（950MW），助推阿联酋发展。

金融机构贷款融资业务的扩大有助于促进两国金融合作。2018年3月，中国工商银行迪拜国际金融中心分行在阿联酋发行了总额14亿美元的两只债券，至此中国工商银行在阿联酋证券交易所纳斯达克迪拜共发行了总额达35.6亿美元的7只债券，为该证券交易所债券发行量最大的海外发行机构。中国金融机构通过贷款融资支持阿联酋的经济发展，2019年由中国工商银行、中国农业银行和中国建设银行迪拜分行共同组成的银团联合体，向阿联酋国家石油公司贷款6.9亿美元，支持当地经济发展。

中阿两国注重金融领域科技合作。2020年，迪拜国际金融中心金融科技孵化器与成都交子金融控股集团的金融梦工场签署合作备忘录，开展联合孵化、研发应用、人才培训等领域合作。2020年，阿布扎比全球市场金融服务监管局与中国在金融服务领域的企业长亮科技签署协议，在人工智能、大数据分析等金融相关新兴技术领域加强合作与开发。金融相关高科技领域的深度合作有利于加深双边金融与经贸关系。

3. 中阿双方重视交通、电力、建筑等领域合作

基础设施建设、交通、电力等领域的合作是双边经贸关系的重要组成部分。中阿双方在2019年表示“将不断深化能源、产能和基础设施建设合作”，重视加强新能源和可再生能源领域的交流合作。① 基础设施建设是长期以来中国在西亚北非地区的重点发展领域，同时是中阿两国合作的亮点，截至2019年上半年，中国在阿联酋完成承包工程营业额累计达到297亿美元。2019年上半年，中方在阿完成承包工程营业额18.5亿美元，同比增长

---

① 《中华人民共和国和阿拉伯联合酋长国关于加强全面战略伙伴关系的联合声明（全文）》，中国政府网，http://www.gov.cn/xinwen/2019-07/23/content_5413857.htm。

68.2%。2019 年中国建筑工程总公司、中国远洋运输公司与迪拜环球港务集团签署协议，致力于埃及新行政首都商业、金融中心等方面合作。为响应“一带一路”倡议，全球最大的住宅工程建造商中国建筑第七工程局有限公司总承包公司，从 2016 年开始连续承建迪拜超高层派拉蒙酒店工程、富查伊拉工程、唐顿庄园（合同额达 25 亿元）等项目，做响了品牌，赢得了业主的认可，为中阿建筑领域的合作增添了新的力量。中国铁道建筑集团有限公司通过与阿方企业阿联酋国家工程建设有限公司组成联营体的方式（中国铁建占比为 51%），承接阿联酋联邦铁路，有利于合作的顺利开展和阿基础设施建设的进一步推进。到 2020 年中国企业已经中标阿联邦铁路二期 4 个标段，标志着两国在铁路交通基础建设领域合作的加强。

表 2　中国对阿联酋承包工程与劳务合作统计

单位：万美元，人

年份	2018	2017	2016	2015	2014	2013	2012	2011	2010
中国对阿联酋承包工程完成营业额	361485	249594	224637	153943	115007	133959	154369	193825	297160
中国对阿联酋承包工程派出人数	2696	1900	984	1628	1421	5972	4360	4377	—
中国对阿联酋承包工程年末在外劳务人员	5535	4847	4682	5485	5461	6954	7324	9621	—
中国对阿联酋劳务合作年末在外人员	4006	3886	5393	6177	6187	6045	6933	7196	—

资料来源：《中国统计年鉴》（2011～2019 年）。

中阿合作阿联酋海港有利于促进阿海运事业发展。2019 年 4 月，中阿合资共建的、具有年处理能力 240 万标准箱的哈利法港二期集装箱码头投入运营，它是海合会国家中最大的集装箱货运站。该港口于 2018 年 12 月正式开港，它服务能力的提升让阿布扎比哈利法港跃入世界排名前 25 名的集装箱港口，巩固了哈利法港地区重要航运枢纽地位。

基础建设带动了中阿两国在交通领域其他方面的合作，铁路运输方面中国向阿联酋出口了大量机车，2020 年中车长江集团与阿联酋铁路公司签订合同，向作为海湾铁路网重要组成部分的阿联酋铁路项目（二期）提供 1600 余辆铁路货车整车和长期维护保养服务（3.5 亿美元）。这是中车长江集团为该项目一期提供全部铁路运营车辆后的又一重要合作。公路运输方面，中国客车行业重视在“一带一路”沿线国家市场的布局，金龙客车深耕阿联酋市场多年，2018 年在阿销售客车 200 多辆，一举成为阿联酋与海湾地区的第一大客车品牌，在旅游客运、公交、校车等多领域提供服务，全面融入阿大众交通系统。

中阿合作促进了阿联酋电力和新能源事业的发展。2020 年中国能源公司中国晶科与阿布扎比国家能源公司等企业合作，将共同开发世界上最大的太阳能发电厂。同时，中国晶科还与阿联酋水电公司签订为期 30 年的购电协议，向后者提供电力。此前，中阿合作建设的迪拜 700 兆瓦光热发电项目被认为是全球规模最大、技术最先进的光热发电站。此外，中国企业还承建了一批阿联酋电力项目，如哈电集团承建的哈斯彦清洁燃煤电站项目等。

4. 中阿双方重视经济其他领域的合作

中阿双方均注重在对方投资，以促进经贸发展。截至 2019 年上半年，中国对阿联酋和阿联酋对华直接投资累计分别达到 59.1 亿美元、12.7 亿美元。2019 年上半年，中国对阿联酋直接投资同比增长 271%，达到了 5.1 亿美元。[①] 对于中国和阿联酋之间的投资与贸易合作，阿联酋包容部部长穆巴拉克·阿勒纳哈扬指出：“中国和阿联酋贸易投资合作模式堪称典范。”[②]

---

① 李前：《最好的时期——中国和阿联酋快速拉近经贸关系》，《进出口经理人》2019 年第 8 期。

② 中华人民共和国驻阿拉伯联合酋长国大使馆经济商务参赞处：《阿联酋包容部长：中阿贸易投资合作堪称典范》，http://ae.mofcom.gov.cn/article/zxhz/jm/201803/20180302721157.shtml，收录日期：2020 年 10 月 22 日。

中国和阿联酋重视利用数字技术推动经贸合作。2020 年 7 月中国国际贸易促进会和阿联酋经济部共同举办了首届中国—阿联酋经贸数字展览会，利用虚拟现实技术推介产品，吸引了 3000 多家参展商参展。①

博览会、商务论坛等是推动中国和阿联酋经贸合作的重要渠道，受到双方重视。2019 年 9 月，阿联酋专门派团参加了在中国宁夏举办的第四届中国—阿拉伯国家博览会，率团参加本次博览会的阿联酋经济部次长阿卜杜拉·萨利赫在博览会上提出了多个中阿合作重点领域。② 2019 年 7 月，在北京召开了中国—阿联酋商务论坛，中国商务部副部长和阿联酋经济部部长参加了论坛。论坛主题是“可持续伙伴关系、可持续投资合作”，论坛强调了加强相互支持，共建“一带一路”和阿联酋“重振丝绸之路”设想等发展战略。

中阿重视旅游业在促进经贸合作方面的重要作用。2016 年 11 月，阿方宣布对持普通护照的中国公民免签。2018 年中国出台的对阿联酋游客免签政策生效，阿是获得持普通护照公民赴华免签待遇的第一个中东国家。2017 年，中国赴阿游客数量超过 100 万人次，在阿过境游客 350 万人次上下。在中东阿拉伯国家中中国公民首站旅游人数最多的当属阿联酋。旅游业为阿带来了不菲收入，据统计，普通中国游客在阿旅游消费在 1800 ~ 3000 美元，高消费者花费在 2.7 万美元上下。

（四）2020年中阿贸易稳步推进

2020 年新冠肺炎疫情虽然影响了阿联酋的经济生活，但疫情发生后，中国加强了与阿联酋在医疗物资供应和疫苗生产等领域的合作，中阿签订临床合作协议，在阿联酋启动了全球第一个新冠灭活疫苗三期国际临床试验，树

① 《中国—阿联酋经贸数字展览会开幕》，http：//ae.mofcom.gov.cn/article/zxhz/jm/202007/20200702984957.shtml，收录日期：2020 年 10 月 22 日。

② 中华人民共和国驻阿拉伯联合酋长国大使馆经济商务参赞处：《阿联酋在中阿博览会上提出 11 个中阿合作重点领域》，http：//ae.mofcom.gov.cn/article/zxhz/jm/201909/20190902899985.shtml，收录日期：2020 年 10 月 22 日。

立了国际合作抗疫的典范。面对疫情，阿复苏很快，经济复苏指数居阿拉伯世界之首，包括“人口健康水平”指数等多项指标处于全球前列。疫情对中国和阿联酋贸易的影响有限。2020 年前三个季度，中阿贸易呈现如下特点。

1. 贸易发展相对稳定，进出口总额略有增加

从中国海关统计数据来看，较于 2019 年 1～9 月，2020 年前三个季度中国与阿联酋进出口贸易总额有小幅增长（见表 3、表 4）。2020 年前三个季度中国对阿联酋进出口总额达到了 3546720.2 万美元，较 2019 年同期的进出口总额 3481249.6 万美元，增加了 65470.6 万美元，增长幅度为 1.88%。

出口方面，2020 年前三个季度中国对阿联酋出口总额为 2271071.2 万美元，较 2019 年同期出口总额（2350216.0 万美元）减少了 79144.8 万美元，减少幅度为 3.37%。

进口方面，2020 年前三个季度中国从阿联酋进口总额为 1275649.0 万美元，较 2009 年前三个季度进口总额（1131033.6 万美元）增加了 144615.4 万美元，增长幅度为 12.79%。

2. 除1月、2月、5月外，其他月份进出口稳中有升

中国对阿出口方面。2020 年第一季度，受新冠肺炎疫情影响，中国对外出口难以正常开展，致使对阿联酋出口有一定程度下降，1～2 月中国对阿出口额为 400200.5 万美元，较 2009 年头两个月（461462.6 万美元）减少了 61262.1 万美元，降幅达到了 13.3%。5 月阿联酋经济受疫情影响有所下滑，直至 5 月 27 日才开始重启经济。5 月中国对阿出口下降明显，降幅达到 12%。3 月、4 月、7 月三个月对阿出口虽有减少，但降幅不大。其他月份出口呈现增长态势。

阿对华出口方面，2020 年前 9 个月中除 3 月有所下滑，降幅达 31%外，其他月份全部呈现增长态势。8 月进口数额最大，增长幅度达到 50%。3 月进口下降一定程度上是疫情影响延缓的表现。阿对华出口主要是石油和石化产品，出口额增加不仅体现了中国经济向好发展，而且反映了疫情对阿联酋石油生产和石化工业影响有限。

表3　2020年中国与阿联酋商品贸易额

单位：万美元

月份	1~2	3	4	5	6	7	8	9	1~9
中国对阿联酋出口商品金额	400200.5	249588.0	270663.3	255197.8	262051.5	270690.7	287293.1	275381.0	2271071.2
中国进口阿联酋商品金额	284936.3	112815.1	138438.1	113334.0	105352.0	158075.4	191771.1	179784.7	1275649.0

资料来源：《中华人民共和国海关总署海关统计月报》。

表4　2019年中国与阿联酋商品贸易额

单位：万美元

月份	1~2	3	4	5	6	7	8	9	1~9
中国对阿联酋出口商品金额	461462.6	251002.6	273669.0	289709.9	256085.5	289490.4	264443.7	264389.2	2350216.0
中国进口阿联酋商品金额	245593.7	163375.6	116314.9	103893.2	97710.7	122286.7	127713.2	146317.4	1131033.6

资料来源：根据《中华人民共和国海关总署海关统计月报》整理得出。

3. 中阿贸易产品结构稳定

2020年中阿贸易中，中国进出口产品结构与往年比较没有明显变化，出口产品中前三个季度机电、音像设备及其零件、附件类产品为958389.4万美元，出口额占出口总额的42.2%（2019年前三个季度此类产品出口额占出口总额的40%）；而居第二位的纺织原料及纺织制品类产品为251975.8万美元，占出口总额的11%；贱金属及其制品类产品为244078.6万美元，占出口总额的10.7%；包括家具、寝具、灯具、活动房、玩具、游戏或运动用品及其零附件在内的杂项制品类产品为170713.9万美元，占出口总额的7.5%。从中可以看出，2020年前三个季度中国对阿联酋出口产品的结构呈现以机电类、纺织类为主，其他种类产品兼顾的特点。

进口产品中，原油属于大宗产品。包括石油在内的矿物燃料、矿物油及其产品、沥青等产品进口额达到947358.2万美元，占进口总额的74%。塑料及其制品进口额160550.6万美元，占进口总额的12.6%。2020年前三个季度中石油和石化制品的塑料、塑料制品是中国从阿联酋的主要进口品，反映了石油和石化产品在中阿贸易中，特别是进口贸易中具有特殊地位。

二　中阿经贸发展趋势和问题与挑战

（一）发展趋势

1. 现代科技特别是数字化技术在促进两国经贸发展方面将发挥越来越重要的作用

随着5G技术的运用与发展，中阿双边电子商务合作机制将得以更好地建设和推进，数字技术在推动中国和阿联酋经贸联系，展现相关产品、服务、技术，沟通人际关系，推动中方创新驱动发展战略和阿方“国家创新战略”、“2050能源战略”以及“第四次工业革命六大支柱设想”等方面产生独特作用，展现传统方式所不具有的优势，为推动两国经贸发挥全新的作用。双方将以此为契机，大力推进双边电子商务发展。

2. 双方在油气、基础建设、金融、物流运输等领域的合作将进一步加深

金融方面，两国央行交流与合作程度将更强，两国金融机构、境内证券交易所交流与合作将更加紧密，两国银行互设分支机构力度更大，在双边贸易和投资中越来越多地使用本币结算，投融资渠道更加畅通，合作领域分布更广，重点项目资金充裕。

产业合作方面，双方产能合作将进一步深化，中阿产能合作示范园在双方共建“一带一路”中将发挥更加明显的表率作用，物流服务、运输、工业等领域将进一步深化合作伙伴关系，两国私营领域合作在推动双边经贸发展方面将做出更大贡献。

油气合作方面，双方在油气勘探、开采、炼化、运输以及重点项目合作方面将取得新的更大的成就。在石油战略储备设施、石油衍生品炼化产业和销售领域将有新的突破，形成更好的互利互惠局面。在油气相关先进技术研发与应用、工程服务、钻井平台等方面合作力度将继续加大，为确保中阿油气领域合作提供更有力的支持。

3. 双方贸易水平将攀登上更高的层次

随着中国创新驱动发展战略和一系列制造强国战略的实施，中国生产整体质量和创新程度将迈上更为先进的阶段，无论是品牌吸引力，还是产品竞争力、美誉度等方面都将得到进一步发展，为两国贸易的深度发展提供更为优质的产品，创造更适宜的拓展环境。

双方贸易水平攀升还将表现在双边贸易投资便利化水平持续提高，贸易投资伙伴关系进一步加强，贸易救济合作机制进一步完善，经贸合作机制平台效率更高，自贸区建设步伐更快，经贸环境更加稳定与透明，双方经济部门和民营企业将更加有效地在第三国进行投资开发与合作等诸多方面。

4. 双方高新技术合作将进一步加强

中阿双方在高新技术合作推动经贸发展方面，将呈现同向发力、相互促进的态势。双方将通过在人工智能、5G 通信技术、替代能源、可再生能源、航天卫星等领域建立伙伴关系平台、联合实验室、科技园区和推动技术转移等，通过加强专业人士、专家交流，促进高新技术领域的合作，使人才交流成为推动双方经贸发展的新动力。

（二）问题与挑战

1. 国际战略格局与地区安全形势问题

第二次世界大战以后，中东地区是国际战略格局中主要力量角逐的地方，其安全形势受国际战略格局的影响较大。冷战结束后阿联酋所处的海湾地区较为动荡。国际战略格局变化将是对阿联酋内政外交产生影响的潜在因素，是阿联酋开展对外经贸活动需要考量的一个重要方面。

地区安全形势是影响阿联酋对外经贸合作的一个挑战。阿联酋经济对外依赖性强，有着明显的外向经济特征，地区安全对其经济活动至关重要。这种安全包括海上交通线的安全以及其与周边国家安全关系。安全环境是保障阿联酋加强与西亚北非地区经贸联系，开展与中东以外国家经贸合作的重要前提。维护好海湾地区、阿拉伯海和印度洋的安全，确保地区安稳是应对这一挑战的重要举措。

2. 国际油气市场供需变化趋势和新能源替代石油的挑战

石油和石油产品是中阿贸易中的大宗商品，原油价格走向直接影响到中国对阿联酋的进出口贸易。受供需形势等多重因素影响，国际原油市场变化较大，油价的涨落直接关涉到中国从阿联酋进口额的增减，一定程度上会对中阿经贸关系产生影响。

从长远角度看，核能、太阳能、风能等新能源、可再生能源的快速发展，特别是电动汽车的崛起，对石油市场构成了潜在的巨大威胁。由于中国从阿联酋进口额的相当大部分来自石油消费，新能源对石油替代势必会影响到阿联酋对华出口的产品结构。对于后石油时代有可能出现的新情况对中阿经贸关系的挑战，需要做好应对准备。

3. 市场需求对产品升级、品牌创新、技术更新的挑战

阿联酋居民人均收入高，其本地市场对商品质量要求严格，对价格接受度较强。满足阿联酋高端市场对产品质量、品牌、技术等方面的要求，对于产品生产者而言是一种挑战。进一步加强中阿经贸合作需要不断提高中国制造业水平，增加产品技术含量，通过品牌培育等方式，抓住更多市场准入机会，扩大产品在阿联酋高端市场占有率，进而提升产品和品牌在西亚北非市场的美誉度和占有率，扩大中阿经贸合作的深度和广度。

三　促进中阿经贸发展的对策建议

（一）进一步加强油气、金融、基础建设、旅游等领域的合作

进一步加强中阿经贸联委会、企业家互访机制效力，加快贸易救济合作

机制建设力度，创建高效的经贸投资环境，提高合作水平。油气合作方面，加大油气领域合作力度，依托拥有特许经营权的陆海区块和重点开发项目，推动双方在石油勘探、开采、炼化、运输、工程建设服务等方面的合作。推进双方在原油开采先进技术、钻井平台、工程服务、石油产品贸易与销售、战略储备等方面的合作。金融方面，加强金融领域合作，支持双方银行互设分支机构，推动金融机构交流合作。通过提高本币结算力度扩大双边贸易与投资，充分利用双方境内证券交易所，提高融资能力。旅游方面，增加两国航空公司在彼此国际机场间的业务，为旅游业发展提供必要的交通保障。基础建设等方面，加大中阿产能合作示范园、哈利法港二期集装箱码头、伊提哈德铁路网二期等重点项目合作力度，发挥相关项目的示范作用，夯实基础建设、产能合作的基础。

（二）进一步加大电子商务、高新技术等方面合作力度

加速利用5G技术促进电子商务领域合作的深度和广度。有针对性地开展金融、经贸等相关领域的人工智能、数字技术应用专业培训；加强主管部门沟通力度，分享治理经验，制定促进电子商务发展政策，发展跨境电商，利用电子商务平台促进双边贸易持续稳定发展。重视通信技术、人工智能、航天卫星、新能源等高新产业和粮食安全等领域合作，通过建立伙伴关系平台，推进专业人士交流、共建联合实验室、科技园区合作、技术转移等，用项目引领的方式加深双方在这些领域的协同。加强双方企业间合作，重视中小企业在推动中阿经贸中的重要作用，对其加大培训和扶持力度，加大它们对经济活动的支持与贡献。充分发挥好阿联酋迪拜经贸中转口岸的优势，推动中国与西亚北非国家经贸发展。

（三）熟悉和掌握好阿联酋的法规政策，特别是经贸、投资方面的相关法规，加强与阿联酋的经济合作

为促进经济发展，阿联酋国内制定了多部相关法律，如《联邦反商业欺诈法》《联邦仲裁法》《联邦反倾销反补贴措施法》《联邦工业知识产权

专利费、工业设计监管和保护法》等法律法规，了解和掌握相关法律法规有助于熟悉阿联酋投资环境，有针对性地提升高附加值经济领域直接投资程度，提升经济合作与阿国内战略计划相切合程度，有助于利用阿自由贸易区财政优势，为企业赢得更好的生存与发展空间，推进双边经贸发展。

（四）抓住阿联酋经济多元化战略和“一带一路”倡议机遇，推进中阿经贸合作更上一层楼

近年来，阿联酋制定了一系列经济发展战略，以促使其经济多元化发展，如发布国家航天政策、“阿联酋 2050 年能源战略”、“第四次工业革命行动计划的六大支柱”等，并明确了投资金额。推进“一带一路”倡议，对接双方战略，按照相关法律政策，推动产品、技术、标准为双方经贸合作服务，将为中阿经贸发展创造更为广阔的天地。

（五）扩大高质量、高附加值和高新技术产品的出口，加强双边经贸发展

进一步加大我国高附加值和高新技术对阿出口力度，符合中阿经贸合作多元化方向，有利于展现中国制造业领域的强大优势和实力，有利于借助阿联酋资源优势、地缘优势、市场优势，帮助优势产能和装备走向中东市场和其他国际市场，也符合阿联酋国家发展战略，提高双方在非油气领域的合作力度。另外，提升高质量、高附加值和高新技术产品对阿出口比例，有助于培育市场品牌营销，提升市场竞争力，让中阿经贸发展迈入更高层次。

权威报告·一手数据·特色资源

皮书数据库

ANNUAL REPORT(YEARBOOK) DATABASE

分析解读当下中国发展变迁的高端智库平台

所获荣誉

- 2019年，入围国家新闻出版署数字出版精品遴选推荐计划项目
- 2016年，入选“‘十三五’国家重点电子出版物出版规划骨干工程”
- 2015年，荣获“搜索中国正能量 点赞2015”“创新中国科技创新奖”
- 2013年，荣获“中国出版政府奖·网络出版物奖”提名奖
- 连续多年荣获中国数字出版博览会“数字出版·优秀品牌”奖

成为会员

通过网址www.pishu.com.cn访问皮书数据库网站或下载皮书数据库APP，进行手机号码验证或邮箱验证即可成为皮书数据库会员。

会员福利

- 已注册用户购书后可免费获赠100元皮书数据库充值卡。刮开充值卡涂层获取充值密码，登录并进入“会员中心”—“在线充值”—“充值卡充值”，充值成功即可购买和查看数据库内容。
- 会员福利最终解释权归社会科学文献出版社所有。

数据库服务热线：400-008-6695
数据库服务QQ：2475522410
数据库服务邮箱：database@ssap.cn
图书销售热线：010-59367070/7028
图书服务QQ：1265056568
图书服务邮箱：duzhe@ssap.cn

社会科学文献出版社 SOCIAL SCIENCES ACADEMIC PRESS (CHINA) 皮书系列
卡号：287658372394
密码：

中国社会发展数据库（下设 12 个子库）

整合国内外中国社会发展研究成果，汇聚独家统计数据、深度分析报告，涉及社会、人口、政治、教育、法律等 12 个领域，为了解中国社会发展动态、跟踪社会核心热点、分析社会发展趋势提供一站式资源搜索和数据服务。

中国经济发展数据库（下设 12 个子库）

围绕国内外中国经济发展主题研究报告、学术资讯、基础数据等资料构建，内容涵盖宏观经济、农业经济、工业经济、产业经济等 12 个重点经济领域，为实时掌控经济运行态势、把握经济发展规律、洞察经济形势、进行经济决策提供参考和依据。

中国行业发展数据库（下设 17 个子库）

以中国国民经济行业分类为依据，覆盖金融业、旅游、医疗卫生、交通运输、能源矿产等 100 多个行业，跟踪分析国民经济相关行业市场运行状况和政策导向，汇集行业发展前沿资讯，为投资、从业及各种经济决策提供理论基础和实践指导。

中国区域发展数据库（下设 6 个子库）

对中国特定区域内的经济、社会、文化等领域现状与发展情况进行深度分析和预测，研究层级至县及县以下行政区，涉及省份、区域经济体、城市、农村等不同维度，为地方经济社会宏观态势研究、发展经验研究、案例分析提供数据服务。

中国文化传媒数据库（下设 18 个子库）

汇聚文化传媒领域专家观点、热点资讯，梳理国内外中国文化发展相关学术研究成果、一手统计数据，涵盖文化产业、新闻传播、电影娱乐、文学艺术、群众文化等 18 个重点研究领域。为文化传媒研究提供相关数据、研究报告和综合分析服务。

世界经济与国际关系数据库（下设 6 个子库）

立足“皮书系列”世界经济、国际关系相关学术资源，整合世界经济、国际政治、世界文化与科技、全球性问题、国际组织与国际法、区域研究 6 大领域研究成果，为世界经济与国际关系研究提供全方位数据分析，为决策和形势研判提供参考。

法律声明